소리와 의미의 에크리튀르

국립중앙도서관 출판시도서목록(CIP)

소리와 의미의 에크리튀르 ; 말 언어 글의
삼각측량 / 지은이: 가와다 준조 ; 옮긴이:
이은미. -- 서울 : 논형, 2006
    p. ;   cm. -- (논형학술 ; 29)

원저자명: 가와다 준조
참고문헌과 색인수록
ISBN 89-90618-42-8 94700 : ₩23000

730.1-KDC4
495.601-DDC21   CIP2006002615

소리와 의미의 에크리튀르

말 · 언어 · 글의 삼각측량

가와다 준조 지음 _ 이은미 옮김

노형

コトバ・言葉・ことば 川田順造 著 青土社

GOTOBA GOTOBA GOTOBA
by Kawada Junzo

소리와 의미의 에크리튀르

말·언어·글의 삼각측량

지은이 | 가와다 준조 川田順造
옮긴이 | 이은미

초판1쇄 인쇄 | 2006년 12월 15일
초판1쇄 발행 | 2006년 12월 25일

펴낸곳 | 논형
펴낸이 | 소재두
편집위원 | 이종욱
편집 및 표지디자인 | 에이디솔루션

등록번호 | 제2003-000019호
등록일자 | 2003년 3월 5일
주소 | 서울시 관악구 봉천2동 7-78 한림토이프라자 6층
전화 | 02-887-3561~2 **팩스** | 02-886-4600

ISBN | 89-90618-42-8 94700
가격 | 23,000원

논형출판사와 한림토이북은 한림토이스의 자회사로 출판과
문화컨텐츠 개발을 통해 향유 문화의 지평을 넓히고자 합니다.

소리와 의미의 에크리튀르 • **차 례**

葉集 日本書紀 神武 仁德 圖像 示唆 書取 書取り´書き取り´書きとり´かき
カキトリ 異音 同字 同義 造字 指事 古音 吳音 漢音 唐音 下ぶく
書 古事記 万葉集 日本書紀 神武 仁德 同義 造字 指事 古音 吳音 漢音
り´かきとり´カキトリ 異音 同字 同義 造字 指事 古音 吳音 漢音
聲 象形 舞 書 古事記 万葉集 日本書紀 神武 仁德 圖像 示唆 書取 書
書きとり´かき取り´かきとり´カキトリ 異音 同字 同義 造字 指事 古
唐音 下ぶくれ 聲 象形 舞 書 kaku utterance enonce kiwadataser
u binary opposition paradigmatic oshokujiken kichin-to bareru
symbol be similar to its object kaku utterance enonce kiwadataseru

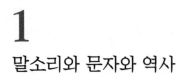

1
말소리와 문자와 역사

두 가지 문제점

일본인의 조상은 야마토어를 기록하기 위해 대륙에서 한자를 도입했는데 그 사실에서 나는 특히 다음의 두 가지 점을 흥미롭게 여긴다. 첫째는 소리, 즉 구전 전승과 문자기록의 경우 역사관 형성에 어떤 차이가 있는가 하는 점이고, 둘째는 이것과 불가분한 관계가 있는 것으로서, 형태가 근본적으로 다른 언어에 표의문자가 도입됨으로써 일어난 문제이다.

역사의식, 그리고 '시간'

첫 번째 문제에 대하여 나는 일부러 역사라는 말 대신 역사관이라고 하였다. 새삼스럽게 지적할 것까지도 없지만 과거라고 해서 모두 '역사'가 되는 것은 아니다. 인간에게 '역사'란 지금 살아있는 사람이 과거를 상기하여 그것을 '지금'과의 관계에서 의미를 부여한 것이라고 하는데, 이는 19세기류의 소박실재론이 비판을 받으면서 역사는 표상이라는 인식과 함께 힘을 얻어 가고 있다. 특히 구전 시대의 '역사'는 '지금'이라는 시간에 집약된 '남아있는 것', 혹은 기억된 '옛날'을 '지금'의 시점에서 의미를 부여한 것에 불과하다는 것을, 나는 문자를 사용하지 않는 아프리카 사회의 '역사'를 탐구하는 긴 여정 속에서 통감해 왔다.[1]

내가 '현재'나 '과거'라는 '미래'와의 선형적인 시간계열 상에 놓인 언어를 사용하지 않고, 산다는 행위에 보다 밀착된 '지금', '옛날'이라는 표현을 선택한 것도 문자문화와 그것에 수반되는 이차원적 성향을 자명한 것이라고 보아 의심치 않는 감각에 거리를 두어, 그것을 냉정한 눈으로 볼 필요가 있다고 생각하기 때문이다. '시간'을 과거 → 현재 → 미래라는 공간화와 시각화를 통하여 일직선 상에 놓인 것으로 이해하는 것은 아마도 문자문화와 유럽어의 시제 개념에 의해 만들어진 허구(한정된 장면에서 유효하기는 하지만)일 텐데, 이는 문자를 쓰지 않는 사회의 순수 일차원적 '시간' 개념과 대비해보면 분명해진다.[2]

일본의 예를 보면 알 수 있듯이 문자가 보급된 사회에도 '무문자성' 내지 '무문자 영역'은 얼마든지 숨쉬고 있다. 그것은 음성과 구전, 몸짓, 도상圖像의 세계이며, '문자'가 재단하거나 나타내는 것은 인간의 의사소통 중, 극히 한정된 일부에 지나지 않는다. 일본

1_ 가와다 준조(川田順造) 《무문자 사회의 역사 — 서아프리카 모시족의 사례를 중심으로》 이와나미(岩波) 현대문고, 2001[1976, 1990], 한국어판, 논형 2004

2_ 가와다 준조(川田順造) 〈아프리카 사회의 〈시간〉〉 사토 쓰구다카(佐藤次高), 후쿠이 노리히코(福井憲彦) 편 《시간의 지역사(지역의 세계사 6)》야마카와(山川) 출판사, 1999. 가와다 준조(川田順造) 〈역사의 서술에 있어서 시간과 공간의 표상 — 구 모시왕국(서아프리카)의 사례를 중심으로〉 나가노 야스히코(長野泰彦) 편 《시간 언어 인식》 히쓰지 쇼보ひつじ書房, 1999.

고대에서 문자의 사용은 그 이전에 일본 사회를 뒤덮었을 소리의 문화, '무문자성' 안에 이질적인 언어에서 차용된 문자가 도입되어, 이 양자가 충돌하고 융합하는 장대한 실험이었다고 할 수 있다. 특히 《고지키古事記》는 음성 및 문자와 역사의 관계를 생각하는 데 있어 근원적인 문제를 제기한다.

《고지키古事記》의 성립이 제기하는 것

《고지키古事記》[3]는 그 성립으로 보아 당시에는 아직 구전적인 부분도 남아있었을 제황일계帝皇日繼, 선대구사先代舊辭를 텐무天武 천황이 28세의 젊은 히에다노 아레稗田阿礼에게 '암송하고 익히게' 하였다. 그 후 약 30년이 지난 삼대 후의 겐메이元明 천황은 오오노 야스마로太安万侶에게 아레가 '암송한 대목'을 '기록하게' 한, 말하자면 일단 구전화한 후의 기록을 다시 문자로 기록한 것이라고 한다. 여기에는 일본에서 '역사를 하는' 행위의 가장 원초적인 단계에서

3_ 모두 3권으로 된 역사서로 712년에 성립되었다. 서문에 의하면 텐무(天武)천황이 히에다노 아레(稗田阿礼)에게 송습(誦習)시켰던 제기(帝紀)·구사(旧辞)를 텐무천황 사후에 겐메이(元明)천황의 명을 받아 오오노 야스마로(太安万侶)가 찬록한 것이다. 상권은 가미요(神代)의 이야기, 중권은 진무(神武)천황에서 오진(応神)천황까지의 기사이고, 하권은 닌토쿠(仁徳)천황에서 스이코(推古)천황까지의 기사가 수록되었다. 현존하는 일본 최고의 역사서이며 천황 통치의 유래와 왕권에 의한 국가 발전의 역사를 설명한다. 고지키에는 근세 이후 위서(偽書) 의혹이 제기되어 왔다. 가모노 마부치(賀茂真淵) 등은 고지키의 성립이 공적 사서로 기록되어 있지 않다는 등의 의문점을 제시하여 위서설을 주장하고 있으며, 민간에서는 일정의 지지를 얻고 있으나 현재에 이르러서 까지도 상대문학계, 역사학계에서는 받아들여지지 않고 있다. 위서설은 대체로 두 가지이며 서문만이 위서라는 설과 본문도 위서라는 설로 나뉜다. 서문 위서설에서는 고지키의 서문에 쓰여 있는 것을 가지고 그 성립이 서술되어 있는데, 그것을 증거로 하는 외부의 유력한 증거가 없는 점 등을 들어 위서의 가능성을 지적하고 있다. 본문 위서설에서는 고지키의 신화에는 니혼쇼키(日本書紀)보다 새로운 신화의 내용을 포함하고 있다고 하여 보다 후대인 헤이안(平安)시대 초기의 창작, 혹은 개작이라는 설도 있는데, 언어학적으로는 상대 일본어의 전형을 이루는 문체라고 하여 이 견해에 부정적이다; 역주

출현하는 소리를 내어 '읊는(읽는)' 행위와 문자로 '기록하는' 행위에 대한 각자의 의미와 양자의 관계가 첨예하게 드러난다. 이미 문자 기록이 가능했던 시대에, 결국 문자로 기록할 것인데 왜 굳이 소리를 내어 읊는 절차가 필요했을까? 이는 아마 소리로 읊는 행위에는 성스러움과 주술적인 힘이 있다고 믿었기 때문일 것이다.

나는 여기에서 내가 오랫동안 관계를 맺어온 서아프리카 내륙구 모시 왕국의, 북소리언어에 의한 왕의 계보 전승을 생각한다. 지금 북소리언어의 상세한 부분[4]에 대해서 서술할 여유는 없지만 북소리언어에 의한 왕의 계보 전승은 음성과 문자, 읊는 것과 기록하는 것의 관계에 대하여 《고지키古事記》가 제기하는 문제만이 아니라, 역사를 기술함에 있어 한자를 도입한 사실을 둘러싸고 시사하는 바가 크다.

모시 왕국의 계보와 북소리언어

모시 제諸 왕조의 지배자에 공통되는 조상은 기마전사로 아마도 15세기 중엽에 남부와 인접한 현 가나 공화국 북부의 만풀시 다곰바 왕조의 조상에서 갈라져, 일군의 기마전사 집단을 따라 사반나를 북상하여 선주 농경민을 보호하고 지배하면서 독자적 세력권을 형성하지 않았나 한다. 19세기 말 프랑스에 의해 식민지화 되었고, 1960년 공화국으로 독립한 이후에도 구 모시 왕국은 식민지와 공화국 내의 잔존 제도로서 왕의 의례를 거행하고, 관습법을 따라 주민의 분쟁을 조정하며, 지방 행정에도 일정한 역할을 해 왔다.

---

4 가와다 준조(川田順造) 《사반나 소리의 세계》(카셋트 북) 하쿠스이샤白水社, 1998. 가와다 준조(川田順造) 〈음성에 의존하지 않는 언어전달 형식에 있어서의 애매함을 둘러싸고 — 서아프리카 모시족의 북소리언어를 중심으로〉《신체와 장소의 기호론》, 기호학연구 13, 1993.

왕의 즉위식이나 장례, 연례 축제 때는 군중을 앞에 두고, 왕조가 시작된 시조의 계보 구술이 거행되는데, 그 '정본正本'으로 간주되는 것은 북소리에 의한 '이야기'이다. 몇몇 중요한 의례에서 궁정 소속의 악사장이 연주하는 북소리에 의한 계보 구술을 지위가 낮은 악사가 한 소절마다 모시어로 바꾸어 일정 양식의 큰 소리로 낭송한다. 이 경우에도 정본은 어디까지나 악사장이 연주하는 북소리 이야기여서 하위 악사가 소리를 내어 낭송하는 것은 해석의 차원으로 부차적인 것에 지나지 않는다. 이 북소리언어의 이야기에 쓰이는 것은 한 아름이나 되는 커다란 구형 표주박 껍질의 윗부분(줄기 쪽)을 넓게 잘라내어 염소 가죽을 대고, 양 손으로 치는 막명膜鳴 소리 기구인데 모시어로는 '벤드레'라고 한다. 일반적으로 문자를 쓰지 않았던 사하라 이남의 아프리카 사회에서는 북이나 피리 등의 소리기구를 써서 언어 메시지를 전하는 것은 흔한 일이다. 사하라 이남 지역에 있는 아프리카의 언어는 극히 일부를 제외하고는 음조언어여서 악기의 다양한 음높이와 음색을 조합해서 음성언어의 운율적 특징을 재현하여 언어 메시지를 전달한다.

　　이 방식 중, 북에 의한 표현을 편의상 '북소리언어'라고 한다면 이 용도에 맞게 치는 소리 기구는 크게 나누어 네 종류(체명體鳴 하나, 막명膜鳴 셋)가 있는데 벤드레가 구조와 연주법으로 보아 가장 아날로그적으로 음색이 분화되어 있어, 말의 음조변화가 아날로그적(단계상 음조)인 모시어에 적합하다. 다른 중요한 막명 소리 기구로 요르바 사회(나이제리아)에서 언어 전달을 위하여 가락을 조율하기 위한 끈이 달린 '이야 일'이라는 북은 디지털적으로 세 종류의 음색(날카로운 소리, 중간 소리, 무딘 소리)으로 나누어 요르바어의 삼 음조(고,

중, 저)에 대응시켜 언어 메시지를 전한다. 이와 같이 음성언어의 특징과 그것을 '표현하는' 방식의 대응 관계를 고찰해보면 야마토어를 표기하는 데 음성언어가 두드러지게 다른 중국어의 표기 방식을 도입했다는 것의 의미를 다른 각도에서 바라볼 수 있게 한다.

읊기(읽기) · 기록하기, 지금과 옛날

최종적으로는 한자로 적은 《고지키古事記》를 굳이 한 번 읊게 한 뒤 적었다는 사실에 나타난 읊기(읽기)와 적기의 관계를, 모시 왕족의 계보를 구술할 때의 북소리와 말소리의 관계에서는 어떻게 생각하면 될까? 여기에서 나는 서아프리카의 여러 사회 중, 왕국과 같은 집권적인 정치조직을 발달시켜 '역사(특히 정사正史)가 필요했던' 사회의 사례를 고찰하여, 만데(구 말리 제국) 소리 문화와 하우사(구 하우사 왕국) 소리 문화의 읊기와 적기의 관계 속에서, 지리적으로나 문화적 영향 관계로나 양자의 중간 위치에 있는 모시 왕국의 읊기와 적기의 관계를 설정해 본다. 상세한 것[5]은 생략하고 결론만 간단히 말하면 음성언어의 힘을 이용하여 정서 환기 차원에서 시간 상의 거리를 없애 '옛날'을 '지금'에 되살리는 만데 소리 문화의 '서사시'적 성격을, 음성언어적으로 동계열어인 아라비아어로부터 일부의 특권 계층이 예부터 차용한 문자 표기인 '아쟈미'에서 음성을 소거하여 '지금'을 '옛날'로 시간 계열에 따라 차례차례 내보내는 이지적인 '연대기'적 성격의 하우사 소리문화와 대조하여 고찰할 수 있다.

5_ 가와다 준조(川田順造) 〈서사시와 연대기 ― 이야기된 것과 기록된 것〉《구두전승론》하, 헤이본샤(平凡社) 라이브러리, 2001[1992].

음성의 힘, 문자의 주술적 힘

모시 왕국은 문자를 일체 사용하지 않으며 5, 6킬로미터 사방에까지 퍼지는 벤드레의 장중하며 정감적인 소리를 가지고 옛 역사를 지금에 되살리는데, 그 방식은 극히 연대기적이다. 즉 역대 왕의 이름(한 단어가 아니라 복수의 상당히 긴 구절로 된 즉위명)과 계보 관계를 구술한 뒤, '지금' 이후에 즉위하는 왕의 왕명을 북소리언어로 순서에 따라 첨가하는 것인데, 이는 하우사의 왕궁 내에 보관되어 있는 연대기에 새로운 왕명이 아라비아 문자로 첨가되는 과정과 견줄 수 있다. 나는 이와 같은 대비 속에서 벤드레의 북소리언어를 '소리의 에크리튀르', 그러나 여러 가지 성격으로 보아 '마이너스의 에크리튀르'로 보고,[6] 시각표상인 문자와 청각표상인 북소리언어나 서사시의 음성 기예를 공통적 시야에서 생각하기 위해 동서유라시아에서 문자의 기원과 관계되는 'kaku(쓰다, 긁다)' (유럽 제어에서 '쓰다' 의미의 기원이 된 그리스어의 '그라포'도 '긁다' 어의와 겹친다)라는 표현 대신에 '표시하다, 두드러지게 하다, 돋보이게 하다'라는 표현으로 국제 역사과학 회의에서 일정의 공감을 얻었다.[7]

그런데 벤드레는 모시 왕족이 보호하고 지배한 선주민의 소리 기구로 만데나 하우사의 소리 문화에서는 아예 없든지 장소에 따라

6_ 가와다 준조(川田順造) 〈소리의 에크리튀르〉, 다케미쓰 도오루(武満徹), 가와다 준조(川田順造) 왕복서간 《소리 말 인간》이와나미(岩波) 동시대 라이브러리, 1992[1980], 《다케미쓰 도오루(武満徹) 저작집》4, 신초사(新潮社), pp.7-197에 재록.

7_ Kawada, Junzo "Epic and Chronicle: Voice and Writing in Historical Representations" in *Making Sense of Global History: The 19th International Congress of the Historical sciences*, Oslo 2000 Commemorative Volume, Universitesforlager Oslo, 2001: pp.254-264.

있다고 해도 중요성이 극히 낮다. 과정**8**을 생략하고 결론만을 말하면 이야기한다는 차원의 음성과 북소리의 관계는 만데나 하우사의 소리문화와 대비했을 때, 상호 변환이 가능한 방식의 하나이며 역사적으로 형성되었다고 할 수 있다. 지금 이 견해를 《고지키古事記》의 음성과 문자에 투영하고, 더 나아가 《만요슈万葉集》**9**나 《니혼쇼키 日本書紀》**10** 등의 역사적 맥락에서 생각하면, (ㄱ)〈만요 가나万葉仮名〉**11**

8_ 가와다 준조(川田順造) 〈만데 소리문화와 하우사 소리문화 — 이슬람 소리문화의 지방적 전개〉《민족학 연구》65권 1호, 2000, 62-77.
Kawada, Junzo "Continuite et discontiuite dans les cultures sonores ouest-africaines: rapports internes et interculturels", in J.Kawada et Kenichi Tsukada(eds.) *Cultures sonores d'Afrique II-Aspects dynamiques*, Hiroshima City University, 2001: pp.3-20.

9_ 가집(歌集), 20권. 수차에 걸쳐 편찬되었다고 보이며 오오토모노 야카모치(大伴家持)가 편찬에 관여했다고 추정되는데, 최종적으로 현재의 형태로 정리한 인물은 불명이다. 1~16권까지는 기본적으로 잡가, 상문가(相聞歌), 만가(挽歌) 등의 분야별 편찬되어 있고, 17권 이후는 연월일 순으로 편찬되어 있다. 성립은 나라(奈良)시대 말기라고 한다. 작자는 황족, 귀족에서 유녀, 거지에 이르기까지 넓은 계층에 이르는데, 그 중심이 귀족, 황족, 관료라는 것은 무시할 수 없다. 특히 누카타노 오오키미(額田王), 가키노모토노 히토마로(柿本人麻呂), 야마베노 아카히토(山部赤人), 야마노우에노 오쿠라(山上憶良), 오오토모노 타비토(大伴旅人), 오오토모노 야카모치(大伴家持) 등은 저명. 가체는 단가 외에 장가, 선두가(旋頭歌) 등을 포함한다. 초기의 집단적인 가요에서 오오토모노 야카모치(大伴家持)로 대표되는 섬세유미(纖細優美)한 노래까지 상대가요의 진전에 따르는 여러 노래를 포함한다; 역주

10_ 한서, 후한서 등의 중국 정사를 본떠 《일본서》를 목표로 한 일본 최초의 왕명에 의한 역사서이다. 육국서의 제1. 30권. 도네리(舍人) 친왕 등이 찬하였다. 720년 성립. 가미요(神代)부터 지토(持統)천황까지의 역사를 제기(帝紀), 구사(旧辭) 외의 제씨(諸氏)의 기록, 사원의 연기(縁起), 한반도 측 자료 등을 이용하여 한문, 편년체로 기술한 것이다; 역주

11_ [만요슈(万葉集)에 많이 쓰였으므로 붙인 이름] 일본어를 표기하기 위하여 표음문자로 쓰인 한자. 히라가나(平仮名), 가타카나(片仮名)가 생기기 이전, 한자의 음이나 훈에 의해 'haru'(波流(春)), 'yamato'(八間跡)처럼, 그 한자 본래의 의미와는 다른 일본어의 음을 표기한 것이다. 한자의 음을 사용한 음 가나, 한자의 훈을 쓴 훈 가나, 희서(戲書) 등이 있다. 보통은 한 글자에 한 음절을 나타내는 것이라고 한다. 5세기경의 금석문에서 보이기 시작하여, 상대에는 일본어를 표기하는 데 널리 쓰였다. 중고에 히라가나(平仮名), 가타카나(片仮名)가 발달한 후에도 한문 훈독, 선명(宣命), 마나(眞名)본 등에 쓰였다; 역주

에서는 소리로 된 야마토어를 한자를 차용하여 표기하는 데 주안점이 있으며, (ㄴ)《고지키古事記》의 준비 단계에서는 아직 '음성의 힘'에 대한 신앙 내지는 집착이 강하여, 아레阿礼에게 일단 읊어 익히게 한 것을 소위 정본으로 하였지만 한문으로 표기하였기 때문에 의미는 일정하여도 훈訓으로는 여러 가지 다른 독음 방법이 있을 수 있게 되었다, (ㄷ)《니혼쇼키日本書紀》에서는 '완만하고 길게 이어지는 구송적 문체를 채택하는 일은 없었고', '도처에서 한문적 윤색을 가한'[12] 결과, 후세에 그것을 어떻게 읽어야 하는지가 한층 더 큰 문제가 되었다고 할 수 있을 것이다. 그리고 두 종류의 가나仮名가 고안되고 나서는 마나眞名에 대응하는 가나라는 명칭만 보아도 알 수 있듯이 한자를 '진짜眞'로 절대시하는 입장이 확립된 것이다.

이와 같은 과정에서 음성의 힘이 문자의 주술적 힘에 대한 신

12_ 고지마 노리유키 〈해설〉《니혼쇼키(日本書紀)》상, 일본고전문학대계 67, 이와나미(岩波) 서점, 1967.

13_ 안토쿠(安徳)천황이나 헤이케(平家) 일족을 받드는 아미타(阿弥陀)사를 무대로 한 이야기 혹은 괴담이다. 아미타지에 호이치(芳一)라는 맹인이 살고 있었다. 비파의 명수이며, 특히 헤이케모노가타리(平家物語)를 잘 탔다. 어느 날 밤 스님이 안 계실 때 갑자기 무사 한 사람이 나타나 호이치는 '고귀한 분'의 집에 초대되어 비파를 뜯으러 갔다. 그 곳에는 많은 사람들이 있었고 호이치의 비파에 감동하여 눈물을 흘리며 감동했다. 호이치는 7주야 연주를 부탁 받아 밤마다 외출하게 되었다. 스님은 매일 외출하는 호이치를 수상하게 여겨, 절에 있는 사람에게 뒤를 밟게 했다. 그러자 한 사람이 헤이케 일족의 묘 앞에서 도깨비불에 둘러싸여 비파를 타고 있었다. 뒤를 밟던 사람이 놀라 호이치를 데리고 가서 추궁하자 사정을 말했다. 그러자 스님은 위험하다, 이대로 가면 호이치가 헤이케의 원령에게 살해당한다고 절의 소승과 함께 호이치의 전신에 반야심경(般若心経)을 써주고 호이치에게 오늘밤은 무사가 마중와도 대답하지 말라고 굳게 다짐시켰다. 그날 밤 호이치가 혼자서 앉아 있자 언제나처럼 무사(헤이케의 원령)가 마중하러 왔다. 호이치가 불러도 대답을 하지 않자 "목소리도 들리지 않아, 모습도 안 보여. 그럼 호이치는 어디 간 거야……?"하는 소리가 들렸다. 그리고 원령은 귀만이 어둠 속에 떠 있는 것을 발견하고 '호이치가 없으면 할 수 없지. 귀만이라도 가지고 가야지' 하며 호이치의 귀를 잘라갔다. 스님들이 호이치의 몸에 반야심경을 쓸 때 소승이 귀만 빼고 써버렸기 때문이었다. 그러나 이 불가사의한 사건이 세상에 퍼져 그는 '귀 없는 호이치'라고 불리게 되었다; 역주

앙으로 중점이 옮겨져, 나리타야마成田山의 세 글자를 단지 소인으로 찍었을 뿐인 나무 부적이나 '귀 없는 호이치芳一'[13]의 귀 이외의 전신에 쓰인 경문, 가부키歌舞伎[14] 18번 하나카와도 스케로쿠花川戸助六[15]의 '내 이름을 손바닥에 세 번 써서 핥아라, 한 평생 여자에게 차이는 일이 없지'라고 말하는 단카啖呵[16]도 태어나는 것일 것이다. 얼마 전에 고인이 된 기다유義太夫[17]인 도요타케 와카다유豊竹若大夫가 만년

14_ 가부키란 말의 원뜻은 수려한 풍채를 좋아하고, 요염한 행동을 하는 것을 말한다. 에도(江戸)시대에 대성한 일본의 대표적인 연극이다. 게이쵸(慶長)(1596-1615) 무렵의 오쿠니(阿国)가부키에서 비롯되어 와카슈(若衆)가부키를 거쳐 겐로쿠기(元禄期)(1688-1704)에 극적인 요소를 주로 하는 연극으로 발전하였다. 여배우 대신 여자 형상을 한 배우를 쓰며, 또 무용극ㆍ음악극 등의 요소도 포함하는 연극이다.; 역주

15_ 에도(江戸) 요시와라(吉原) 유곽을 말한다. 거기에 매일처럼 다니는 하나카와도 스케로쿠(花川戸助六)는 유녀들로부터 인기가 많은 남자이다. 그는 뭔가에 이유를 붙여 싸움을 걸어 난동을 부리는데, 실은 부모의 원수를 기다리는 소가노 고로토키무네(曽我五郎時致)에서 겐지(源氏)의 보물인 도모키리마루(友切丸)라는 칼을 찾고 있다. 스케로쿠(助六)의 연인은 요시와라에서 톱 클래스의 유녀인데 그녀에게 끈질기게 찾아오는 사무라이 이큐(意休)가 있다. 스케로쿠는 이큐가 이상하다고 노려보며 칼을 뽑으려고 하는데 여간해서 잘 되지 않는다. 이미 스케로쿠의 정체를 알아차린 이큐가 겨우 칼을 뽑았는데 그것은 틀림없이 도모키리마루(友切丸)였다. 그의 정체는 헤이케의 잔당 이가(伊賀)의 헤이나이자에몽(平内左衛門), 칼을 훔친 장본인이다. 그날 밤 이큐를 무찌르고 도모키리마루(友切丸)를 되찾은 스케로쿠는 연인의 도움을 받아 추적을 따돌렸다; 역주)

16_ 싸움, 말싸움 때 상대를 향하여 위세 좋게 말하는 날카로운 말이다.; 역주

17_ 특히 간사이 지역에서 조루리의 다른 이름. 초대 다케모토 기다유(初世竹本義太夫)가 우지카가노죠(宇治加賀掾) 등 고조루리(古浄瑠璃) 각파를 예풍이나 당대 유행의 각종 음곡을 도입하여 신감각으로 통일하여 1684년 다케모토(竹本)좌의 공연에 의해 시작되었다. 나중에 도요타케 와카다유가 독립하여 다케모토(竹本)ㆍ도요타케(豊竹)로 나뉘었다. 크게 성행하여 조루리라고 하면 기다유부시(義太夫節)를 가리킬 만큼 널리 인기를 얻었다; 역주

18_ 이야기(katari)의 하나. 16세기에 미카와(三河) 지방에서 맹인 법사의 이야기로 발생하여 비파나 부채박자(扇拍子)를 반주로 하여 이야기를 했는데, 야하기(矢作)지방 부호의 딸 조루리(浄瑠璃)와 우시와카마루(牛若丸)와의 사랑을 이야기하는 〈조루리 이야기〉가 널리 인기를 얻어 이것을 조루리라고 부르게 되었다. 17세기 초기부터 샤미센(三味線)을 반주로 하여 인형극과 결합하여 인형 조루리가 생겼고, 1684년 다케모토 기다유(竹本義太夫)가 오사카에서 기다유부시(義太夫節)를 시작하여 여기에서 조루리는 기다유부시라는 이명(異名)을 얻었다. 나중에 가부키조루리(歌舞伎浄瑠璃), 우타조루리(唄浄瑠璃)등 여러 조루리가 파생하였다; 역주

에 시력을 잃고 나서도 무대에서 조루리淨瑠璃**18**를 할 때 원래처럼 독서대의 원본院本**19**을 누르라고 하면서 책을 넘긴 실례 등은 이야기하는 소리에 대한 기록된 문자의 '진정성'을 나타내는 일화로서 흥미롭다. 그와 같은 문자에 대한 주술적 힘에 대한 신앙은 지금까지 인용한 서아프리카의 무문자 사회에서도 아라비아 문자로 코란의 성구를 쓴 부적이 광범위하게 사용되었다는 것을 보아도 알 수 있다.

구전과 문자기록에 의한 역사 표상

또 역사 표상의 매체인 음성과 문자를 둘러싸고, 모시의 왕위 족보에서 왕명의 형태와 《고지키古事記》에서 신화와 이야기의 관계를 대응시켜 보면 흥미로운 일면이 보인다. 모시 제諸 왕조의 왕위 족보에 인용되는, 왕조에 따라 다르기는 하지만 정복 병합된 지방 수장의 계보도 종종 포함하는 삼사십 명의 왕명 중, 제諸 왕조가 갈라지기 전 시조 시대의 왕명은 제諸 왕조의 왕위 족보와 공통된다.

그런데 각 왕조가 확립되고 난 뒤의 왕명은 왕의 즉위명, 모시어에서 말하는 '잡 유레', 즉 '전사의 이름'이란 우의寓意에 찬 잠언 형태의 '잡 유레 장가'라는 상당히 긴 구절 전체가 인용된다. 그 구절들에는 왕위 계승 투쟁의 대항자나 잠재적인 적대자를 향한 자기 과시나 상대를 폄하하는 메시지를 담은 내용이나, 계승 투쟁의 상황을 우의적으로 나타내는 것, 즉위 후에 측근이 헌정하는 치세의

19_ 에도(江戸)시대에 조루리의 사장(詞章) 전부를 실은 판본(版本)인데 마루혼(丸本)이라고도 한다; 역주

안정과 나라의 번영을 바라는 내용이 많아 지나치다 싶을 정도로 우의寓意에 싸여 있어 해독하기 매우 어렵다. 하지만 대체로 당시의 '사건'을 반영한 경우가 많다.

그러나 시조 시대의 건국 전승이라 해야 할 부분에서 왕명은 한 단어로 밖에 제시되지 않는다. 이는 각 왕조의 악사나 장로의 설명으로는 옛 시대의 일이므로 '잡 유레 장가'가 전해지지 않기 때문이라고 한다. 그러나 제諸 왕조에서 공통적으로 인용되는 일군의 초창기 왕명의 의미를 검토해 가던 중, 그들 왕명의 의미가 건국 신화 전체의 메시지 구성 요소를 이루고 있다는 것을 알게 되었다. 그것도 이와 같은 건국 신화의 메시지가 의미하는 것의 구조는 모시 왕국에만 고유하게 있는 것이 아니라, 그것에 선행하는 왕국의 건국 신화를 거슬러 올라가면 구성 요소나 그것들의 관계 변환을 포함하면서 반복된다는 것을 알았다. 즉 그들 초창기의 왕명은 실제로 재위한 개개 왕들의 이름이 아니라, 건국 신화의 메시지를 계열적(paradigmatic)으로 분담하여 나타내는 말로서의 이름으로 봐야 하는 것이다.

이에 비하여 건국 신화 시대에 이어지는 혼란스런 형성기의 왕명들은 단편적인 경우도 있지만, 그들 왕명 전체가 어떤 메시지를 나타내고 있지는 않다. 그것은 아마 지금에 까지 자세히 전달될 만한 가치가 없었기 때문에 빠진 왕명일 것이다. 이에 비하여 왕궁 소속 악사가 서거하고 즉위하는 모든 왕에게 긴 '잡 유레 장가'를 순차적으로 읊어나가는 왕조 확립기 이후의 왕위 족보에서는 연대기적인 일회용 사건으로서 개개의 왕명이 통합적(syntagmatic)으로 이어진다.

《고지키古事記》상권은 신들의 이야기, 진무神武천황에서 시작되는 중권은 사람의 이야기와 신화적 요소의 혼합, 진토쿠仁德 천황에서 시작되는 하권은 사람의 이야기라고 한다. 신들의 이야기에 나오는 신명神名의 의미와 그것들 전체가 나타내는 것에 대해서는 오오노 스스무大野晋의 설득력 있는 분석이 있으며,[20] 나는 이 양자의 대비를 시도한 적이 있다.[21] 그 다음으로 생각해야 하는 것은 역사표상에서 이와 같은 계열적 차이와 통합적 차이, 신화와 사람의 이야기에 대한 차이가 왜, 어떻게 하여 생겨났는가 하는 것이다.

지금까지 문제가 되어 온 소리와 문자, 읊기와 이야기하기, 그리고 기록하기를 대비하는 차원에서 말하면 소리에 의한 구전은 역사의 표상과 역사관이 집합적인 것이 되기 쉬워 결과적으로 그것은 구조화되며, 구성 요소 간의 관계는 계열적인 것이 된다고 생각한다. 구전에 의한 역사 표상이 집합적인 성질을 띠는 이유는 그것이 공시적共時的으로 모종의 구전 공동체가 역할을 떠맡기 때문이 아니라, 소리로 이야기를 전하는 행위가 필연적으로 야기하는, 세대에서 세대로 이어지는 통시적通時的 집합성 때문이기도 하다. 이에 비하여 문자에 의한 것이든 북을 치는 동작의 반복을 통해서 신체적으로 기억되는 북소리언어에 의한 것이든, 개별적으로 표시된 왕명 등의 역사표상은 역사의식 속에서는 이들 집합이 구조화되지 않고,

---

20_ 오오노 스스무(大野晋) 〈보설(補説)〉《고지키덴(古事記伝)》, 모토오리 노리나가(本居宣長)전집 제9권, 치쿠마쇼보(筑摩書房), 1968.

21_ 가와다 준조(川田順造) 〈보주(補注)〉《소리》, 치쿠마 가쿠게이(ちくま学芸)문고, 1998[1988].

개별적 사건이 통합적으로 이어진 것이라고 정의되는 것이 아닐까?[22]

두 번째 문제

고립어인 중국어에 대하여 한 음에 한 글자를 원칙으로 하여 생겨난 한자를, 음성언어로서의 형태가 전혀 다른 교착어적 성격이 강한 야마토어를 표기하는 데 도입함으로써 생긴 여러 문제에 대한 개인적 견해는 별도의 기회가 있으면 기술하고 싶다(이 책의 2장 참조).

22_ 가와다 준조(川田順造) 〈초상과 고유명사 — 역사표상으로서의 도상(圖像)과 언어에 있어서 지시기능과 의미기능〉《아시아 아프리카 언어문화 연구소》 48 · 49 합병호, 1995(가와다 준조 《인류학적 인식을 위하여》, 이와나미(岩波) 서점, 근간에 재록).

표 1 모시왕조의 계보 – 이야기의 구성

대단락	왕조 소재지	소단락	대응하는 왕명	부명		모명		전쟁명		서술		사건		소단락 구절수		대단락 구절수	
				A	B	A	B	A	B	A	B	A	B	A	B	A	B
I	잔바르가(?)	1	즌구라나	-	-	-	-	-	-	+	+	-	-	19	18	49	46
		2	우부리	+	+	+	+	-	-	+	+	-	-	17	16		
		3	소르바	-	-	+	+	-	-	+	+	-	-	13	12		
II	웨르고	4	키무고	/	-	/	-	/	+	/	-	/	-	0	12	38	46
		5	뷔레	-	-	+	+	-	-	+	+	-	-	13	11		
		6	나부구바	-	-	+	+	-	-	+	+	-	-	11	11		
		7	얀바	+	+	-	-	-	-	+	+	+	+	14	12		
III	젠 고덴	8	워브고	-	-	+	+	+	+	-	-	-	-	12	12	32	33
		9	젠데	-	-	-	-	+	+	-	-	-	-	7	7		
		10	쿠구리	-	-	+	+	-	-	+	+	-	-	13	14		
IV	테노아겐 모아가	11	벤도바, 외	-	-	-	-	+	+	-	-	-	-	13	13	32	31
		12	마르카, 외	-	-	-	-	-	-	+	+	-	-	19	18		
V	고덴 구드겐	13	보아가	-	-	+	+	+	+	?	?	?	?	23	26	58	60
		14	부굼	-	-	+	+	+	+	-	-	-	-	19	18		
		15	비가	-	-	-	-	+	+	-	-	-	-	16	16		
VI	텐코도고	16	시구리	-	-	+	+	+	+	-	-	+	+	32	31	633	489
		17	기굼보레	-	-	+	+	+	+	-	-	+	+	39	39		
		18	예무데	-	-	+	+	+	+	-	-	+	+	49	49		
		19	바오고	-	-	+	+	+	+	+	+	-	-	41	41		
		20	리트미두	-	-	-	-	+	+	-	-	-	-	12	10		
		21	사루카	-	-	-	-	+	+	-	-	-	-	30	28		
		22	사비렘	-	-	-	-	+	+	-	-	-	-	43	41		
		23	야무웨오고	-	-	+	+	+	+	-	-	-	-	42	45		
		24	사눔(사루마)	-	-	+	+	+	+	+	+	+	+	56	49		
		25	카론고	-	-	+	+	+	+	+	+	+	+	76	28		
		26	코무	-	-	+	+	+	+	-	-	-	-	39	27		
		27	키바	+	-	+	+	+	+	+	-	+	+	143	78	258	133
		28	티구레	+	+	+	+	+	+	-	-	-	-	31	23		

표 2(a) 왕조의 지리적 이동과 낭송 순서 (I - VI)

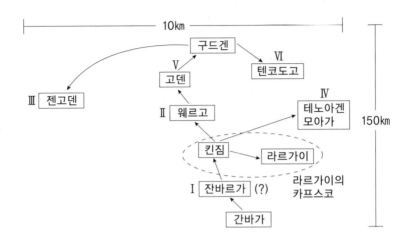

표 2(b) 왕조의 시간적 변천과 낭송 순서 (I - VI)

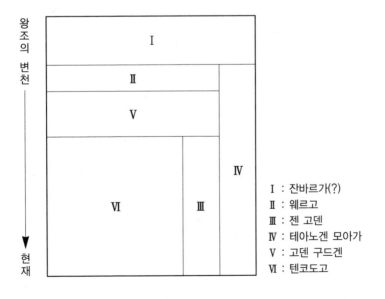

I : 잔바르가(?)
II : 웨르고
III : 젠 고덴
IV : 테아노겐 모아가
V : 고덴 구드겐
VI : 텐코도고

표 3(a)

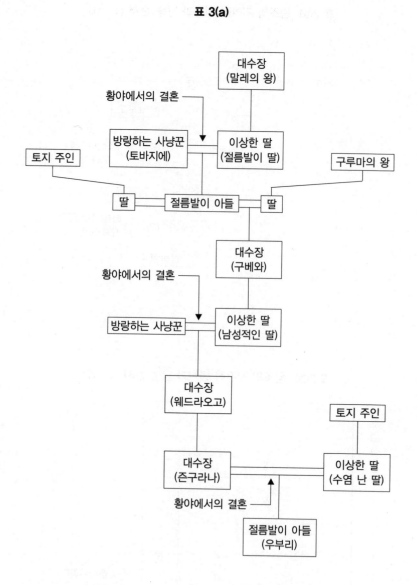

표 3(b)

《고지키(古事記)》서두의 신명(神名)은 다음 순서로 나타난다.
(오오노 스스무(大野晋) 〈모토오리 노리나가(本居宣長) 전집〉제9권, 《고지키전(古事記傳)》〈보설〉, 치쿠마쇼보(筑摩書房), 1968에 의함)

①	②	③	④	⑤	⑥	⑦	⑧	⑨	⑩	⑪	⑫	⑬
아메노미나카누시	다카미무스히	가무무스히	우키아부라노고토쿠타다요후	아시카비히코지	아메노토코타치	구니노토코타치	도요쿠모노	우치지니스히지니	쓰노쿠비이쿠쿠히	오호토노지오호토노베	오모다루아야카시코네	이자나키이자나미
중앙	생성력	생성력	혼돈부동	생명의 발견	토대출현	토대출현	혼돈부동	진흙	생명의 발견	남녀	회화	유혹
ⓐ			ⓑ			ⓒ				ⓓ		

상단 괄호 구조: 7 — 5 — 3 / 7 — 5

표 4

서사적 지향	연대기적 지향
• 구두적 구성법, 텍스트 부재 • 고객으로서의 청자, 서사시적 공동체 • 찬미, 기념, 진혼(정서적) • 연희성 중요, 이야기로서의 감흥 • 문자화에 의해 이야기의 가치 대부분이 소멸 • 이야기하는 사람인 '나'의 현전, 퍼포먼스의 상황의존성 큼 • 과거를 이야기하는 사람이 내재화하여 음성에 의하여 현재에 되살린다(실제 연대의 무화)	• 이야기 부재, 이야기의 텍스트성이 큼 • 이야기하는 자와 듣는 자가 함께 당사자로서 내용의 사실성에 관여 • 서술, 기록(지적) • 정보전달성·행위수행성 큼, 사실의 존엄 • 문자화하여도 본질 불변, 문자와 익숙해지기 쉽다. • 이야기하는 사람인 '나'의 현전, 퍼포먼스의 상황의존성이 큼. 이야기하는 사람인 '나'의 부재, 퍼포먼스의 상황의존성 작음 • 과거를 말하는 사람이 외재화하여, 과거에 돌려보낸다(실제 연대 중요)

2
야마토어에 한자가 도입되었을 때

한자 도입으로 야마토어는 발전하지 못했다?

사람과 사람이 만나면 우선 명함을 교환하고, 계약 관념은 아주 약함에도 불구하고 귀중한 계약이니까 서면으로 해달라는 일본인은 말이라는 것은 절반이 문자로 이루어졌다고 착각을 하기 쉽다. 'oshokujiken'이라고만 해서는 식권お食事券을 말하는지 공무원이 뇌물을 받다 들켰다汚職事件는 말인지 모르며 'seiko'라고 했을 때도 한자를 떠올리지 않으면 의미가 분명치 않다. 나도 자주 '될 화化'라고 하든지 '사람 인 변의 민속학이지요'[1]라고 말한다. 그리고 'kichin-to(똑바로)' 한다든가 'nikkori(방긋)' 웃는다든가, 'bareru(들통나다)' 혹은 'kusuneru(슬쩍하다)' 등처럼 한자로는 도저히 쓸 수 없는 말도 흔히 쓴다.

나는 다년 간 아프리카의 무문자 사회에서 구두 전승이나 북

---

[1]_ 일본어에서는 민족(民族)과 민속(民俗)의 발음이 모두 [minzoku]이다; 역주

소리언어를 접해 왔기 때문에, 문자가 있다는 것을 당연한 전제로 한듯한 인상을 주는 '무문자'라고 규정하기보다는 '문자가 필요하지 않았던 사회'라는 말이 이들 사회에서 풍부한 소리나 신체나 도상圖像에 의한 전달의 실태를 나타내는 데 더 적합하다는 사실에 '마음이 끌렸'다. 그리고 말이라는 것은 백 퍼센트 음성으로 이루어져 있고 문자는 편의상 거기에 대응시킨 것이므로, 언어란 어떤 의미의 도상圖像표상이라고 생각하면, 그와 같은 사실이 당연하다는 데 생각이 미쳤다.

야마토어라는 소위 교착어계의 언어, 음절(더 정확하게는 모라[2])의 종류가 기껏해야 120위라는 극히 적고 강세의 형태도 단순하며 단음절어나 이삼 음절어가 많은 언어가, 중국어라는 어법 구조가 야마토어와는 전혀 다르고 성조도 복잡한 고립어계의 언어에 대응시킬 수 있게 만들어진 한 문자 한 음절을 원칙으로 하는 한자를 상당히 옛 시기에 도입한 것은 그 후의 경과도 포함하여 음성언어와 문자의 관계를 생각하는 데 있어 흥미로운 실험이었다고 할 수 있다.

고대 서아시아에서 슈멜 설형문자를, 계통이 다른 북서 셈어인 에브라가 도입되었을 때, 상형문자에서 생겨나 표의성이 강한 설형문자를 표음적으로 사용했다고 하는데, 어법이 다른 언어 간에서 문자의 차용이 이루어졌을 경우, 일반적으로 표음적인 차용이 더 용이하다는 것은 이해가 간다. 야마토어도 초기 단계에서는 만요가나처럼 한자를 표음기호로 쓰다가 얼마 있지않아 한자를 기반

2_ 모라: 일본어 등에서 음운론상의 단위. 단일 리듬을 이루는 음절(음운론적 음절)에서 보통은 자음음소와 모음음소의 조합으로 하나의 모라를 이룬다. 일본어에서는 가나 한 문자가 한 모라가 된다. 박(拍)이라고도 한다; 역주

으로 두 종류의 가나仮名 문자를 발명하여 한자 자체는 오히려 표의 기호로 특화시켜 쓰게 되었다는 것은 알려진 바와 같다.

'마나真名'에 대응하는 '가나仮名'라는 명칭에도 나타나 있듯이 '진짜' 한자에 대하여 가나는 '임시로 빌린 것'이라는 의식을 가지며, 연호를 정하는 데에도 중국의 고전을 참조하고, 메이지明治 (1968-1912) 이후에는 서양의 책을 대학 등에서 읽을 때 '원전강독'이라고 한 것과도 일맥상통하고, 일본 문화를 스스로 파생 문화로 규정하는 일본인의 의식은 일찍부터 한자를 매개로 하여 자기형성을 꾀하여 왔던 언어인 일본어 속에 깊이 뿌리를 내리고 있는 것은 아닐까 한다. 다른 계통의 언어인데도 한자를 차용한 이른바 한자문화권 제어 중, 한국어는 일본어보다 늦은 15세기에 독자적인 표음문자인 한글을 만들었는데, 이는 말할 것도 없이 일본의 가나처럼 한자에서 파생한 문자는 아니다. 이에 비하여 베트남어인 추놈字喃은 한자를 단순화하여 표의적으로 사용한 일본의 가나와는 역방향으로 한자를 그대로, 또는 합성하여 복잡하게 하면서 표음표의 병용으로 발전한 문자라고 할 수 있다.

나라奈良(710-794) 헤이안平安(794-1185) 시대 이후 일본이 독자적 사회와 문화를 형성해 갈 때, 야마토어를 음성언어로 갈고 닦는 대신 안이하게 한자의 표의성에 의존하게 한 것은 이제와서 돌이킬 수는 없는 일이지만 유감을 금할 수는 없다. 즉 일본어는 음성 면에서 분절적 특징에서나 운율적 특징에서도 심히 단조롭다고 하리만치 둔감한 말이 되어버린 것이다. 모음도 옛 야마토어에서는 일곱 개로 구별되었던 듯한데 현대 일본어에서는 다섯이다. 그러므로 열한 종류의 모음이 분류되어 쓰이고 있는 현대 영어에서 도입한 외래어에서도 술집을 의미하는 'bar'나 타는 'bus', 야구의 'bat'나 새의 'bird'가 영어에서는 네 종류로 구별하여 발음되는데 일본어에서는 모두 같은 'ba'가 되어버린다. 운율적 특징에 있어서도 형태가 단순한 고저 강세 밖에 없다. 야마토어와 마찬가지로 문자를 쓰지 않았던 아프리카의 모시어에서도 모음은 13, 자음 17, 이중모음 15, 이중자음 20, 게다가 음조에 의한 단어 층위에서 의미가 변별되므로 귀로 들었을 때의 의미의 명확함은 현대 일본어와 비교가 안 된다.

한자를 기반으로 하면서도 최소한 히라가나와 가타카나라는 두 종류의 음절문자만을 가지고 일본어를 표기하려는 노력을 천 년 이상 이어왔더라면, 야마토어 자체가 좀 더 풍부해졌을 것이고, 표기법에서도 유럽 제어에서와 같은 단어의 띄어쓰기가 생겼을지도 모른다고 생각한다. 한자의 표의력에 기대었기 때문에 야마토어 자체의 성숙, 심화, 발전은 적어도 헤이안 시대 이후에 두드러지게 저해를 받았다고 생각한다.

생각해 보면 기묘하다기 보다 한탄스러운 일인데 현대 일본어에는 정서법이라는 것이 없다. 가나와 한자를 나누어 쓰는 방법, 오쿠리가나[3]를 다는 법, 구두점을 찍는 법 등에 일정한 규정이 없다. 음성으로 나오는 일본어를 문자로 표기하는 원칙이 없는 것이다. 그러므로 유럽의 초등학교에서 하는 것 같은 의미에서의 영어의 'dictation'을 일본어에서 쓴다고 하면, 'kakitori'(書取,書取り,書き取り,書きとり,かき取り,かきとり,カキトリ…)가 된다.

3_ 한자와 가나를 섞어서 쓸 때, 어형을 분명하게 하기 위하여 한자 뒤에 다는 가나를 말한다; 역주

시사示唆성이 풍부한 야마토어의 의미장

　유아기의 발육부전이 굳어진 채 나이가 들어버린 것 같은, 지금 우리들이 양 팔에 안고 있는 처량한 야마토어에서 다시 정신을 가다듬고 한자와 관련하여 흥미로운 점을 몇 개를 들어 검토해 보자.

　'tatsu'라는 야마토어 동사가 있다. 원래는 그 나름의 풍부한 의미장으로 기능하고 있었을 텐데 그것을 여러 한자로 나타내다 보니 각 한자의 의미장에 따르게 되었고, 원래의 야마토어에 비추어 보면 안이한 분절화가 이루어져 서로가 다른 단어이기라도 하듯이 찢겨져 버린다. 'dō-ga tatsu'(집이 '서다')[건립], 'hara-ga tatsu'(화가 '나다'), 'toki-ga tatsu'(시간이 '지나다')[경과], 'tabi-ni tatsu'(여행에 '나서다')[출발] 등.

　'kaku'라는 야마토어의 동사는 내 연구에서 음성과 문자의 관계 고찰에 하나의 열쇠가 되기도 하는데, 문자를 '쓴다[ka(書)ku]'고 하는 것처럼 한자를 대응시키면 'agura-o kaku'(책상다리를 하고 앉다), 'haji-o kaku'(창피를 당하다), 'ibiki-o kaku'(코를 곯다) 등과 공통으로, 원래의 야마토어에서 이 동사가 가지고 있었을 '눈에 띠는 행동을 하다'라는 의미장을 잃고, 그리스어의 'graphō'에서 유래하는 유럽 제어에서 'kaku'(긁다) = 'kaku'(쓰다)라는, 야마토어의 'kaku'에도 포함되어 있는 일부의 의미에 한정되어 버린다. 아시아의 동서에서 소위 '문자'가 발명되었을 때, 동쪽의 중국에서는 짐승의 뼈나 거북의 배 표면에, 서쪽의 메소포타미아에서는 점토판에, 어느 것이나 다 뾰족한 물건의 끝으로 '긁는다'는 것이므로, 그들 사회에서는 '긁는다'는 것이 '쓴다'는 것과 통하는 것은 당연하다고 할 수 있다.

다만 나는 문자가 필요하지 않았던 아프리카 사회에서 정련된 '북소리언어'로, 즉 음성이 아닌 악기음으로 역대 왕의 긴 즉위명 = 칭찬명을 시조에서 현재의 왕까지, 왕의 연례 축제에서 '구술하는' 관행을 오랫동안 치른 끝에 왕궁 소속의 악사 일족에게 대대로 전승되어 북을 치는 양손의 움직임으로서 신체적 기억이 된 이 소리로 된 왕의 족보를 '소리의 에크리튀르'로 간주할 수 있지 않을까 생각하게 되었다.[4] '에크리튀르'는 협의의, 문자보다도 넓은 의미에서의 '쓰여진 것'을 가리켜 자주 쓰이는데, 이 프랑스어의 'écriture' 혹은 그 동사형 'écrire'도 라틴어의 'scribere'에서 유래하는데, 그 기반이 되는 인도 유럽 조어는 역시 '긁다, 새겨넣다'라는 의미라고 한다.

　아프리카의 엄청나게 풍부한 소리의 전승 세계에서 북소리언어를 알고 나서 나는 '긁다 = 쓰다'라는 제한을 뛰어넘은 '기록하다'라는 야마토어의 동사를 써서 문자라는 시각의 영역과 북소리언어라는 청각의 영역을 통일된 관점에서 고찰할 수 있지 않을까 하는 생각을 하게 되었다. 'sirusu'(기록하다)라는 것은 'siruku'(두드러지게) 하다, 즉 'kiwadataseru'(돋보이게 하는) 것으로 명사형은 'sirusi'(표시)이며 영어라면 동사와 명사가 동형인 'mark'라는 말과 대응할 것이다. 북소리언어는 왕궁 소속 악사 일족에게서 태어난 남자가 유년기 때부터 철저한 육체적 수련을 통해 세대를 뛰어넘어 신체에 '각인된' 손의 움직임이 만들어내는 소리이며, 사반나의 6킬로미터 사방에 울려퍼지는 중후한 북소리에 의해 왕의 조상

4_ 다케미쓰 도오루(武滿徹), 가와다 준조(川田順造) 왕복서간 《소리 말 인간》 이와나미 岩波 동시대 라이브러리, 1992. 《다케미쓰 도오루(武滿徹) 저작집》4, 신초사(新潮社), 2000], 7 〈소리의 에크리튀르〉(가와다 준조(川田順造))

들의 즉위명 = 칭찬명을 부르며, 조상 왕들과 그 정통의 계승자인 현왕을 '두드러지게' 하여 돋보이게 하는 행위인 것이다.[5] 앞에서도 말했듯이 이러한 의미는 야마토어의 'kaku'의 의미장에도 포함되어 있었던 것이다.

나는 문자로 쓴다고 하는 행위를 '나타내다'라는 야마토어로 재해석함으로써 시각의 이차원적 표상을 초월한 관점에서 문자라는 것이 가지고 있는, 특히 역사 표상으로서의 기능을 새로이 조명할 수 있다는 것을 '서사시'와 '연대기'라는 역사표상의 두 모델과의 관계에서 주장해왔다. 상세한 사항을 기술하면 길어질 것이며 그것을 다른 기회에 발표한 적도 있어 생략하겠지만,[6] 성숙이 덜 된 상태에서 노화되어버린 야마토어에도 보는 시각에 따라서는 다문화 간의 비교를 통한 발견에 이바지하는, 감춰져 있었던 것을 밝혀내는 힘이 있다고 생각하는 것이다.

지금 북소리언어로 왕의 족보를 '말한다'고 했는데 '말한다'고 하는 야마토어 'kataru'도 '말하다', '이야기하다', '부르다', '주창하다', '주장하다' 등, 소리에 의한 표출, 즉 언표(utterance, énoncé)의 여러 측면을 가리키는 야마토어의 단어들과의 관계 속에서 규정하고, 각 의미장을 내가 오래 관계를 맺어온 아프리카의 사반나 왕국의 언어인 모시어에서 언표의 여러 측면을 가리키는 단어

5_ 가와다 준조(川田順造) 〈소리의 무늬 ― 무문자 사회에서 권력과 커뮤니케이션〉《구두전승론》하, 헤이본샤(平凡社) 라이브러리, 2001[가와데쇼보신샤(河出書房新社), 1992], pp.81-116.

6_ Junzo Kawada "Epic and Chronicle: Voice and writing in Historical Representations", in S. Søgner(ed.) Making Sense of Global History: The 19th International Congress of Historical Sciences, Oslo, Commemorative Volume, Oslo, Unversitetsforlaget, 2001, pp.254-264 등.

34 소리와 의미의 에크리튀르

의 의미장과 대비시킴과 동시에 유럽어, 특히 프랑스어와도 대비시켜 검토한 적이 있다.[7] 물론 이들 언표에 대한 여러 측면의 구분과 의미장은 언어마다 달라, 반드시 일대일로 전면적으로 대응하지 않는다. 그런데 'kataru'에 관해서 말하면, 이 말은 'katadoru'(본뜨다)의 'kata', 한자로 나타내면 '型'이라는 단어와 같은 어근이어서 이미 있는 원형을 모방하여, 재현한다고 하는 의미가 어원 속에 들어있다고 할 수 있는데, 모시어에서 'kataru'에 상당히 잘 대응하는 것이 'togse'라는 동사가 지시하는 의미장이다. 이것은 발화자 자신이 보고 듣고 경험한 것을 말로 재현하거나 타인에게서 들은, 이미 일정하게 통합된 언표를 다시 한 번 말로 모방하는, 즉 빗대어 말하는 발화 행위를 가리킨다.

왕의 제사 의식에서 북소리언어로 'togse'되는 왕위 족보(물론 이것도 이미 존재하는 원형의, 북 타주에 의한 재현이다)의 '정본'을 수백 명의 군중을 향하여 악사 한 사람이 모시어로 한 소절 늦게 큰 소리로 낭송하여 들려준다. 즉 북소리언어를 모시어로 번역하여 낭송하는 이른바 '흉내내는' 것도 'togse'라 불린다. 'togse'는 또한 몸짓으로 흉내를 내는, 자식이 어버이와 '닮았다'고 할 때에도 쓰이는 말이다. 프랑스어로 이에 대응하는 말이 'réciter', 즉 '인용하다' 'citer'라는 행위를 'ré-'라는 '다시', '나중에'의 의미를 나타내거나 강조의 접두사로 보완한 동사로 야마토어의 'kataru'나 모시어의 'togse'에 일부가 서로 겹치는 의미장을 가지고 있다.

---

7 _ 가와다 준조川田順造, 《구두전승론》하, 헤이본샤(平凡社) 라이브러리, 2001, 특히 〈구두전승론〉2장, 모놀로그의 성립, pp.71-150.

이와 관련된 의미장을 갖는 다른 언표의 측면을 가리키는 야마토어의 'hanasu', 모시어의 'gome', 'sõse', 'tãw' 등의 동사를 참조해보자.

'hanasu'는 문자를 도입하기 이전부터의 야마토어인지 어떤지는 의심스럽고 주로 무로마치室町(1338-1573)시대 쯤부터 쓰인 듯하다. '이야기 패' 따위처럼 '이야기' 상대를 직업으로 하는 사람이 출현한 시대부터 도쿠가와德川(1603-1868) 시대 젯코舌耕[8]문예의 개화기를 거쳐 바쿠마쓰幕末부터 메이지明治(1868-1912)에 걸친 산유데이 엔쵸三遊亭円朝[9] 등의 'sandaibanasi 三題噺', 'sibaibanasi 芝居噺', 'ninjobanasi 人情噺'의 융성기를 맞이한 것이다. 'hanasu'의 어원은 밝혀지지 않았다고 하는데, 나는 국어학자들이 동의할지 어떨지는 모르겠지만 한자로 나타내면 'hana(放)su'라는 동사와 어근이 같은 말이 아닌가 한다. 이미 있는 것을 모방하여 재현하는 발화 행위인 'kataru'와 비교해보면 'hanasu'는 원전이나 본보기가 없는 분방한 발화라는 의미가 들어있다고 생각한다. 'hanasi(噺)'라는 일본어 한자의 제자題字 방식, 'hanasi(咄)', 'hanasi(話)' 등, 한자에다가 일본어의 의미나 독음을 붙인 데에서도 그 취지를 알 수 있다.

모시어에서는 밤의 휴식 모임에서 이야기하는 것을 옛날 이야기, 우스운 이야기 등을 그 자리의 누군가가 모두를 향하여 '타우' 한

8_ 강연 · 강의 · 연설 · 고단(講談) 등의 변설로 생활비를 버는 일; 역주

9_ 산유데이 엔쵸(1839-1900): 초대 라쿠고가(落語家). 에도 출생. 본명은 이즈부치 지로기치(出淵次郎吉)〈모란등롱(牡丹灯籠)〉〈신케이가사네가후치(真景累ヶ淵)〉〈시오하라 타스케(塩原多助)〉등 시바이바나시(芝居咄) · 가이단바나시(怪談咄) · 닌죠바나시(人情咄)를 자작자연(自作自演)하였다; 역주

다고 한다. '(화살을) 쏘다', '(뭔가를 목표로 하여) 던지다' 라는 의미다. 이 점에서는 모시어의 '타우' 의 의미장에는 나의 'hana(放)su = hana(話)su' 설과 연계되는 면이 있다. 한편 일본어의 'kataru' 는 그 의미장에 포함되어 있는 '마음을 터놓고 사귀다' 는 것에서 'kata(騙)ru' 이라는 한자가 붙는 '안심시킨 뒤 속이다' 는 의미로 분화되기도 한다. 이 점에서는 앞에서 든 모시어에서 'hanasu' 의 의미장과 겹치는 'soŝe' 의 '마음을 터놓고 이야기하다' 라는 의미장에 'kataru' 라는 의미장이 일부 대응한다고 할 수 있다.

이처럼 인간의 발화 행위를 둘러싼 여러 표현을 다른 언어 간에서 대응시켜 봄으로써 그 표현들에서 의미장이 겹치는 부분과 어긋나는 부분이 어디이며, 어떤 연속성 등이 있는지가 분명해지고 감춰져 있었던 부분에 생각이 미치기도 하는 것이다.

'나누는' 것과 '재는' 것

이 밖에도 나는 인간의 인지 방법중 중요한 것의 하나인 'hakaru' 라는 야마토어의 동사가 나타내는 의미에서 커다란 가치를 발견하였다. 왜냐하면 세계를 인지하고 이해하는 방법에 있어 '나누는' 것이 '아는' 것이라고 생각하는 사람들도 있는데, 나는 그러한 인지 과정과 동시에 보다 원초적인 인지 과정이며 '나누는' 과정과 병존하는 것으로서 '재는' 방법이 있다고 생각하기 때문이다.[10]

10_ 사카모토 겐조(坂本賢三) · 가와다 준조(川田順造) 대담 〈 '나눈다는 것' 은 '안다는 것' 인가?〉, 《태양》 헤이본샤(平凡社), 241호, 1982년 9월, pp.90-97. 가와다 준조(川田順造) 〈음성에 의거하지 않은 언어전달형식에서의 애매함에 대하여〉, 일본 기호학회편《기호학연구》13, 〈신체와 장소의 기호론〉, 도카이(東海)대학출판회, 1993, pp.17-37 등.

'나누는' 것에 대한 인지와 이해의 과정은 대상을 최소의 구성요소로 나누고 나서 다시 그것을 합성하여 대상을 이해하는 방식인데, 근대 과학은 이 방식에 힘입어 왔다고 해도 좋을 것이다. 이것은 유기물, 무기물을 포함한 만물을 분자, 원자, 원자핵, 소립자…… 등으로 나누고 다시 그것을 조합하여 만물을 이해하는 것인데, 이는 대상 전체를 하나의 폐쇄계로 상정하여 그것이 유한개의 구성 요소로 이루어져 있다는 전제를 바탕으로 한 사고방식이다. 이것은 문자 체계로는 표음적 성격을 가진 26이라는 유한개 기호의 조합에 의해 영어의 모든 언표가 기술 가능하다는 알파벳의 논리와 맞아 떨어진다. 음소를 구극의 변별적 특징인 '이치적 대립(binary opposition)'으로 환원하는 로만 야콥슨의 언어론과, 통신 과정을 그 대립에 기반을 둔 이치적 선택(binary selection)의 조합으로 파악하려는 현대의 컴퓨터적 사고도 마찬가지의 '폐쇄계 유한개의 구성 요소 ⇔ 기본적 성질'의 세계 파악과 인지 과정 위에서 성립하고 있다고 할 수 있다.

그런데 같은 문자 체계여도 한자는 전체가 폐쇄계를 이루고 있지는 않다. 일본식 한자 등에서도 보이듯이 변이나 방旁, 그 밖의 부정수不定數적 요소를 조합하여 새롭게 문자를 만드는 것이 가능하며 외연外延은 정해져 있지 않고 열려있다. 지금은 설명을 생략하겠는데, '나타내는' 체제로서의 북소리언어도 그렇다.[11] 그리고 양자를 도형이나 음향이 환기하는 의미와의 관계에서 말하면, '비유'라

11_ 가와다 준조(川田順造)·오다 쥰이치(小田淳一)·야마모토 노부히토(山本順人)《아프리카 사회의 통신 체제로서의 북소리언어 연구》, 1995년도 과학연구비 조성금(일반 연구 B) 연구성과 보고서, 도쿄외국어대학 아시아 아프리카 언어문화연구소, 1996.

는 체계 위에서 성립하고 있다고 할 수 있다.

'재는' 것의 인지 이해 과정이란 어떠한 것일까? 이것은 자기 자신의 신체감각을 비롯하여 감각이나 의식에 가장 직접적인 것을 기반으로 한 비유를 사용하여 인지를 확대하여 가는 방식이다. 이 방법에 대하여 생각할 때 야마토어의 '잰다', 그리고 이것에 상당 정도의 의미장이 겹치는 모시어의 'make(마케)' 라는 동사가 풍부한 시사점을 던져준다. '잰다' 고 하는 동사는 'hakadoru(순조롭다)', 'hakanai(덧없다)' 등과도 공통의 어근인 'haka', 즉 벼나 띠茅를 벨 때의 예정된 작업량을 가리키는 말에서 유래한다. 거기에서 'hakaru' 라는 야마토어가 의미장에 포함되어 있는 한자를 붙여 의미를 분절시키면 'haka(測)ru', 'haka(量)ru' 와 동시에 'haka(謀)ru' 라는 두 개의 행위를 연결하는 한자를 붙여가지고는 감추어지고 마는, 둘의 공통적 근원에 있는 의미가 떠올라 온다.

즉 작업의 기준이 되는 어떤 단위를 바탕으로 'haka(測)ru' 는 양量으로는 명확하지 않은 어떤 대상에 어떤 척도, 'haka' 를 대입해보아 그 한도 내에서 대상을 규정하고, 이해 가능하게 만드는 것이다. 그리고 미지의 모호한 대상에 어느 척도를 적용해 본다는 것은 'haka(謀)ru', 즉 '꾀한다', '해본다' 는 것이다. 예를 들면 수확하여 탈곡한 쌀이 산더미처럼 눈 앞에 있을 때 '쌀이 많이 있다' 는 막연한 인지가 되(升)로 '재는(量)' 것을 '꾀하는(謀)' 것으로, 가족이 몇 개월 먹을 수 있다든가 팔면 얼마가 된다는 등, '재기' 전에는 분명치 않았던 쌀의 더미가 갖는 의미가 인지되어 새로운 의미를 띤 대상으로 이해되는 것이다.

이와 같은 'hakaru' 라는 야마토어의 어근에 있는 의미의 확장을 나에게 자각시켜 주었을 뿐 아니라, 더 나아가 생각을 북돋아 주었던 것은 원래의 야마토어와 마찬가지로 문자에 의해 의미가 분절되지 않은 모시어의, 이미 언급한 '마케' 라는 동사다. 그런데 '마케' 의 의미장은 야마토어의 'hakaru' 와 완전히 같지는 않다. 양을 잰다는 의미에서의 'hakaru' 를 야마토어에 대응시키면 '견주다', '닮다', '체 하다', '비유하다', '간주하다' 등의 의미도 가지고 있다. 'hakaru' 와 '마케' 라는, 문자로 분절되어 있지 않은 두 말을 쓰면 '나눈다' 는 것은 역방향의 지향성을 가진, 내가 생각하는 또 하나의 인지 과정이 밝혀진다. 즉 앞에서도 언급한 그 인지과정은 두 동사의 의미장을 합하면 보다 잘 보일 거라고 생각하는 것이다.

'hakaru, 마케' 의 인지 이해 과정의 기반이 되는 '감각이나 의식에 직접 부여된 것' 의 가장 원초적인 것은 인간의 신체일 것이다. 즉 인체의 은유(metaphor)와 환유(metonimy)에 의해 세계를 인간과의 관계에서 의미를 규정하여 이해 가능한 것으로 만들어 가는 것이다. 실제로 야마토어의 'yoi-no kuchi' (초저녁)와 단어 대 단어로 대응하는 "zaab-noore"라는 표현이 모시어에도 있다. 야마토어에서 사람을 가리키거나 세는 데 'atamakazu' (머릿수), 'kuchiberasi' (식구 줄이기), 'hitode' (일손) 등은 환유의 감각이며, 'yajiri' (화살촉**12**), 'kotobajiri-o toraeru' (말꼬리를 잡다), 'asi-ga hayai' (발이 빠르다 = 썩기 쉽다, 상품이 잘 팔린다) 등은 은유 감각이라고 할 수 있을까? 길이를 '재는' 단위도 유럽 제어와 마찬가지로, 지구의 둘레라는 폐쇄계를 '나누는' 것에서 추론된 근대 보편지향

12_ 화살통 속에 세웠을 때 밑단이 된다 직역하면 화살꼬리가 됨; 역주

에 대한 집념의 응집이라고도 해야 할 미터법 이전에는 손, 발 등의 인체가 기반이었다.

모시어의 '마케' 가 양으로서 '재는' 것에 부가된 '견주다', '비유하다' 등의 의미는 비유가 대상의 새로운 인지 방식을 계시하는 시적 언어의 역할에도 필적할 만할 것이다. 시인의 역할은 말로 '마케' 하는 재능을 가지고 세계를 그때까지 사람들이 상식적으로 보고 있었던 것과는 다르게 나타내는 데 있으니까 말이다.

문자가 내포하는 이차원적 사고

여기에서 나는 문자, 즉 종이나 판자 등의 평면이라는 이차원 공간에 기록된 시각기호를 통하여 개념화하고, 어떤 의미에서 축소된 차원으로 대상을 파악하는 것에 익숙한 인간의 '이차원적 사고'라고도 해야 할 것에 대해서 생각하게 된다. 달력, 연표, 시계의 문자판 등, 모든 문자를 사용한 시간의 공간화를 떠올린다. 시간이라는 원래 체내감각에 대응하는 일차원의 것을 축소하고 시각화한 이차원적 공간에 문자를 써서 개념화된 형태로 표상한다. 과거, 현재, 미래라는 것도 실체로서 직선상에 늘어서 있는 것 같은 착각이 생긴다.

문자를 쓰지 않는 사회에서 살고 있으면 개념이 축소된 이차원적 표상으로 부터 완전히 자유로운, 실물 크기의 신체 감각 세계에서 인간이 살고 있다는 것을 '뼈저리게' 느끼게 되며, 아프리카의 언어에 촉발되어 생각해낸 것이 원래 문자가 없이 쓰였을 야마토어다. 모시어로 길을 가르쳐주는데, 그 바오밥 나무의 '앞', '전'을, 오른(리투고 = 밥 먹는 손) 쪽으로 돌아가라고 하고 싶을 때는 나무의 '뒤', '후면' (포레인 = 등)으로 돌아가라고 한다. 자신이 걷고 있으니까 거기에 있다고 하면 등 쪽으로 돌아가야 하므로. 반대로 나무의 '뒤', '후면' 이라면 '앞' (타오레=나아가는 방향)으로가 된다. 자칫 빗나갈 수도 있는데, 이 말들은 시간적으로 연달아 일어나는 전후를 나타내는 데에도 쓰여 합리적이기도 하다. 그리고 나는 '앞', '아까', '뒤' 등, 본래의 단일한 의미장이 이차원적 사고에서는 양의적으로 간주될지도 모르는 야마토어를 떠올린다. 'mae-no kami-san' (전처)이라고 했을 때와 급료를 'maegari-suru' (가불한다)고 했을 때의 'mae' 의 의미, 'sakihodo-wa sitsurei-simasita' (아까는 실례했습니다)와 'sore-wa mada saki-no hanasi-da' (그것은 아직 앞날의 이야기다), 'atosimatu-o suru' (뒤처리를 하다)와 'ato-de a-ō' (나중에 만나자)

　　모시왕국 사람들은 태양이 떠올라 사반나에 빛을 보내오는 동쪽, 우기에 열풍을 동반한 호우가 동쪽을 등지고, 나쁜 것이 태양이나 바람과 함께 사라져가는 서쪽을 향하여 되도록 집을 짓는다(야마토어의 'himukasi' (먼 옛날), 'nisi' (서)의 'si' 도 바람의 의미였다고 한다). 특히 왕궁은 반드시 서향으로 짓는다. 거기에 기거하는 등신대의 감각으로 동쪽은 '포레인 = 등', 서쪽은 '타오레 = 나아가는 방향', 북쪽은 '리투고 = 밥 먹는 손' 이며, 남쪽은 '고아부가 = 서툰 손' 이 된다. 북소리언어에서 오른손은 '코에 · 라가 = 남자의 음성, 딱딱하고 높게 들리는 소리' 를 질문하듯이 치고, 왼손은 '코에 · 냥가 = 여자(경산부)의 음성, 둔하고 낮게 들리는 소리' 로 질문에 답하듯이 친다. 성교의 표준 체위는 남우협하, 여좌협하의 측와위로 남자는 여자의 손으로 지칭되는 왼손으로 여성을 애무한다.

남녀는 별도의 장소에 매장되는데, 나쁜 것이 사라져가는 서향에 성교 때와 같은 체위로 남자는 북침北枕, 여자는 남침南枕하여 옆으로 눕는다.

소리와 문자의 얽힘

야마토어가 자체적으로 충분히 성숙되기도 전에 한자를 무절조하게 도입하여 그것에 너무 의존하였기 때문에 생긴 병폐의 하나로 동음이의어의 hanran(범람) = hanran(반란)이 있다. 예를 들면 악센트도 완전히 같은 'senko'라는 말을 사전에서 찾아보라. 專攻(전공), 專行(전행), 選考(선고), 選鑛(선광), 先行(선행), 先攻(선공), 潛航(잠항), 潛行(잠행), 閃光(섬광), 鮮紅(선홍), 戰功(전공), 穿孔(천공), 染工(염공) 등등. 일본어에 많은 단음절어, 2, 3음절어가 되면 사태는 비극적이라기보다도 희극적이다. 일본어에서 꺼리는 말이나 액막이 말이 발달하고, 다쟈레駄洒落(서투른 익살, 역주)는 말하지 않고 생활하는 것이 더 어려운 것도 단어로서의 의미를 선행시켜 분절적인 의미 표현력, 조어력이 큰 한자를 나라 헤이안奈良平安 시대 이래 대량으로 도입하여, 메이지明治 이후에는 일만一萬 자字라고도 하는 서양어의 역어를 한자의 조어력에 의존하여 제조하고, 세는 방법에 따라 다소 바뀌기는 하지만 기껏해야 120개 정도로 음절(모라)의 종류가 극히 적은 일본어로 그것을 독음을 한 것에 지나지 않는다. 중국어에서는 음절의 종류가 많기도 하고 사성에 의한 의미의 변별이 있기 때문에 한자로 표기했을 때 두 문자 이상의 동음이의어는 일본어와 비교하여 훨씬 적다.

모음의 수를 보아도 현대 일본어의 다섯개에 대하여 유럽 제어에는 각각 열개 이상은 있으며, 영어 등 게르만계의 언어에서는 이중자음 또는 삼중자음의 음절이나 자음으로 끝나는 음절도 많으므로, 정확히 세기는 어려운데, 현대 일본어와는 비교도 안 될 수만 종류의 음절이 있다. 뿐만아니라 모든 유럽어는 아니지만, 강약 강세도 고려하면 영어의 'son'과 'sun' 같은 완전한 동음이의어는 극소수이고 다쟈레를 말하는 데에도 재능이 있어야 한다.[13] 유럽 제어의 어법에서는 극히 당연한 두운이나 각운, 즉 동음이의어가 아니어도 단어가 포함하는 동음을 구절의 처음이나 끝에서 반복하여 귀에 확실한 여운을 주는 기법이 일본어의 시에서는 의미를 이루지 못하는 것도 그 때문이다.

일본의 근대시에서도 구키 슈조九鬼周造(1888-1941), 마티네 포에티크의 시인들, 최근에는 우메모토 켄조梅本健三 씨 등, 압운의 가능성을 탐구한 사람들이 있다. 그런데 전체적으로 결실이 있는 결과를 내지 못한 이유는 일본어는 동음이의어가 곳곳에 넘치고 있어, 운을 달아도 효과가 느껴지지 않기 때문이다. 현대 일본어에서는 다니카와 슌타로谷川俊太郎 씨의 《말놀이 노래》같은 패러디로서의 압운시는 있을 수 있어도, 가령 폴 발레리의 여러 장시長詩처럼 멋진 각운을 단

13_ 참고로 프랑스어에서의 나의 작은 다쟈레 체험을 적겠다. 일본어로 다쟈레를 말하는 것을 대단히 좋아하는 나의, 프랑스어와 프랑스어권 아프리카에서의 생활 경력은 16년이나 되는데 그 간에 프랑스인이 웃어준 다쟈레를 할 수 있었던 것은 섭섭하게도 단 한 번이었다. 프랑스 남동부 도피네 지방을 몇 명의 프랑스인과 여행을 하고 있었을 때, 이 지방 명물인 큰 호두 숲에 들어갔다. '우리는 느와이에(호두나무) 속에서 느와이에(빠져버리다) 됐군요.', "Nous sommes noyes dans les noyers"라고 했는데 일본어로 표현하자면 '호두를 따려다 호두에게 먹혔다'라고 해야 할까?(역주: 일본어 속담의 miratori-ga mira-ni naru(미라도굴꾼이 미라가 되다)를 응용하여 kurumitori-ga kurumi-ni naru(호두를 따려다 호두에게 먹혔다)라고 하였다)

시형에 깊은 사상을 담아내는 일은 바라지 못할지도 모른다.

그런데 소리와 문자의 대응 관계에 대한 장대한 실험의 예라고도 할 수 있는 야마토어와 한자의 천여 년에 걸친 얽히고설킨 사정 속에는 세계에서도 유래를 찾아볼 수 없을 만큼 흥미로운 것들이 많이 있다. 이들을 두 가지로 압축하여 말하면 먼저 그 하나는 소리와 문자와 의미의 연결이 이상하리만치 자유롭다는 것이며, 두 번째는 한자의 상징성, 표의성 및 그것에 의해서 다분히 이차적으로 형성될 수 있는 한자의 도상圖像 상징성을 야마토어 쪽에서 자의적으로 이용했다는 점이다.

첫 번째 점인 동음 · 이자異字 · 이의異義에 대해서는 'senko' 등의 예를 들어 이미 서술하였다. 동음 · 이자 · 동의는 어떤가? 《고지키古事記》에서 'kuramoto(久羅下)'라는 한자의 표음적인 사용 방식에 의하여 기록된 수생동물의 이름은 야마토어에서의 '차용자'가 '水母(kurage)', '水月(kurage)', '海月(kurage)' 등으로 한자의 표의성을 이용하여 다양하게 표기된다. 이밖에도 'tamago'(卵 = 玉子), 'susi'(鮨 = 寿司 = 鮓) 등, 그 수가 많다. 이러한 '표기' 방식은 소리와 문자의 사이에 원리적인 대응이 처음부터 설정되어 있지 않고 문자는 소리와 관계없이 표의적으로만 '적용되' 기 때문에 생겼다. 'ajisai(紫陽花)', 'samma(秋刀魚)' 등의 예에서도 이자異字는 없는데 요소로서의 소리와 문자의 대응이 없고, 세 문자의 단어 전체가 한자의 표의성에 의존하고 있다는 점에서는 '水月(kurage)' 등에 공통되는 '표기' 방식이다.

이음異音 · 동자同字 · 동의同義의 예로는 《고지키古事記》 서두의 '天地 初發之時 御高天原 成神名天之於中主神'이라는 19자처럼 이본이

나 다른 연구자에 따라 일곱 가지의 다른 독음법이 있으며, 그렇게 한자의 표의력 때문에 생겨난 의미는 같게 되는 현상도 생긴다. 현재도 널리 쓰이고 있는 이음異音 · 동자同字 · 동의同義의 극단적인 예로서 '下'를 들 수 있다. 'sagarihuji(下り藤[14])', 'kudari ayu(下り鮎, 산란기 은어)', 'sitabi(下火, 밑불)', 'simobukure(下ぶくれ, 아랫볼이 볼록한 얼굴)', 'katō(下等, 하등)', 'gehin(下品, 품위 없음)', 'sizue(下枝, 밑가지)', 'ako(下火, 횃불)' 등 극히 다양한데 한자의 조자造字원칙인 육서의 '지사指事'에 해당하며, 시각적으로 의미가 명료하게 '지사指事'되어 있으므로 '下'라는 문자가 나타내는 의미는 거의 동일하다. 일본어 한자는 독음법이 도입된 시대나 맥락(불교 등)에 따라 고음古音, 오음吳音, 한음漢音, 당음唐音 등으로 다양하였다는 점도 이음 · 동자 · 동의어를 많이 양산하는 하나의 요인이 되었을 것이다. 《고지키古事記》 서두의 예는 북소리언어에 의한 모시어의 왕 족보에서 일련의 북소리음의 연속인, 소리로서의 면모는 동일하여도 지방 왕조마다 다른 언어음의 구절, 그래서 다른 의미로 대응시켰으나 구절 전체가 나타내는 '느낌'은 어떤 범위의 메시지 중 어느 하나인 예[15]에서 보이는 것 같은 언어음의 '표시' 방식과 연속되는 면을 가지고 있다. 이러한 사실을 단서로 하여 '표시'를 둘러싸고 시각, 청각을 공통의 시야에 넣은 비교 검토가 이루어져야 할 것이다.

14_ 두 송이의 등꽃을 합쳐 좌우에 늘어뜨려 원을 그린 문양의 이름이다; 역주

15_ 가와다 준조(川田順造)《사반나의 소리의 세계》(카셋트 북), 하쿠스이샤(白水社), 1988, 테마 3 〈소리 속의 언어, 언어 속의 소리〉, 테마 4 〈북소리가 엮어내는 역사〉, 해설서, 122-182.

두 번째 점은 일본에서 한자의 구성 요소인 부수, 의부義符 각각의 표의성을 독자적인 방식으로 조합하여 만든 '일본식 한자'나 원래 한자음과는 전혀 무관한 일본어의 어음을 적용한 '차용자'에 '이차원적 표의감각' 내지 음성상징성에 따라 '도상圖像 상징성' 따위를 나타내는 예가 많고, 시각적 기호의 양식으로서 흥미롭다. 한자의 상징성이 현재도 시각적으로 어떤 '느낌'을 주는 예로서는 '비雨', '귀갑龜甲' 등을 들 수 있다. 상징성과는 거리가 있는데, 驢馬(당나귀), 鸚鵡(앵무) 등은 문자가 시각적으로 부여하는 당나귀의 축 늘어진 느낌, 앵무의 왁자지껄한 느낌이, 지시대상이 주는 '느낌'을 시각으로 전하여 직접 문자가 나타내는 의미를 보강하고 있다. 일본식 한자의 걸작으로는 '鰯'(iwasi, 정어리), '鱈'(tara, 대구), '糀'(kōji, 누룩), '躾'(sitsuke, 예의범절) '峠'(tōke, 고개), '裃'(kamisimo, 정장正裝), '噺'(hanasi, 이야기), '凩'(kogarasi, 찬바람[16]), '凧'(tako, 연), '嬶'(uwanari, 가부키 18번의 하나; 역주), '辷る'(suberu, 미끄러지다), '働く'(hataraku, 일하다) 등의 예를 많이 들 수 있다. '차용자'로서는 '野暮'(yabo, 촌스러움), '芽出度い'(medetai, 경사스럽다), 앞에서도 들었던 'samma'(秋刀魚), '水月(kurage)' 등, 각각의 일본 이름이 소리로서 나타난 '느낌'과 이차적으로 형성되었을 한자의 '느낌'이 겹쳐져 있다고 할 것이다.

한자를 기반으로 일본인이 만든 두 종류의 가나 중, 현대의 만화에도 많이 쓰이고 있는 가타카나片仮名가 음성을 '표기하는'데 맡은 역할, 메이지明治 이후의 일본에서 유럽 제어의 말이나 개념을

16_ 늦가을부터 초겨울에 걸쳐 부는 건조하고 찬 바람을 말한다; 역주

도입했을 때의 한자의 조어력을 이용한 것과 그 폐해, 세계로 확산하는 과정에서 굴절어에서 고립어로의 경도를 강화하여 온 영어와 중국어라는 고립어의 문자를 사용한 일본어의 한자 표현과의 유사점 등, 아직 논하고 싶은 것이 산처럼 쌓여 있지만 다른 기회로 넘기겠다.

*본문에 나오는 모시어의 표기에서 모음 위의 물결 기호(~)는 비음화를 나타낸다.

3

도상圖像 상징성 연구를 위한 예비적 메모

문제의 소재

구저 《소리(聲)》(가와다川田 1998[1988])에서 나는 음성언어의 소리와 상관 관계를 검토하고, 그 자의성을 강조한 소쉬르파의 논의에 자극을 받았다는 점, 특히 음성상징의 중요성을 일본어나 아프리카 제어의 사례를 많이 들어 이야기하였다. 음성상징의 문제에 평생 깊은 관심을 가져왔던 야콥슨도 주로 유럽 제어에 대한 식견을 바탕으로 논의하고 있는데(Jakobson 1971[1965], 1976, 1979), 일본어나 한국어, 중국어, 아프리카 제어 등에 대하여 충분히 이해 했더라면, 고바야시 히데오小林英夫가 주목한 것과 같은(고바야시小林, 1976[1933, 1965]), 그리고 그 마지막 부분에 내가 전개한 것 같은 논의를 좀 더 일찍부터 다른 시점에서도 진행시켰을 거라고 생각한다.

문자론, 에크리튀르론에 대해서도 같은 이야기를 할 수 있다. 아시아의 동쪽과 서쪽에서 생겨난 원초적 그림문자가 크게 보아 서쪽에서는 표음기호로 특성화되어 갔는데, 동쪽에서는 사회적 함의를 드리운 채 한자와 같은 표의기호로서의 성격을 다져갔다. 문자론은 여기에서도 서양 중심의 폐단을 피해가지 못했으며, 한자를 지식으로서 이해는 하면서도 한자의 표의성에 대한 심도 있는 고찰을 하지 못하였고, 풍부한 비문자 커뮤니케이션의 일부로 도상圖像커뮤니케이션을 발달시킨 사하라 이남 아프리카를 비롯한 무문자사회의 사례도 넣은 에크리튀르론, 도상圖像 커뮤니케이션론도 지금현재는 피상적인 논의에 머무르고 있다.1 파노프스키, 칸트로비치등이 발달시킨 도상圖像해석학은 눈부신 성과를 이룩해 왔는데 문자론과의 접점은 발견하기 어려워 보이는 미술사, 문화사의 영역에주로 관계되어 있다.

　　구저《초상과 고유명사》(가와다川田, 1995),《'표기'의 제諸 형식》(가와다川田, 1993) 등에서 나는 도상圖像에 의한 의미의 표현과 전달형식의 제상을 음성언어에 의한 의미의 표현과 전달이나 일본어에도입된 한자의 표의성이나 아프리카의 북소리언어도 시야에 넣어고찰했는데, 그 결과를 한층 발전시켜 문자론, 에크리튀르론으로묶는 형태로 우선 도상圖像 커뮤니케이션 연구의 초보적인 방법을모색하려는 것이 이 예비적 메모의 의도이다.

방법과 조감도

　　이 의도는 위와같은 이유로 해서 도상圖像의 영역과 소리의 영

1_ 예는 다 열거할 겨를이 없지만 단저이면서도 시야가 넓은 Février(1984), 프랑스 국립도서관의 대형 기획 전시 "Aventures des écritures"(Paris, 1997-1998)에 편찬된 국제적 집필진에 의한 방대한 논집 Aventures des écritures (sous la direction d'Anne Zali et d'Annie Berthier, 1997) 등도 한자의 구성법이나 일본의 한자 가나 혼용문의 특성 등에 대해서는 피상적으로 일별(一瞥)한 데 그치고 있다.

역이라는 다른 차원의 것을 서로 묶어 연구하는 것이 궁극적인 목표이다. 이와 같은 방향에서의 탐구는 'ka(書)ku = ka(搔)ku = graphô'라는 제한을 벗어나 '표기하다 = 두드러지게 하'는 행위로서 에크리튀르를 파악함으로써 도상圖像으로서의 문자와 소리의 영역에 속하는 '마이너스의 문자'로 규정되는 음성언어(가와다川田, 1980[1978-9], 2000, Kawada, 1993)를 같은 시각으로 검토한 구저(Kawada, 2001a, 2001b)에서도 시도했다. 이러한 탐구에서는 일차원(소리), 이차원(도상圖像)이라는 차원의 구별도 좁은 의도에 의해 매겨진 피상적인 단락같은 생각이 든다.

소쉬르와 거의 동시대의, 기호론의 선구자인 퍼스는 기호와 지시대상 사이의 유계성의 대소에 따라 기호를 'icon(도상圖像)', 'index(지표)', 'symbol(상징)'으로 삼분했다. 이 삼 분류는 그것에 대한 퍼스의 생각이 유고집 속에 단편적으로 밖에 남아있지 않아 불명확하거나 일관성을 결여했다는 점이 아쉽다.[2] 퍼스가 아이콘에 있어서 기호는 지시물을 지시(exhibit) 또는 예시(exemplify)하고, 또는 지시물과 비슷하다(be similar to its object)고 할 때, 자세히 보면 기호와 지시물 사이의 이러한 유계적인 관계에는 은유적, 환유적 형태 등, 여러 형태가 있을 수 있다(가와다川田, 1998[1988]: 277). 또 나는 삼자의 차이가 연속적이어서 서로 이행 가능하다는 것도 소리와 의미의 관계를 둘러싸고 지적한 적이 있다(가와다川田, 1998[1988]: 65).

2_ 기호의 삼분설은 퍼스의 유고집 Heartshore & Weis(1960)의 여기저기에 단장(斷章)의 형식으로 제시되어 있다. 그러나 Vol.1, Chap.3 "The icon, index, symbol" pp.156-173에는 이 설의 기본적인 생각이 비교적 잘 정리되어 있다. 퍼스의 삼분설에 대한 비판적 검토로는 Burks(1949) 등을 참조했다.

퍼스의 분류는 애매하기는 하지만 다른 개념군과 교차하면서 조작 모델로서의 힘, 특히 지금 서술한 것 같은 다른 차원 간의 것을 탐구하는 길을 여는 힘을 가지고 있다고 생각된다. 실제로 '아이콘'은 도상圖像만이 아니라 음성언어의 영역에도 적용되어 '아이콘성(iconicity)'의 개념 하에 흥미로운 연구를 해왔다.[3] 나는 우선 에크리튀르론과의 접점에서 도상圖像 상징성을 살펴본 뒤, 퍼스의 삼 분류를 한자의 표의성을 성립시키는 원리인 '육서'와 교차시켜 검토하고, 더 나아가서 일본어에 도입된 한자의 표의성과 표음성, 아프리카의 무문자 사회에서 도상圖像 커뮤니케이션을 성립시키는 원리나 도상圖像상징 일반, 특히 '수수께끼 그림'[4]에 적용 가능한, 수사학 상 '비유'의 제諸 원리(은유, 직유, 제유, 환유 등)와도 대비해 보고 싶다.

아프리카의 표의성을 가진 도상圖像의 예로는 구 다호메 왕국의 왕장(왕의 지팡이), '수수께끼 그림'의 예로는 반야심경의 '총설심경', 남부 그림달력, 독립 이전의 미국 동부에서 만들어진 '그림 편지' 등을 주로 참조하기로 한다. 도상圖像 상징성의 기본 원리로서 육서를 중시한 것은 서아시아의, 원래 도상圖像의 표의성에 유래하면서도 표음에의 길을 간 문자와는 대조적으로, 수천 년에 걸쳐 표의성을 유지한 채 표음성과의 관련도 유지해 온 한자의 원리에 대한 검토에서 출발하는 것이 타당하다고 생각하기 때문이다.

3_ 예를 들면, Wescott(1971, 1973, 1975), 히라가(1972), Hiraga(1990a, 1990b, 1991) 등.

4_ 글자, 사람, 물건 등을 다른 것과 뒤섞여 그려 넣고는 그것을 찾게 하는 그림; 역주

육서, 한자를 지배하는 원리

육서란 상형象形, 지사指事, 회의會意, 형성刑聲, 전주轉注, 가차假借를 말한다. 앞으로는 이 영역의 연구로 현재 가장 신뢰할 수 있다고 생각되는 시라카와 시즈카白川靜의 《지토字統》(시라가와白川, 1984: 3-7)에 의거하여 한자의 도상圖像 표의성, 표음성의 원리를 살펴보자. 상형, 지사, 회의, 형성은 문자의 구성 원리에 관한 것인데, 전주, 가차에 대해서는 그 이해의 방식에 이설이 있어, 이것을 문자의 용법으로 하는 설이 많다고 한다.

상형象形은 《설문서說文敍》에 "그 물체를 그려 형체에 따라 맞춘다. 일월日月이 이에 해당한다"고 한 것처럼 어의대로 '형태를 그린' 것이다. 지사指事는 "보아서 알 수 있고, 살펴서 뜻을 나타낸다. 상하上下가 이에 해당한다"고 되어 있어, 공간적, 시간적 관계를 지시하는데, 상하, 본말本末처럼 일반화할 수 있는 성질의 것을 말한다. 회의會意는 상형적으로 독립된 문자를 복합하고, 새로운 관념을 나타내는 것으로 《설문서說文敍》에 "비슷한 것과 비교하여 의미를 합쳐, 이것으로 제시하고 나타낸다. 무신武信이 이에 해당한다"라고 되어 있다. 무武는 《설문說文》에 의하면 과(戈, 무력)를 막는 것, 신信은 사람의 말을 중시한다는 뜻이라고 한다. 뒤에 나오는 형성形聲에서처럼 음성의 요소로서 문자를 사용하는 것이 아니라, 의미의 결합에 의한 구성이라는 것을 특질로 한다. 상형, 지사, 회의는 형태에 의한 문자 구성의 원리이며, 문자의 표의성에만 관계한다.

형성形聲은 중국어의 단음절어에 대응하여 일정한 소리를 가진 문자를 소리의 단위, 즉 소리 부호로서 사용하여, 문자를 구성하는 원리이다. 《설문서說文敍》에 "형성이란 사물을 본받아 이름을 만들며, 비유를 들어 만든다. 강하江河가 여기에 해당한다"고 되어 있다. 사물이란 그것이 속하는 범주, 비유란 소리의 표시로서 다른 글자를 빌리는 것을 말한다. 소리를 표시하는 각 문자가 가지는 자의를 한정하기 위해 범주를 나타낼 필요가 있다. 산천초목山川草木, 조어충수鳥魚蟲獸 등의 이름은 각 범주를 한정부로 하여 물이라면 삼수변을 써서 강하江河처럼 표기하는 것이다. 단 소리를 빌린 단음절어의 의미와 관련해서 소리를 표시하는 글자가 선택되는 일도 있다. 예를 들면 '工'(장인 공)은 공구의 형태인데, 杠(가로대, 깃대), 虹(무지개)처럼 옆으로 구부러지는 형태를 나타내는 말로, 그 의미를 포함하여 工이라는 글자가 선택된다고 시라카와白川는 말한다.

그런데 이들의 원리는 서로 관련을 가지며 쓰이든지 혹은 어떤 원리에 의한 것인지를 엄밀하게 구분할 수 없는 경우도 많다. 豕(돼지 시)의 다리를 상형하는 왼쪽의 두 사선에 이것을 가로지르는 선을 넣으면 돼지의 뒷부분을 두드려 거세한다는 것을 나타낸다고 한다. 刀(칼 도)에 점을 하나 덧붙이면 刃(한쪽 칼날 인)을, 두 개를 덧붙이면 양인兩刃을 의미하고, 丸(둥글 환)은 활의 현에 탄환을 나타내는 ○를 덧붙인 것이다. 이 부가물들은 지사의 성격을 갖춘 것인데, 시간 공간의 관계를 나타내는 문자로서 일반성을 갖지 않으므로 지사 문자라고 할 수는 없고, "지사를 엄밀하게 규정하면 이에 속하는 글자는 극히 적어, 오히려 상형의 일부로 다루어야 할 것이다"라고 시라카와白川(1984: 5)는 말한다.

회의會意도 구성 요소가 되는 문자의 의미와 함께 소리의 뜻에 의해서도 쓰이는 경우가 많을 뿐 아니라 형성에서도 소리의 부호로서 쓰이는 문자의 의미가 선택 시에 고려되어, 의미 부호로서의 역할을 하는 일이 많고, "본래의 형성자는 姬(성씨 희), 姜(성씨 강)과 같은 姓(성씨 성), 河(강 이름 하), 汝(너 여)와 같은 강 이름 등, 고유명사로서 우선 나타난다"고 한다(시라카와白川, 1984: 6).

전주轉注에는 이설이 많다고 하는데, 《설문서說文敍》에 "건류일수建類一首, 동의상수同意相受"라고 규정되어 있으며, '건류일수建類一首'란 부수部首를 세운다建는 뜻으로, 한정 부호, 의미 부호 등에 의한 문자 계열 속에서 다른 근사近似한 자의字義에 글자의 소리를 바꾸어 변용하는 것을 가리키는 모양이다(전사자顚死者(미쳐서 죽은 자, 역주)를 가리키는 眞이 그 주령(呪靈)을 위로하는 鎭(누를 진)으로 교체될 수 있다는 점 등).

가차는 《설문서說文敍》에 "원래 그 글자가 없어 소리에 의거하여 사물을 빌어 나타낸다"고 되어 있으며, 대명사, 조사, 부정사 등 형태로 표시하기 어려운 단어를 나타낼 때, 동음의 문자를 본래의 자의字義를 떠나 대응시키는 용자법이다. 我(나 아, 원래는 鋸(톱 거)의 뜻), 無(없을 무, 舞(춤출 무)의 초문) 등이 그 예인데, 어느 것이나 본래의 자의로는 쓰지 않는다.

이상은 주로 시라카와白川(1984: 3-7)에서 인용한 육서의 설명인데, 이것을 도상圖像기호의 표의성, 표음성을 검토하기 위한 보다 일반화된 말로, 퍼스가 말하는 기호의 삼 분류도 참조하면서 정리해보자.

육서를 재점검한다

상형은 퍼스의 아이콘에 해당한다고 할 수 있을까? 초기의 몇몇 히에로그리프(크눔 '壺'(대궐 안길 곤), 인 '魚'(물고기 어), 아 '鷹'(매옹) 등)에서 보이는 사실寫實적 도상圖像의 아이콘성은 한자에서는 상형의 단순명쾌한 예(山(뫼 산), 川(내 천), 人(사람 인), 日(해 일) 등)에서 조차 없다. 설형문자의 원초 단계에서의, 어떤 의미에서는 생생한 아이콘성, 하지만 제유 내지 환유풍의 부분 표현(성기의 선획으로 남, 녀를 나타내는 등)과 비교하면, 한자에는 이미 갑골문 단계에서 조차 상징 기호에의 명확한 의지와 은유적인 전체 상을 파악하는 감각이 있는데(남, 녀의 상형에 조차 사회적, 문학적 함의가 주된 요소이다), 이것은 갑골문 이래, 한자가 점복에 쓰이는 표의적 표기라는 고도의 의례적 함의 속에서 쓰여 왔다는 사실과 무관하지 않다.

지사는 기본적으로는 퍼스의 '인덱스'에 해당한다고 할 수 있겠는데, 상형과의 구별은 육서의 분류에서도 명료하지는 않아서 '아이콘'의 성격을 띠고 있는 것도 있다. 지사의 극히 한정된 사례에, 일이삼一二三, 상하上下, 본말本末 등이 있다. 수는 一에서 四(초형은 가로줄을 4개 그은 형태였다고 한다)까지 산목算木을 본뜬 것으로, 그런 의미에서는 상형이라고도 할 수 있다. 八도 지사로 좌우로 양분하여 세는 셈법에서 유래한다고 한다(육서의 해석은 시라카와(白川) 《지토字統》[시라카와白川 1984], 《지쓰字通》[시라카와白川 1996]의 각각 문자의 항에 의거). 十도 지사로 산구의 세로목의 형태를 나타내는데, 복문卜文, 금문金文의 자형은 ㅣ로, 하반에 두꺼운 점을 찍어, 그 것으로 二十, 三十 등을 나타낸다.

上은 손바닥을 위로 향하게 한 형태로 지시점을 덧붙인 것, 下는 그 반대의 손바닥을 엎은 형태의 하방에 지시점을 덧붙인 것이라고 한다. 본말은 나무 상형의 하부, 상부에 두꺼운 점을 찍은 지사라고 하는데, 상형으로 조합되어 만들어진 지사로 보아야한다.

이처럼 상형적인 성격과 연속되거나 중복되는 예가 많고, 순수하게 지사로 인정될 수 있는 요소는 상당히 한정된다. 그리고 이미 지적했듯이, 한자에서 상형 자체가 약속을 기초로 상당히 양식화된 것이며, 원래부터 아이콘보다는 인덱스에 가까운 성질을 나타내고 있다고 해야한다.

회의는 그 자유로움, 다양함에서 표의적 성격을 갖는 에크리튀르로서의 한자의 커다란 특징을 이루고 있다고 할 수 있을 것이다. 부수의 종류가 극히 풍부하며, 특히 각 부수가 표의하는 것이 명확히 정해져 있다는 것이 형성의 원리와 상호작용을 하여, 한자의 조어 능력을 두드러지게 높이고 있다. 형성은 회의의 부수가 가지는 표의의 측면을 표음으로 전환한 문자 구성의 원리로 볼 수 있다.

형성과 가차는 한자의 표의기능과 표음기능의 중개 원리이며, 에크리튀르로서 달리 예가 없는 한자의 독자적 원리라고 할 수 있다. 앞으로 예로 드는 일본어에 도입된 한자의 용법, 즉 한자의 이차적인 용법에 있어서 이 두 원리는 근원적인 중요성을 가지고 있다. 또 이 두 원리에 의해 한자는 알파벳 같은 폐쇄계가 아닌 일본식 한자나 일찍이 베트남에서 쓰인 추놈字喃 등, 새로운 문자를 산출할 가능성을 가진, 개방계를 이루는 에크리튀르로 간주될 수 있다.[5]

5_ 문자 체계에서 폐쇄계, 개방계의 대비는 세계를 이해하는 방법으로 '세계를 폐쇄계로서 보고 전체를 나누어 이해하는' 방법과 특히 자기의 신체에서 시작하여 기지의 것을 미지의 세계에 비유적으로 짜 맞추어 '재는' 것으로 기지의 영역을 확대하여 행하려는 방법과도 대비할 수 있는 것이 아닐까 하고 나는 생각한다(사카모토 겐조(坂本賢三)와의 대담 〈'나눈다는 것'은 '안다는 것'인가?〉, 《태양》 241, 1982년 9월호, pp.90~97 참조). 이 대비는 레비 스트로스가 《야생의 사고》에서 제기한 과학적 사고와 신화적 사고, 과학적 기술과 브리콜라쥬의 대비와도 상통한다고 나는 생각한다(Kawada 2000: 특히 pp.4~5).

이들 측면은 모두 퍼스의 기호분류와는 공통점이 없다.

일본어에 도입된 한자

중국어라는 일본어와 어법이 전혀 다른 언어로 단음절어와 대응시켜 쓰여 온 문자인 한자를, 일본어를 표기하기 위해 차용한 결과, 일본어의 음절을, 모라(mora)를 단위로 하여 표기하는 두 종류의 가나가 생겨났다. 그러는 한편, 음절문자의 가나에 섞여 쓰이는 한자는 그 기능을 표의성에 집중해 갔다. 이 사실 때문에 일본어에 도입된 한자에는 에크리튀르로서의 한자의 어떤 측면이 현재화顯在化되고 증폭되어 보이는 것은 아닐까 하고 나는 생각한다. 특히 한자의 구성 요소인 부수나 의미 부호의 표의성을 일본의 독자적인 방식으로 조합하여 만든 일본식 한자(제자의 원리로는 회의)나 원래의 한자음과는 전혀 무관한 일본어의 소리를 딴 차용자는 이른바 '이차적 표의 감각'이라고도 해야 할 사항을 나타내고 있는 일이 많고, 시각 기호로서 도상圖像 상징성의 흥미 깊은 사례를 제공한다.

일본식 한자의 예로는 '鰯'(iwasi, 정어리), '鱈'(tara, 대구), '糀'(kōji, 누룩), '榊'(sakaki, 비쭈기 나무), '雫'(sizuku, 물방울), '躾'(sitsuke, 예의범절) '峠'(tōge, 고개), '噺'(hanasi, 이야기), '辷る'(suberu, 미끄러지다), '凪'(nagi, 잔잔한 바다), '働く'(hataraku, 일하다), '嬶'(uwanari, 가부키 18번의 하나) 등, 비록 글자를 못 읽더라도 나타내고 있는 의미는 그 구성 요소로 보아 알 수 있고, 일본인에게서는 'kanji(느낌)'으로 아는 'kanji(感字)'이다. '辷る'(suberu, 미끄러지다), '笹'(sasa, 조릿대)와 같은 문자의 의태어, 의성어라 해야 할 것도 있다. '嬶'(uwanari)는 겐로쿠元禄 시대(1688~1703)에 초대 이치카와

단쥬로市川団十郎가 나카무라中村 좌에서 연기한 이래, 가부키 18번의 하나가 된 상연 종목으로 한 남자에 두 여자가 얽히는 질투의 무용극인데 정해진 대본은 없다. 한자 요嬈의 속자俗字인 嬲(naburu, 희롱하다)에서 고안한 것이라고 생각된다. 동働처럼 일본에서 중국으로 역수입된 한자도 있다.

차용자로서는 秋刀魚(samma, 꽁치), 野暮(yabo, 촌스러움), 芽出度(medetai, 경사스럽다), 水母(kurage, 해파리) 등도 각 일본명이 소리로 나타냈을 때의 '느낌'과 한자에서 이차적으로 형성되었다고 생각되는 '느낌'이 서로 겹치고 있다.

동음 · 이자 · 동의 및 이음 · 동자 · 동의라는 도상圖像기호의 곡예 같은 예도 일본어에 도입된 한자에 많고 표음성과 표의성이 교차하는 기호인 한자의 성격을 잘 나타내고 있다. 동음 · 이자 · 동의의 예로는 《고지키古事記》에 구라모토久羅下라는 한자의 표음절적인 기능에 의해 일본어의 음을 표기하는 이른바 만요가나의 표기에 보이는 수생 동물의 이름은 일본식 한자의 차용자에서는 '水母(kurage)', '海月(kurage)', '水月(kurage)'와 한자의 표의성을 이용하여 셋으로 표기된다. 이밖에도 동음 · 이자 · 동의어는 '卵 = 玉子'(tamago, 계란), '寿司 = 鮨 = 鮓'(susi, 초밥) 등, 현대의 일상 용어에도 많다. 이들의 표기에서는 소리와 문자 사이에 원리적인 대응이 처음부터 설정되어 있지 않고, 문자는 소리와 무관계하게 표의적으로만 차용되어 있다. '紫陽花'(ajisai), '秋刀魚'(samma)의 예에서도 이자異字는 없는데 요소로서의 문자와 소리의 대응이 없고 세 문자의 단어 전체가 한자의 표의성에 의존한다는 점에서는 앞에서 나온 동음 · 이자 · 동의어와 마찬가지다.

다른 한편 이음·동자·동의의 예로서 《고지키古事記》 서두의 "天地 初發之時 於高天原 成神名天之御中主神"이라는 19자가 있다. 이본이나 다른 연구자에 따라 일곱 가지의 다른 읽기 방식이 있는데, 읽는 방법이 달라도 한자의 표의력 때문에 의미는 동일하다. 현재도 널리 사용되고 있는 이음·동자·동의의 문자로서는 '下'가 있다. 이 자는 saga(下)rihuji[下り藤, 두 송이의 등꽃을 합쳐 좌우에 늘어뜨려 원을 그린 문양의 이름], kuda(下)riayu[下り鮎, 산란기 은어], sita(下)bi[下火, 밑불], simo(下)bukure[下ぶくれ, 아랫볼이 볼록한 얼굴], ka(下)tō[下等, 하등], ge(下)hin[下品, 품위 없음], sizu(下)e[下枝, 밑가지], a(下)ko[下火, 횃불] 등 여러 가지로 다른 음과 대응하는데, 육의六義의 지사로 만들어지는 '下'라는 에크리튀르가 나타내는 의미는 거의 동일하다.

일본어에 도입된 한자 독음법이 일본으로 도입된 시기나 그 콘텍스트(불교가 전래되면서 이에 따라 일본에 들어왔다는 식의)에 따라 고음古音, 오음吳音, 한음漢音, 당음唐音 등으로 다양하다는 것도 이와 같은 이음·동자·동의어를 많이 만들어낸 원인의 하나가 되었을 것이다.

일본어에서 한자들이 나타내는 성격은 퍼스의 기호분류와 직접 맞닿는 점은 없지만 문자의 표의성과 표음성의 교차에 대하여 많은 시사점을 포함하고 있다. 메소포타미아 남부의 관개농업을 기반으로 하는 도시국가에서 생긴 표의기호적 성격을 가진 설형문자는 셈어에 속하는 언어를 쓰는 상업민인 에브라인에게 표음기호로서 도입되었다. 일반적으로 어법이 두드러지게 다른 타언어에서 문자를 차용하는 경우, 만요가나처럼 표음적으로 사용되기 쉽다.

그런데 점복에 사용하는 표의적인 기호로 세련시켜 왔던 한자는 표음적인 차용에만 흡수되지는 않는 강함과 풍부함이 있으며, 그것이 한나라 문명 전체가 동시대의 일본 문화보다 우월한 것과 맞물려 일본어의 어음과의 대응 속에서 표의성을 유지시켰을 것이다. 한편 야마토어는 음절의 종류가 백여 개로 극히 적어 어휘의 의미를 분화시켜 명확하게 할 때, 한자를 적용하는 하는 것이 더 유리하다는 것을 알았을 것이다. 그런데 그와 동시에 일본어가 아직 유약한 단계에서 한자의 의미 분화 기능에 의존했다는 것은 야마토어 자체의 음성언어로서의 풍부한 발달을 할 가능성의 싹을 잘라버린 것은 아니었을까 하는 생각이 든다. 그런데 메이지明治(1868~1912) 이래의 일만一萬 어라고도 하는 서양어의 번역에는 한자의 조어력이 크게 공헌했다.

　　어쨌거나 일본어에 도입된 한자가 제시하는 시각기호의 표의성과 표음성의 교차, 거기에서 생겨나는 새로운 기호를 둘러싼 에크리튀르의 역사 전체에서도 드문 흥미로운 실험은 앞에서 검토한 한자의 회의, 형성, 가차 등의 구성 원리와 깊이 관련되어 있다고 할 수 있다.

판화문자 ― 경經과 역歷

　　도상圖像기호에서 표의성과 표음성의 검토를 보완하는 의미에서 다음에 판화문자判じ繪를 검토해보자.

　　일본의 판화문자로서 예로 드는 것은 반야심경의 '회설繪說심경'(그림 1)과 '남부회력'(모리오카(盛岡)력, 다야마(田山)력)(그림 2)이다. 이들은 도쿠가와德川 시대 말기의 목판인쇄로 나돌던 것으로 생

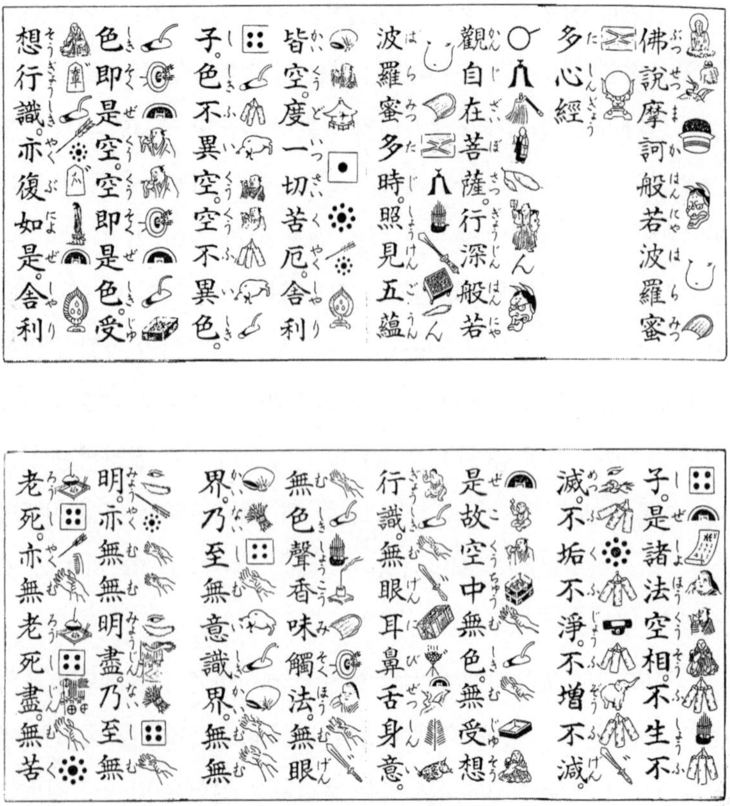

그림 1 회설(繪說)심경 닛코잔 린노지(日光山 輪王寺)간행

각되는 것인데, 어느 것이나 문자를 충분히 읽지 못하는 사람이 그림을 통하여 반야심경이나 달력을 '읽는', 즉 그런 사람도 일상적으로 쓰는 음성언어로 이해할 수 있도록 한 것이다. 단 '그림을 통하여'라고 해도 거기에 나타난 도상圖像과 거기에 대응하는 음성 사이에는 상당 정도의 사전事前 약속이 있고, 그것을 전제로 일련의 그림을 개인이 '읽는' 것이지, 아이콘으로서의 그림을 각 개인이 독립적으로 스스로 판독하여 음성언어화하는 것은 아니다. 단지 경전이나 달력의 경우에는 거기에 나타난 도상圖像기호의 종류가 비교적 한정되어 있고, 또한 도상圖像과 그것에 대응하는 음성의 관계가 완전히 자의적이 아닌, 즉 상당 정도 동기화되어 있어 직접적으로 이해하기 쉽다는 특징을 가지고 있으므로 글을 모르는 사람도 '읽기'가 쉬웠다고 할 수 있다.

이런 의미에서 여기에 쓰인 에크리튀르로서의 도상圖像과 그것이 나타내는 것의 관계는 퍼스의 기호의 삼분류가 의미하는 것을 육서나 비유의 여러 국면과 교차시켜 다시 검토하는 계기를 만들어 준다고 생각된다.

우선 '회설심경'에서 첫 행의 '부처佛'와 '반야'는 육서의 원리로 말하면 상형이라 할 수 있는데, 이미 고도의 문화적 함의에 바탕을 두고 만들어진, 즉 그 자체가 이미 아이콘인 도상圖像이 거기에서 '읽어' 내야 할 내용을 한정하여 나타내고 있다고 한다면, 거기에서 부처나 반야의 도상圖像은 아이콘의 다음에 오는 것, 일종의 메타 아이콘으로 간주해야 하지 않을까 생각된다. 그리고 도상圖像과 그것이 나타내는 것과의 수사적 관계는 은유적이라고 할 수 있을 것이다.

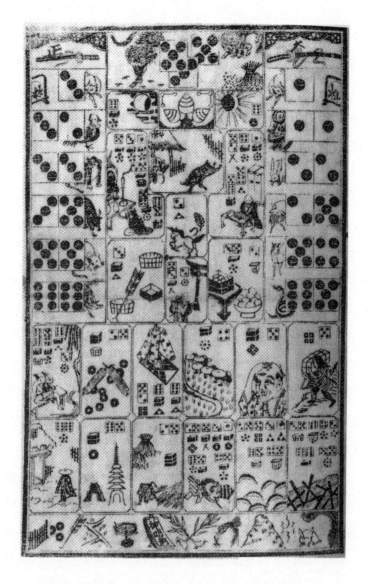

그림 2 '모리오카(森詭)력' (1842년)이와테(岩手)현립 박물관 소장

이에 비하여 2행 말미의 '심경'에 대응하는 도상圖像('심경'을 읽을 때의 불구佛具인 북)은 도상圖像의 양식으로는 인덱스에 가깝고, 수사학적으로는 관련된 것을 가지고 지시하는 환유의 성격을 가지며, 육서의 전주轉注에 해당한다고 할 수 있지 않을까? 첫째 줄의 두 번째 글자 '설說'은 인체의 'se'(背)와 다리와 꼬리가 잘린 학, 즉 'tsu', 세 번째 네 번째 글자 'maka'(摩訶)는 kama(釜)를 거꾸로 한 음, 그 밑의 'hara'(波羅) = 腹, 'mitta'(蜜多) = mi(箕)+ta(田)도 모두 육서의 가차인데 퍼스의 기호분류와 대응해보면, 상징성이 가미된 인덱스라고 할 수 있지 않을까?

그 다음 행에서도 3행 첫 번째 '觀'자를 확대경의 도상圖像으로 나타내고 있는 것은 환유의 성격을 가진 인덱스이며 육서의 원리로는 전주로 간주할 수 있는데, 이와 같은 예는 '회설심경' 전체적으로도 극히 적으며 대부분은 인덱스+가차의 원리에 입각하고 있다고 할 수 있다. 또 5행 '一切', '苦', '厄', 6행 '子'로 주사위의 육면, 9요성 모양을 한 도상圖像이 쓰이고 있어, 이것은 도상圖像작법 그 자체는 육서의 지사에 해당할 터인데, 의미와 대응하여 보면 가차이며, 주사위의 육면에 대해서는 물체로서의 주사위 면 자체가 이미 기호화된 것이라는 점에서 본다면, 인덱스 내지 상징이라고 할 수 있지 않을까? 이러한 상호대비를 해보는 것도 어디까지나 보다 넓은 시야에서의 도상圖像표상의 총괄적인 검토를 위한 예비 작업으로서 의미를 갖는 것이지 육서의 원리 혹은 퍼스나 수사학의 분류에 어떻게 들어 맞출 것인가가 궁극적인 문제는 아니다.

'회설심경'에서도 '行深'(3행), '瀁'(4행), '減'(하단 2행), '眼'(하단 5행)처럼, 'ん'이나 탁음부호, 즉 문자의 일부를 도상圖像과 섞어

표기하는 예가 있는데, '남부회력'에서도 'hatsuuma'(初午)는 '(kono)ha'(나뭇잎)+히라가나의 'tsu(つ)'+말(馬) 그림, 여기에서는 도시圖示하지 않았지만, 현재 유포되어 있는 신판 모리오카盛岡력으로 'kesi(夏至)'를 표기하는 데 'kesi'(罌粟, 양귀비) 꽃의 그림에 탁음 부호를 찍는 간단한 문자 혼용의 방법을 쓰고 있다.

'회설심경'과 마찬가지로 '남부회력'에서도 '八十八夜' ([hachi(鉢)+juubako(重箱)+hachi(鉢)+ya(矢)], 'tōji'(冬至)[tō(塔)+jō(柱) =koto(琴) 등 현악기의 기러기발]) 등, 아이콘 내지 인덱스라고 할 수 있을지도 모를 복수의 도상圖像에 대응하는 음성의, 가차에 의한 독음법이 자주 쓰인다. 그러나 어디까지나 달력이므로 전체에 주사위 면에 의한 월수月數의 표시 같은 지사 = 인덱스와 다른 한편 계절별 농작업이나 행사의 아이콘 = 상징적인 도상圖像표시도 가능해졌다. 흥미로운 것은 커다란 짐을 지고 가는 남자를 그린 도상圖像이 있는데, 이것이 'niubai(짐 탈취)' = 'nyubai'(入梅, 장마철에 접어듦)를 나타낸다는 것이다. 사실적으로 그려진 도상圖像이면서, 그 독음법은 고도의 합의에 바탕을 두고 있으며, 자의성이 큰 가차假借의 사례라고 할 수 있다.

알파벳의 그림문자

다음으로 영국 식민지 시대에 미국의 수도였던 윌리엄즈버그의 Colonial Williamsburg Foundation 소장 자료에 있는 18세기의 리버스(rebus)의 예를 보자. 내용으로 보아 이것은 '회설심경'이나 '남부회력'과 같은 어느 정도의 실용적인 목적을 가지고 유포된 것이 아니라, 흥미본위로 만들어낸 것이라고 생각된다. 내가 1999

년에 이것을 손에 넣은 것도 윌리엄즈버그의 역사 가구街區에 있는 선물 가게에서였다.

이 수수께끼 그림을 굳이 참조하려는 이유는 서아시아에서 슈멜 상형문자, 이집트의 상형문자와 근원을 같이 하면서 상업적인 성격이 강한 페니키아 문자를 거쳐 26종의 표음문자의 체계, 즉 개방계의 한자와는 근본적으로 다른 폐쇄계의 기호 체계를 형성한 영어 알파벳에서 어떠한 그림문자가 가능한가를 알아보는, 어디까지나 원리적인 검토 때문이다. 앞에서 한자의 회의와 형성에 의한 조어력에 대하여 서술하였는데, 한자에서 한 문자의 '어휘'를 알파벳에서 복수문자의 '어휘'와 대비시켜, '어휘' 층위에서의 알파벳의 조어력, 개방계로서의 성격을 보기 위해 한자의 어휘 = 문자의 구성 원리인 육서를 굳이 끌어들여 앞에서 든 일본의 판화문자에서의 도상圖像과 언어의 대응 방식을 대조하여 18세기 영어의 리버스(rebus)를 들겠다.

이 리버스 편지는 영국에 있는 어머니가 미국에 있는 딸 앞으로 보낸 편지와 그 답장 두 통으로 되어 있다. 지면 제약상 어머니로부터 딸에게의 편지만을 도시하여 검토하겠다.[6]

영어의 rebus, 그것도 경전이나 달력처럼 고도의 문화적 합의에 바탕을 둔 일본의 판화문자가 아닌 자유도가 높은 그림문자의 해독, 즉 표음문자에 도상圖像기호를 섞어 표기한 문장을 음성언어

---

[6] 이 수수께끼 그림의 해독에는 히로시마 시립대학 국제학부의 사회언어학자 캐롤 리너트(Carol Rinnert)교수의 교시를 청했는데, 언어학자인 미국인에게도 이 해독은 쉽지 않아 아직 분명치 않은 곳도 있다. 이것은 남부회력이나 회설심경처럼 도상(圖像)과 언어의 대응이 상당 정도의 약속, 합의에 기초하고 있는 정해진 메시지의 경우와의 기본적인 성격 차이에 유래하는 것일 것이다.

그림 3

로 '읽는' 것은 이 논문에서 지금까지 시도해온 퍼스의 기호의 세 분류, 한자 구성의 육서, 비유의 수사학적 4분류를 교차시켜 도상圖像기호의 성격을 생각하는 데 있어 흥미로운 측면을 밝혀준다.

이 그림편지의 표제(England to America로 읽을 수 있다)의 England에 대응하는 유니온 잭의 기旗를 어깨에 걸친 브리타니카의 도상圖像, 1행 우측의 머리에 손을 댄 남자(worry라고 읽을 수 있다)나 4행 좌측의 손(hand), 같은 행 우측과 13행 좌측의 두 얼굴을 가진 남자(two faced라고 읽을 수 있다), 4행 그 오른 쪽 지팡이를 짚고 서 있는 남자(man) 등의 그림, 5행의 '동방의 세 박사' 풍의 세 사람의 남자(wisemen으로 읽을 수 있다), 6행 좌측의 귀에 피리 모양의 대롱을 대고 있는 남자(listen으로 읽을 수 있다), 8행의 젊은 여성(daughter으로 읽을 수 있다), 그 우측 4명의 병사(soldiers)와 두 척의 배(ships), 12행 우측의 세계지도, 14행 좌측 두 대의 대포(canons), 같은 행과 16행 각각 중앙의 하트 모양(heart) 등등의 도상圖像은 각각 한 도상圖像이 영어의 한 단어에 대응하고 있다. 이것들은 도상圖像기호의 구성 원리로서의 육서적 관점에서 말하면 상형이고, 수사학적으로는 은유에 해당한다고 생각된다.

이 중, 문화적인 약속으로 인해 특별한 의미가 부가된 도상圖像, 즉 상징싱을 띤 아이콘은 브리타니카, 동방의 세 박사, 세계지도, 하트 모양이며, 그 밖의 것은 실제의 형상일 뿐이다. 이미 일본의 판화문자에 대해서도 지적했듯이, '어휘' 레벨에서의 어떤 의미를 나타내는 일련의 음성에 대응하는 한정된 의미를 가진, 그것들 자체가 이미 아이콘인 이 도상圖像들은 그것들이 부가적으로 의미하는 것과의 관계에서 일종의 메타 아이콘으로 보아야 할지도 모른다.

그러나 이들의 형상이 에크리튀르(이 경우는 '판화문자'로서의 '그림') 개개의 형태에서 각 '어휘'의 층위에서 기초를 제공하고 있다고 한다면 육서의 원리에서는 그야말로 상형(머리에 손을 댄 남자 worry와 귀에 대롱을 대고 있는 남자listen은 지사의 성격도 강하다고 할 수 있는데, 이미 보았듯이 상형과 지사의 경계는 불명확하다)이라고 할 수 있을 것이며, 형상과 그 에크리튀르의 관계는 은유(브리타니카, 세 박사, 하트의 경우는 환유 내지 제유)라고 할 수 있을 것이다.

서두의 사슴 도상圖像에서 deer〉dear로 하는 것이나 표제의 우측, 눈의 도상圖像을 eye[ai]=I〉i[i]로 읽는 것, 6행 좌단의 우물 well, 9행 좌측의 밧줄의 매듭knot[nɔt]〉not(12행 중앙에도 있다), 12행 우단 코nose=knows 등, 한 단어 단위로 도상圖像에 대응하는 음성을 적용하는 리버스의 기본 수단은 일본의 판화문자와 공통되는 한편, 남부회력이나 회설심경에서는 예외적이었던 방식으로, 여기에서 많이 쓰이고 있는 것은 한 단어 속에서 원래의 문자(이 경우는 알파벳)와 그림을 상호보완적으로 사용하는 방식이다. 이것에는 (ㄱ) 그림을 음성으로 읽게 하여, 음성 상에서 단어의 독음을 보완하는 것, (ㄴ)그림에 대응하는 음성을 문자화하여, 문자로 쓴 단어를 보완하는 것의 두 종류를 판별할 수 있다.

(ㄱ)　1행 : 꿀벌bee[biː] 〉[bi] 〉behold, 사람의 머리head 〉
　　　　headstrong
　　　7행 : 건초hay[hei] 〉 they, 같은 도상圖像에서 밑에서 2
　　　　행에서는 hate, 합창choir[kwaiər] 〉required
　　　9행 : 종bell 〉rebel

10행 : 저울scale 〉rascal

11행 : 반지ring 〉bring, 차tea 〉hospitality, 꿀벌 bee[biː] 〉[bi] 〉between

13행 : 8eight[eit] 〉great, 펜pen 〉repent

(ㄴ) 3행 : 과자의 pie[pai] 〉happiness, 모자hat 〉that, 밑에 서 2행에도 있다.

6행 : 모자hat 〉what, 10행에도 있다.

9행 : 나방moth 〉mother, 맨 밑단 맺음구 말미에도 있다.

10행 : 개미(복수)ants 〉wants, 맨 밑단 개미(단수) ant 〉another

눈eye[ai]=I를 반복 사용한 것이나 m+눈eye[ai] 〉my 등 생략한 것도 있는데, 한자의 구성이나 일본어의 판화문자와의 근본적인 차이는 표음문자에 도상圖像기호를 혼합한 경우의, 한편으로는 음성과 시각기호와의, 다른 한편으로는 '문자'와 '어휘'의 아나키라고도 해야 할 혼란일 것이다. 여기에서는 한 도상圖像이 한 단어를 나타내는 상형 외에는 육서의 형성, 가차 등의 원리나 비유의 여러 형태도 두드러지게 왜곡된 형태로밖에 적용할 수 없을 것 같다.

한자 한 문자 = 한 단어에 대하여 알파벳 숫자 문자 = 한 단어의 '어휘' 레벨에서의 조어력에 대해서는 그리스어, 라틴어 기원의 요소를 비롯한 의미소에 따른 분해와 재구성의 가능성은 있지만, 회의, 형성과 같은 형태의 조어력은 알파벳의 어휘에는 없고, 그것이 리버스에서 한 단어 속에 빈번히 그림과 문자가 혼합되는 사실에서 여실히 나타나 있다고 해도 될 것이다.

일본어는 음절의 종류가 극히 적다는 특성을 살려 한자 가나 혼용문이라는 형태로 음절문자인 가나와 그 사용에 의해 표의성으로 특화한 한자와의 병용을 실현하였다. 그 한편에서 한자의 일본어로서의 음성화도 가나에 의해 가능해졌다. 아시아의 동서에서 표의성과 표음성으로 분화한 두 개의 에크리튀르의 흐름에 대한 구성 원리가 표의성과 표음성을 절충한 한자 가나 혼용의 에크리튀르와 판화문자 등을 매개로 하여 각각의 특징을 현재화顯在化시킬 수 있는 가능성을 이 논문에서 개략적으로 살펴보려고 했는데, 그 연장으로서 문자를 매개로 하지 않는 도상圖像표상에 대하여 언급해보자.

문자 없는 사회의 도상圖像표상

무문자 사회에서 풍부한 도상圖像표상의 한 예로서 이 논문의 맥락에서 들고 있는 것은 구 다보메 왕국(현 베냉 공화국)에서 개개 왕의 '징표'로 쓰인, 왕이 공적인 장에 임할 때 어깨에 걸치는, 갈고리 형태의 손잡이가 달린 지팡이다. 종종 도끼의 형태로 철로 된 칼 부분에 도상圖像이 표현되든지, 갈고리 모양의 윗부분에 '징표'가 새겨지든지 했다. 한 사람의 왕이 복수의 징표를 갖는 일도 드물지는 않다. 왕의 사후에는 그 왕을 상징하는 유품으로서 왕궁 내에 귀중하게 보관되었다.[7]

지금 검토하는 것은 네 종류의 지팡이로 세 사람의 왕을 나타내고 있다(그림 4).

7_ 구 다보메 왕국에 대해서는 Le Herisse(1911) 등의 고전적인 문헌, 왕의 지팡이에 대한 Adande(1962) 등을 참조하고 그밖에 2000년 9월, 2002년 3~4월의 두 차례, 유네스코의 세계 유산으로서의 구 왕궁 복원 계획에 대한 조사로 현지를 방문했을 때의 견문에 따랐다.

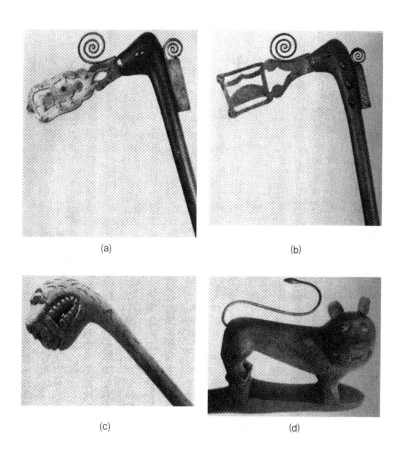

(a)　　　　　　　　　　(b)

(c)　　　　　　　　　　(d)

그림 4 Alexandre Adandé *Les récadesdes rois du Dahomey*, IFAN, Dakar, 1962 (a)는 다보메 왕국의 초대 왕인 다코도누(Dakodonu)의 지팡이이며, 날(刀) 부분은 위에서부터 부싯돌(da), 대지(ko), 동굴 입구(donu)를 나타내고 있다고 한다. 즉 이 삼자의 이름을 연결하면 그림문자의 원리로 Dakodonu라는 왕의 이름이 되는 것이다. 이것은 고대 이집트 제1왕조인 나르메르(Narmer) 왕명이 점판암의 화장판(팔렛트)에 새겨진 물고기(nar)와 끌(mer)의 도상圖像으로 표시되어 있는 것과 마찬가지인 가차假借의 원리로 도상圖像이 그것에 대응하는 음을 분절적으로 나타내고 있는 것이다.

이 경우 도상圖像이라고는 해도 기호로서의 도상圖像과 그것이 나타내는 의미와의 관계는 고도의 문화적 합의 위에 성립하고 있으므로 아무런 설명도 없이 이들의 도상圖像을 보기만 해가지고는 그것들이 부싯돌이나 그 밖의 것을 나타낸다는 것을 이해하지 못한다. 즉 이들 도상圖像은 퍼스가 말하는 의미에서의 상징이며, 도상圖像기호의 구성 방법은 가차假借+회의會意, 비유의 성격은 굳이 말하면 제유 내지 환유에 해당한다고 할까?

(b)는 18세기 후반에 재위한 크펭글라(Kpengla)왕의 지팡이로 날(刀) 부분에 당시 유럽제 대포가 새겨져 있다. 18세기는 유럽 여러 나라에 의한 노예 무역이 성행했고 특히 이 서아프리카 연안 지역에서는 대량의 노예가 미국에 실려 갔다. 노예로 팔리는 것은 아프리카 내전의 포로로 현지의 수장이 노예 상인으로부터 유럽제 철포나 때로는 대포도 사서, 노예로 팔 포로를 손에 넣기 위하여 근린 집단을 공격하였다. 다보메도 그와 같은 노예 무역에 의해 이득을 얻어 강대해진 왕국의 하나로 크펭글라 왕이 백인 상인으로부터 매입을 거부한 대포를 사들인 근린 집단에 대하여 크펭글라가 전쟁을

도발하고 전리품으로 대포를 빼앗았다는 것을 기념하여 이 왕장王杖이 만들어졌다.

당시의 대포 형태를 본떠 크펭글라 왕에게 대응시켰다는 의미에서는 도상圖像은 형상인데 (a)와 마찬가지로 자의적인 합의 위에 성립한다는 성격이 강하고, 인덱스로서 환유적 의미를 나타내고 있다고 할 수 있을 것이다.

(c)는 19세기 후반에 재위한 그레레 왕이 어떤 전투에서 이겼을 때 "새끼 사자는 지금은 작지만 아비가 부여한 힘으로 강한 이빨과 발톱을 가지게 된다"고 선언한 것을 기념하여 만들어졌다. 도상圖像 자체는 상당히 사실寫實적이어서 이것을 사자라고 하는데 (a), (b)와 같은 특별한 합의를 필요로 하지 않는다. 그러나 그것이 특정 왕의 징표로서 나타내고 있는 의미는 언어를 매개로 한 자의성이 높은 것이다. 사자의 도상圖像기호는 그림문자에서 한 단어의 은유적 상형에 비유될 수 있겠는데, 원래의 언어 메시지 전체에 대해서는 환유적 의미의 표현이다.

(d)도 역시 그레레 왕을 나타내는 징표의 하나로 즉위할 때 왕이 지닌 격언의 형태를 한 즉위명을 나타낸다. 격언은 "임산부는 사나운 개가 빼앗은 음식을 되돌려줄 용기를 가지고 있다"라는 것이다. 도상圖像은 이빨을 드러낸 개를 나타내고 있는데, 그 형상 자체가 (c)에 비하여 상당히 자의성이 높다. 특히 즉위명이 나타내는 언어 메시지 전체 중에서 이 도상圖像은 부정적인 의미를 띤 요소를 형상화하고 있으며 그런 점에서도 (c)와는 정반대로 다르다. 도상圖像기호가 최종적으로 나타내는 언어 메시지 전체를 '뒤집은' 환유라고도 할 위상을 이 도상圖像 자체는 가지고 있다고 할 수 있을 것이다.

맺음말

도상圖像기호와 그것이 나타내는 것과의 관계를 한자의 구성 원리인 육서, 퍼스에 의한 기호의 삼분류, 비유의 여러 형태 등을 주로 참조 틀로 하면서 일본어에 도입된 한자, 일본어와 영어의 리버스, 아프리카 무문자 사회의 도상圖像표상의 몇 가지 예를 통해 검토했다. 아직 당연히 들어야 할 사례는 고대 이집트의 히에로글리프, 그림문자 단계의 설형문자나 알파벳, 범어문자, 아프리카 이외의 지역도 포함하는 무문자 사회의 다양한 도상圖像표상 등이다. 이들 중에는 아프리카 도상圖像표상을 비롯하여 준비는 해두었지만 시간의 제약으로 이번에 들지 못한 사례도 있다.

자료는 어떻든 간에 검토의 원칙에서도 이 논문이 아직 초보적인 모색의 범위를 넘지 않고 있다. 방법적 조감도로서는 이미 서술한 것처럼, 아시아의 동과 서에서 표의성과 표음성으로 특화한 한자와 알파벳의 문자 체계에 대하여, 이들로부터 파생하여 다른 에크리튀르의 형태를 만들어낸 일본어의 한자 가나 혼용체계, 범어문자의 도상圖像상징성, 이것들과는 무관계한 곳에서 도상圖像상징성을 발달시켜 온 아프리카 등 많은 무문자 사회의 도상圖像을 대치시켜, 지금까지 어쨌거나 알파벳 세계 중심적으로 생각되어온 에크리튀르론을 갱신하는 것을 목표로 하고 있다.[8]

8_ 목소리나 신체에 의한 표상과 공통되는 시야로 도상(圖像)표상을 들어, 표음성 중심이 아닌 에크리튀르론을 탐구하는 것은 아프리카의 무문자 사회에서의 북소리 언어나 도상(圖像) 커뮤니케이션에 접한 이래의 내 긴 염원이다. 에크리튀르론을 둘러싸고 내가 관심을 가지고 있었던 쟈크 데리다 씨가 1984년 11월 처음으로 일본에 왔을 때 데리다 씨를 둘러싼 원탁토론에서 내가 'Son, nom et écriture' 라는 제목으로 발표를 하고 위의 주(4)에서 논한 논점도 포함하는 의견도 말하며 토론한 것은 커다란 자극이 되었다.

그리고 나서는 이 논문의 서두에서도 언급한 것처럼, 마이너스의 에크리튀르로서의 북소리언어 등, 소리 커뮤니케이션의 영역과 공통의 시야에서 표상작용과 전달의 세계를 탐구하고 싶은데 이 논문은 집필 시간이 한정되어 있었다는 사정도 있어, 극히 초보적인 방법의 모색으로 일관했다. '예비적 메모'라는 제목을 붙인 것도 그 때문이다.

인용 문헌

Burks, Arthur W. 1949 "Icon, index and symbol", *Philosophy and Phenomenological Research*, 9(4) : 673-689.

Fevrier, James G. 1984 Histoire de l'ecriture, Paris, Payot.

Heartshore, Charles & Weiss. Paul(eds.) 1960 *Collected papres of Charles Sanders Peirce*. 5vols., Cambridge, Harvard University Press.

히라가 마사코平賀正子, 1992년 "詩における類像性について(시에 있어서 유상성에 대하여)"《記号学研究》12, 〈포스트모던의 기호론〉, 일본기호학회, 73-86.

Hiraga, Masako 1990a "Iconicity in poetry", Semiotics, Lanham/New York/London, University Press of America : 115-126.

Hiraga, M. 1990b "Sound as meaning : Iconicity in Edgar Allan Poe's 'The Bells'", 《放送大学研究年報》8, 1-23.

Hiraga, M. 1991 "Iconic meanings of visual repetition in poetry", *Semiotics*, Lanham/New York/London, University Press of

America : 95-105.

Jakobson, Roman 1971[1965] "Quest for the essence of language",
　　Selected writings II, Paris-La Haye, Mouton[Diogéne, 51, 1965]

Jakobson, R. 1976 *Six leçon sur leson et le sens*, Paris, Éditions
　　de Minuit.

Jakobson, R. & Wauch, Linda 1979 The *Sound shape of language*,
　　Bloomington & London, Indiana University Press.

가와다 준조川田順造, 1993 〈'표기'의 제諸 형식〉(원 인쇄 발표〈음성에 의존하지
　　않는 언어전달 형식에 있어서의 애매함을 둘러싸고 — 서아프리카 모시
　　족의 북소리언어를 중심으로〉《기호학 연구》13, 〈신체와 장소의 기호론
　　1 — 애매함(중의성)의 기호론〉, 1993년 일본기호학회, 17-37) 이 인쇄
　　발표의 근간이 된 일본기호학회 심포지엄 〈애매함(중의성)의 기호론〉
　　(1992년 5월, 도쿄) 후, 대폭 개정하여 〈'표기'의 제諸 형식〉으로 구두발
　　표(1992년 10월, 도쿄 외국어대학 아시아 아프리카 언어문화 연구소, 연
　　구소 내 연구실 및 중국 武漢市湖北大学, 東亞符號學會), 이것을 문자화
　　한 것은 논문집 《인류학적 인식을 위하여》(이와나미岩波 서점에서 근간)
　　에 수록.

가와다 준조川田順造, 1995년 〈초상과 고유명사 — 역사표상으로서의 도상圖像
　　과 언어에 있어서 지시기능과 의미기능〉《아시아 아프리카 언어문화 연
　　구소》 48 · 49, 도쿄 외국어대학 아시아 아프리카 언어문화 연구소,
　　495-537. 논문집《인류학적 인식을 위하여》에 재록.

가와다 준조川田順造, 1998년[1988] 《소리(聲)》(증보개정판) 치쿠마 가구케이ち
　　くま学芸문고.

가와다 준조川田順造, 1980년[1978-9] 《소리 말 인간》(다케미쓰 도오루武満徹와

의 왕복서간), 이와나미岩波 서점, 제7장〈소리의 에크리튀르〉

가와다 준조川田順造, 2000년 〈만데 소리문화와 하우사 소리문화 — 이슬람 소리문화의 지방적 전개〉《민족학 연구》65권 1호, 62-77.

Kawada, Junzo 1993 "Histoire orale et imaginaire du passe : le cas d' un discours historique africain", *Annales ECS*, 48(4) : 1087-1105.

Kawada, J. 2000 *The local and the global in technology*, Paris, UNESCO World Culture Report Unit.

Kawada, J. 2000a "Epic and Chronicle: Voice and Writing in Historical Representations" *in Making Sense of Global History: The 19th International Congress of the Historical sciences*, Oslo 2000 Commemorative Volume, Universitesforlager Oslo, 2001: pp.254-264.

Kawada, J. 2001b "Continuité et discontiuite dans les cultures sonores ouest-africaines: rapports internes et interculturels", in J.Kawada et Kenichi Tsukada(eds.) *Cultures sonores d' Afrique II-Aspects dynamiques*, Hiroshima City University: 3-20.

고바야시 히데오小林英夫, 1976년[1933, 1965] 《언어미학논고》, 고바야시 히데오小林英夫 저작집 5(〈상징의 연구로〉1933, 〈의성이와 의테어〉1965), 됴쿄, 미스즈 쇼보みすず書房.

시라카와 시즈카白川静, 1996년《지토字統》도쿄, 헤이본샤平凡社.

시라카와 시즈카白川静, 1996년《지쓰字通》도쿄, 헤이본샤平凡社.

Wescott, Roger W. 1971 "Linguistic iconism", Language, 47(2) : 416-428.

Wescott, R. W. 1973 "Tonal icons in Bini", Studies in African Linguistics, 4(2) : 197–205.

Wescott, R. W. 1975 "Tonal iconicity in Bini colour terms", African Studies, 34(3) : 185–191.

Zali, Anne & Berthier, Annie (sous la direction de) 1997 *Aventures des écritures*, Paris, Bibliothéque nationale de France.

2부
말의 삼각 측량

葉集 日本書紀 神武 仁德 圖像 示唆 書取 書取り 書き取り 書きとり かき
カキトリ 異音 同字 同義 造字 指事 古音 吳音 漢音 唐音 下ぶく
書 古事記 万葉集 日本書紀 神武 仁德 同義 造字 指事 古音 吳音 漢音
り かきとり カキトリ 異音 同字 同義 造字 指事 古音 吳音 漢
亡 聲 象形 舞 書 古事記 万葉集 日本書紀 神武 仁德 圖像 示唆 書取 書
書きとり かき取り かきとり カキトリ 異音 同字 同義 造字 指事 古
唐音 下ぶくれ 聲 象形 舞 書 kaku utterance enonce kiwadatase
u binary opposition paradigmatic oshokujiken kichin-to bareru
symbol be similar to its object kaku utterance enonce kiwadataseru

4
말의 다중화 = 활성화 - 다언어주의란 무엇인가

언어는 셀 수 있을까?

아프리카 연구자로서 또 특히 브루키나파소에 오랫동안 있었던 사람으로서 "아프리카에는 도대체 몇 개의 언어가 있느냐"라든지 "브루키나파소라는 하나의 작은 나라에서만 몇 개의 언어가 사용되고 있느냐"는 질문을 자주 받았었다. 오래살아 프랑스적 습관이 몸에 베어버린 나로서는 이럴 때 말 대신 어깨를 들먹여, 양손을 벌려 보이고 싶어진다. 그리고 스스로에게 질문을 던져 다시 생각한다. 언어를 도대체 셀 수 있는 것인가 하고.

대학에서 문화인류학을 전공하는 학생이었을 무렵, 자주 언어지도라는 것을 받아 교재로서 학습을 하였다. 동남아시아에는, 아프리카에는, 어떠한 어족의, 어떠한 언어가 어떻게 분포하고 있는지, 시험을 위해 통째로 암기한 적도 있었다. 지도상에는 여러 언어의 분포 범위를 색으로 구분하여 표시해 놓았다. 그중에는 일부, 다른 색의 언어가 가는 사선으로 들어가 있기도 했다. 그러니까 거기에서는 빗금을 친 언어도 소수파로서 사용되고 있다는 말이었을 것이다. 그렇게 보면 언어는 몇 개라고 셀 수 있을 뿐 아니라, 분포를 지도로 나타낼 수도 있는 것이지 않은가?

나는 선인의 업적에 대하여 꼬투리를 잡는 것은 아니다. 확실히 언어 분포 지도는 초보의 어떤 단계에서의 공부에는 대략적인 이해를 위해, 혹은 오히려 '언어'라는 것에 대한 통념을 현지 체험을 통해 쉽게 풀이하는 전제로서 알아두는 데는 유용하다고 생각한다. 그런데 실제로 아프리카에 가서 어떤 지방에서 잠시 살다가 언어 지도 상에서 여러 가지 색으로 분류하여 칠해진 지방을 돌아다녀 보면 그러한 종이 위의 지식으로 존재하는 현실과 실제의 현실이 얼마나 동떨어진 것인가를 잘 알게 된다.

언어라는 것에 대하여 근본에서부터 생각하려 할 때 아프리카는 귀중한 환경을 제공해준다. 거기에 처음 갔을 무렵, 즉 1960년대 초기에 영불의 구식민지에서 정치적으로 독립을 막 달성했을 무렵에는 내가 가장 오래 산 브루키나파소(당시의 오토볼타)에서는 정부가 발표한 공식 숫자로도 학령기 아동의 취학률은 9퍼센트였다. 학교에서는 초등학교부터 구식민지 종주국이 남긴 공용어인 프랑스어만을 가르치고, 프랑스어만을 사용하여 다른 교과의 교육을 하는데, 원래 이 지방 사람들은 문자라고 할 만한 것을 사용하지 않았기 때문에 당시 전기나 수도도 없는 대부분의 지방에서 주민은 어른 아이 할 것 없이 모든 종류의 문자와는 일체 관계가 없는 생활을 하고 있었다. 취학률이나 프랑스어의 식자율은 그 후 얼마간 상승했다고 하나, 지금도 수도인 와가둑이나 서부 상업 도시 보보 디우라소 등의 대도시를 조금 벗어나면 사람들은 문자와는 무관하게 살고 있다. 아니 수도에서도 시장에서 야채나 향신료 가게를 차린 아줌마들이나 구매자가 모두 문자 따위를 필요로 하지 않는 언어 활동의 차원에서 활발하게 상거래를 하고 있다.

비가 한 방울도 내리지 않는 건기의 농한기 적 밤, 집 여기저기의 마당에서, 하늘 가득한 별빛 아래 밤늦도록 도란도란 '소아스가' 어로 펼쳐지는 이야기들을 찬찬히 들으며, 나는 이 사람들이 쓰는 음성언어의 영롱함에 감동되었다. 기회가 있을 때마다 그들의 이야기를 녹음하였고 노래나 내가 그 후에도 현재까지 연구를 계속하고 있는 역사를 말하는 '북소리언어' 등과 함께 녹음, 편집하여 해설을 부친 레코드 앨범(그 후 카셋트 북)으로[1] 발표하였는데 그것을 들은 몇몇 친구가 '말소리가 듣기 좋더군' 하며 찬탄의 말을 해주었던 일이 생각난다. 말이나 노래의 프로도 아니고, 낮에는 진흙투성이가 되어 돈을 벌며, 영양이 부족한 어린이나 여자아이나 아줌마들도 많은데, 도대체 어디에서 이렇게 멋진 소리의 말이 나오는지 오히려 의심이 들 정도였다.

제도화되지 않은 말

문자를 사용한 학교의 언어 교육에서 획일화되거나 규격화된 적이 없는 아나키한 말의 영롱함—나는 사반나에 사는 사람들의 음성언어가 지니는 아름다움을 자주 이러한 말로 표현한다. 이 사람들은 학교에서 문법서를 써서 '언어'를 배우지 않았다. 문법과도

1_ 《사반나 소리의 세계》(LP 2매, 해설서 첨부 레코드 앨범) 도시바 EMI, 1984. 동(同)(카셋트 북) 해설서 증보 개정, 하쿠스이샤(白水社), 1988, 재개정판, 1998.

사전과도 무관하게 살아왔기 때문에 이 사람들에게는 소위 방언만이 아니라, 마을어가 있고, 가정어, 자기어가 있다. 한 사람 한 사람이 자기 스스로 익힌 말을 자신의 발음으로 그것도 바람이 불어닥치는 사반나의 야외 생활이 많은 일상 속에서 소리가 상대에게 잘 들리도록 큰 소리로 이야기하는 습관을 어려서부터 쌓으며 자라온 것이다. 말소리가, 말이 영롱한 것은 당연한 것 같다.

　　또한 이것도 이 사반나 사람들의 언어 생활과 접하고서 배운 것인데 문자를 쓰지 않는 사회에서, 그것도 전기의 확성 장치를 전혀 쓰지 않는 생활에서 훌륭하게 잘 들리는 소리로 이야기하는 것의 가치가 얼마나 클까? 특히 문자편중으로 인해 말하는 훈련을 소홀히 하는 우리들 일본인 사회에서는 말을 너무나 잘 하는 사람은 오히려 거북해하거나 경계한다. 저 사람은 말은 서툴지만 글은 잘 쓴다고 하면 오히려 깊이 있는 사람이라고 생각을 하기도 한다. 그런데 문자를 쓰지 않는 사회에서 이야기를 잘 한다는 것의 가치는 절대적이다. 그러한 가치관이 지배하는 사회에서 어렸을 때부터 밤에 서로 둘러앉아 큰 소리로 입담있게 이야기하여 모두를 즐겁게 해주는 훈련을 하며 자랐다고 하면, 그것도 학교 수업에서 문자를 써서 '국어'로서 표준어를 교육받지 않았다고 한다면 이 사람들의 말에 아나키한 영롱함이 가득한 것은 오히려 당연하다고도 할 수 있다. 확실히 마을어나 가정어나 자기어가 위에서 정한 표준어로 규격화되면 말이 통용되는 범위는 넓어질 것이다. 그런데 말이 '통용된다'는 것은 어떠한 것일까? 거기에서 통용되는 것은 통용되도록 만들고, 가르쳤다는 의미가 아닐까? 행정상의 통달을 '바르게' 즉 위에서 기대한 바대로 이해시키고, 상당히 광범위한 지역의 사람들이 규격화된 의미를 서로 전달하는 표준어를 만들어, 그것을 가르치는 초등교육을 철저히 하는 일이 근대의 소위 국민국가의 형성과 더불어 진행되었다고 하는 것은 우연은 아니다.

그런데 내가 말의 '의미가 전해진다' 는 것이 실제로는 여러 층위를 이루고 있다고 하는, 생각해보면 당연한 사실에 관심을 가지게 된 것도 자기어로 아무런 거리낌도 없이 활기차게 자기를 표현하고, '의미의 이해' 가 몇 층위나 되는 언어 내의 언어라고도 해야 할 북소리언어**2**를 가지고 있는, 이 사반나 사람들과의 교제 때문이다. 학교에서 배우는 표준어 때문에 방언이나 자기어가 획일화됨으로써 사라져 버리는 의미 전달의 측면이 인간의 생생한 음성에 의한 전달 체계 속에서는 중요한 것이다. 그것은 문자를 쓴 학교에서의 표준어 교육이 진전되고, 텔레비전의 보급과 함께 NHK의 아나운서 같은 화법이 널리 퍼져 있는 일본 사회에서도 생각해보면 당연한 일이며, 자기 지방의 말이나 자기어에 의한 표현이 귀중하다는 인식이 영영 사라져버린 것은 아니다. 내가 음성언어의 음성상징성 문제, 말이 소리로서 듣는 사람의 감각에 직접 작용하여 의미를 전달하는 의성어, 의태어(나는 그것들을 통합하는 상위 개념을 나타내는 유럽어의 ideophone 등에 대응하는 말로 '상징어' 라는 말을 제창하고 의성어, 의음어를 '표음어' , 의태어, 의용어, 의정어 등을 '표용어' 로 부르기로 하고 있는데)의 일본어나 아프리카 언어에서의 중요성, 그 중에서도 특히 표용어가 빈곤한 유럽 제어에 흥미를 가지게 된 것도,**3** 사반나 사람들 덕분이다.

2_〈음성에 의존하지 않는 언어전달 형식에 있어서의 애매함을 둘러싸고 ― 서아프리카 모시족의 북소리언어를 중심으로〉《기호학연구》, 〈신체와 장소의 기호론〉, 도카이(東海) 대학 출판회, 1993, pp.17-37.

나는 처음에 이 사람들의 역사의식을 연구하여 《무문자 사회의 역사》(이와나미岩波 서점, 1976, 이와나미岩波 현대문고, 2001) 같은 책도 썼다. 그런데 이 사람들과의 교류가 길고 깊어짐에 따라 나는 '무'문자 사회라는 결락을 의미하는 표현은 문자가 있다는 것을 사회의 '진보'에 의해 달성되어야 할 단계처럼 생각하여, 그것을 전제로 있어야 할 것이 없다는 식의 생각이, 역시 어딘가가 오염되어 있으며, '문자를 필요로 하지 않았던 사회'라는 보는 견해도 있는 거라는 생각을 하게 되었다.

실제로 이 사람들의 음성을 포함한 소리의 커뮤니케이션이나 신체 표현 세계의 풍부함, 내가 주로 교류한 모시 사회에는 드물지만 다른 많은 사회에서는 발달해있는 목조木彫 등, 도상圖像표현의 풍부함을 접하고 있으면, 이 사람들은 '문자가 결여되어 있는' 상태에 있다(그러니까 빨리 학교를 많이 만들어 문자 교육을 보급하는 것이 좋다)고 생각하기보다도 오히려 '문자를 필요로 하지 않았지만' 나름대로 스스로 만족할 만한 풍부한 표현과 전달의 세계에서 살고 있다고 생각하고 싶어진다.[4] 그렇다고 해서 나는 문자와 문자 교육을 처음부터 부정하는 것은 아니며 그것에 대해서는 또 다른 긴 논의가 필요하므로 지금은 생략하겠지만,[5] 단지 맹목적으로 식자율을 높이는 것이 사회의 신보라고 생각하지 않으며, 문자를 사용한 언

3_《소리(聲)》치쿠마 가구케이(ちくま学芸)문고, 1998. 특히 2 〈소리의 상징성〉, 3 〈소리와 의미〉〈유음유의〉등의 장(章).1988,

4_〈구두전승론〉《구두전승론》가와데쇼보신샤(河出書房新社), 1992, 헤이본샤(平凡社)라이브러리, 상권, 2001, 7-446.

5_〈어느 인류학도의 감상〉《학교의 행방》이와나미(岩波) 강좌 〈일본 현대문화론〉 제3권, 1996, pp.7-22(본서 제10장) 참조.

어 교육에 의해 잃어버린 바도 크다는 사실을 우리가 잊었다는 것
조차 잊어버렸다는 사실을 생각해내고 문제화하는 것이 얼마나 귀
중한가 하는 사실을 지적하고 싶은 것이다.

'다언어주의'가 의미하는 것

처음부터 선을 이탈하긴 했지만, 내가 부여받은 논제는 '다언
어주의'였다. 그런데 지금까지 서술한 사항에서도 '언어'라는 것을
셀 수 있고, 경계를 나눌 수 있는 것으로 생각하여 그 복수의 것, 즉
'다`가 공존한다는 것을 당연하다고 생각하는 원리나 주장이나 정
책, 즉 '주의'인 '다언어주의'라는 문제제기 방식 자체가 언어에 대
한 상당히 편향된 입장이라는 것이 내가 말하고 싶은 대목이다. 나
는 북소리언어에 대한 긴 분석과 내 자신도 그것을 물론 익힌 체험
에서 북소리언어는 말의 원형이라고도 해야 할 것이 입이나 목, 폐
등 발음기관의 훈련된 운동을 통해서만이 아니라, 훈련된 반사운동
의 사슬이 되어 손에서도 분출되는 것이라는 생각을 하게 되었다.

즉 북소리언어를 통하여 나는 이른바 언어도 신체기법 —문
화에 의해 규정된 신체의 사용 방식 —의 하나로서 그것을 가지고
사회에 참가해가는 데, 다른 신체기법과 함께 어렸을 때부터 배우
고 익히는 것이라고 생각하게 되었다. 아프리카 남부의 코이산 언
어를 쓰는 사람들이 어려서부터 발음 기관, 즉 신체의 훈련에 의해
우리들에게는 상당히 어려운 흡착음(click)을 필요한 경우에 '자연
스럽게', 즉 신체의 반사적 운동 연쇄로서 의식하지 않고 발음할 수
있다는 것 등도 그 일례다.

말이라는 것은 반복과 즉흥이 길항하는 관계 속에서 개인에

따라 일상적으로 실현되는 것이다.⁶ 앞에서 자기어라는 것을 언급했는데 순수하게 '나' 한 사람만으로 언어가 성립되지 않는다는 것은 분명하다. 다른 '나' 와의 전달이 말인 이상, 다른 '나' 들과 공통되는 것이 기본이 되어야 한다. 그것은 어려서부터 다른 사람의 말을 흉내내어, 신체 기법으로서 '나' 가 다른 '나' 들과 만드는 사회에 참가하기 위한 '아비투스' 의 일종으로서 몸에 익히는 것이다. 그렇게 하는 한, 말은 누군가가 이미 발음한 것을 반복하는 데 지나지 않는다는 측면도 가지고 있다. 하지만 그런 반복 속에서 그 발음법이나 그 소리와 의미의 결합 방식에 무한하게 다양한 즉흥을 낳고, '나' 의 표현을 한 사람 한 사람의 '나' 가 산출하여 간다.

언어라는 것은 바로 그러한 운동 연쇄의 반복과 사고에 의해 반사운동 연쇄를 일부러 끊는 즉흥과의 길항 속에서 성립한다. 그 개개의 무수한 소리들 — 발성되는 순간 사라져가는, 인류가 직립하여 두 발로 직립보행을 시작하고 성대의 위치가 내려가고, 소리의 분절화가 가능해지고 난 뒤 비로소 말을 할 수 있게 되고 나서 아마 백만 년 정도의 사이에, 발성이 되었다가는 아무런 흔적도 남기지 않고 사라져 간 우주의 별보다도 어쩌면 더 많을지도 모를, 헤아릴 수 없는 말에 대하여 나는 생각한다. 그것은 끊임없는 반복과 즉흥의 되풀이였을 것이다. 그 안에서 문화의 힘으로 생물의 단일 종으로는 예외라고 할 수 있을 정도로 지구상의 다양한 환경에 적응하며 살고, 그것에 의해 문화도 또 그 일부인 언어도 다양화시켜 온

6_〈발화에서 반복과 변차 — 이야기의 생리학을 위한 메모〉앞의 책 《구두전승론》헤이본샤(平凡社) 라이브러리, 상권, 257-446.

현재 지상에서 살고 있는 호모사피언스(Homo sapiens)인 우리들.

그 다양화된 말들의 반복과 즉흥을 되풀이하는 무리들 속에서 언어학자라 불리는 관찰자가 어떤 규칙성을 변별하여 그 규칙이 만드는 체계를 '랑그'라고 하였다 해도, 공간의 확산이나 시간의 흐름 속에서조차 경계가 있는 닫힌 체계를 이루지는 않을 것임은 분명하다. 만약 그것이 적어도 어떤 기간 중에 경계가 있는 폐쇄계로 고정되었다고 하면, 그것은 말의 '제도화된 측면'으로 간주해야 한다.

그것은 여러 말—그 차이에도 경계가 있는 것은 아니다—을 같은 사람이 당연한 것처럼 일상적으로 쓰고 있는 아프리카에서 살고 있으면 자명한 것인데, 가령 유럽에서도 독일어와 네덜란드어 등을 보면 방언의 지역차 속에서 실제로는 연결되어 있으나 단지 국가를 단위로 하는 제도로서의 독일어와 네덜란드어가 있는 것에 지나지 않는다.

소통되는 언어의 쇠퇴

앞에서 나는 의미가 통한다는 것은 어떠한 것인가 하는 질문을 던졌는데, 언어는 인간 행위의 총체인 문화의 일부이며, 언어 이전, 언어 이외의 문화가 하나로 묶어지는 것이 '의미 전달'이라고 생각한다.

예를 들어보자. 이것도 나의 아프리카 체험에서 얻은 것인데 나는 결혼하고 나서 얼마 지나지 않아 아내와 둘이서 일본어 화자로는 두 사람만이 사반나의 한 가운데서 2년 반 동안 살았을 때의 일이었다. 당시의 오토볼타(1984년의 국명 변경 이후에는 브루키나파소)에는 우리들 이외의 일본인 거주자는 없었고, 이 나라를 다른 네 나라와 함께 관할하고 있는 일본 대사관도 남쪽에 인접한 코트 디브와르에 있었다. 한 해 한 번이나 두 번 대사나 서기관이 이 나라의 수도 와가둑에 출장을 올 때에는 우리들도 조사에 지장이 없는 한 200킬로미터의 험한 길을 달려 수도에 갔었고 용무가 있어 대사관이 있는 코트 디브와르의 아비장에 간 적도 있다. 그리고 그곳을 찾아 온 일본인과도 몇 번인가 만났다. 처음에 꼬박 일 년을 산 뒤에는 일단 한 달간 일본에 돌아왔다가 다시 갔기 때문에 그 사이에는 일본에서 일본인과 일본어로 이야기를 했는데 이렇게 짧은 기간의 일본어 체험을 제외하고 우리 부부는 두 사람만의 일본어 화자로서 2년 반을 살았다. 두 사람 이외의 사람들과는 그 지방의 말인 모시어(모레)라든가 이 나라의 공용어인 프랑스어로 말했다. 그리고는 버스, 전차 등의 공공기관이 전혀 없었고 당시의 이 나라에서 차가 한 대뿐이었던 사반나에서 생활할 때 내가 차로 조금 멀리 나갈 때에는 아내도 대개 동행했다. 특히 숙박을 하면서 여러 지방을 찾아다니며, 그 지방의 역사전승어나 재래의 생산 기술을 조사할 때는 아내도 반드시 함께 갔다.

그런 일이 아니더라도 신혼 초의 부부란 그다지 말을 하지 않아도 마음이 잘 통하는 법인데 그래도 일본에서 살고 있으면 낮에는 서로 다른 곳에서 각자의 볼일을 보는 일이 많아, 저녁밥을 먹을 때나 되어야 그 날의 견문 또는 경험을 서로 이야기하는 것이 보통이다. 그런데 이 아프리카의 생활에서 낮에도 두 사람이 행동을 같이 하므로 보는 것, 듣는 것을 함께 하게 되면 공통의 체험에 대하여 각각의 의견이나 감상에 대하여 이야기를 나누는 일은 있어도 새삼스레 화제로 삼을 만큼의 사건이 일상 체험으로서는 거의 없어져 버린다.

결론을 말하자면 이 2년 반 동안 화자 둘만의 일본어 커뮤니케이션 속에서 말은 그 이상 더 잘 통할 수 없음에도 불구하고, 아니 오히려 너무 잘 통하기 때문에 오히려라고 해야 하겠지만 말로서는 퇴화해버렸던 것이다. 마음이 서로 통하는 데다가 매일의 견문, 체험도 함께, 둘 이외의 사람과 일본어로 말할 기회가 없는 상태에서 원래 말이 해내야 할 기능이 쇠퇴했다고 해야 할까? 물론 독서, 편지 등을 통해 일본어를 읽거나 쓰기는 하고 있어서 일본어를 잊고 있지는 않았다. 그러나 두 사람 사이에서 극히 간단한 암호 같은 말의 단편이나 잠깐 내는 소리에도 의미가 서로에게 통해버리면 새삼 여러 가지 표현을 써서 이야기를 할 필요가 없어지며, 귀찮아진다. 가끔 오는 일본 대사관의 사람 등에게도 격식을 차린 격조 있는 일본어로 응답하는 것은 상당히 번거로웠고 우선 경어 따위의 언어 표현이 얼른 나오지 않는 일도 종종 있었다.

너무나 잘 통해서 기능이 약화된 일본어를 표준어의 어법에서 보면 흐트러진 신호처럼 간략화된 형태로 이야기하는 한편, 나에게는 잘 이해가 안 되는 그 지방의 말인 모시어를, 신체 기법으로서 몸에 배지 않았기 때문에 혼란스러운 형태로, 어휘와 완곡한 표현의 축적이 적었기 때문에 간략화된 서투른 표현을 써서 하는 말의 양극을 동시에 체험하게 되었다. 이때 절실히 느낀 것은 이 무렵에 쓴 졸저 《광야에서》(치쿠마쇼보筑摩書房, 1973, 나중에 주코中公 문고, 1976)의 '언어'라는 장에도 서술했는데, 언어란 언어 이전, 언어 이외의 문화적 공통성이나 합의가 있고 그것을 묶는 것이 의미 전달이라는 사실이었다. 사반나에서 살면서 나와 아내가 말이 너무 잘 통했던 것은 언어 이전에 생활의 일치가 극대화되어 있었기 때문이며, 역으로 나의 모시어가 어휘로서 머리에서 알고 있는 말은 많아도 어휘가 적은 모시의 어린이들이 서로 이야기를 나눌 때처럼, 나와 그 아이들 사이에 매끄러운 언어 활동이 이루어지지 않는 이유는 언어 이전의 생활 양식 상의 공통성이 별로 없었기 때문이다.

문화인류학자로서 나는 문화라는 것을 생물로서의 본능에 입각한 행위나 산물도 포함한(최근의 영장류학이나 유전학의 진보를 고려하면 유전 정보에 의한 삶의 영위도 문화 속에 넣어 생각해야 할 것이다) 인류행위의 총체를 가리키는 것이라고 규정하고 싶은데, 물론 언어도 그와 같은 의미에서 문화의 중요한 일부이다. 단지 언어도 문화의 다른 측면과 불가분하게 연속된 일부라고 생각하므로 어떤 종류의 언어학자, 특히 음성학 영역의 일부 인사처럼 언어를 뭔가 독립된, 그 자체만으로 별종의 엄밀한 객관적인 취급의 대상이 되는 것처럼 따로 떼어서 보는 것에는 반대한다. 엄밀하고 객관적 취급이 가능한 것은 그것이 가능한 국면에 연구 내용을 한정하니까 가능할 뿐이며, 소나그라프 따위의 기계에 의한 분석이 음성의 어떤 측면에 대하여 어느 정도는 적용할 수는 있어도 그것이 일단 인간에게서의 '의미'와 관계를 가지게 되면 그것은 주파수 성분의 분석을 벗어난 좀 더 모호한 영역의 문제가 되지 않을 수 없다.

로만 야콥슨이 MIT에서 정보공학을 하는 판트나 할레와 협동하여 음성으로서의 언어를, 기본이 되는 보편적인 최소 단위로까지 분해하려는 야심을 가지고, 음소에 대하여 그것을 구성하는 변별적 특징과 일정수의 이항대립적 조합으로서 재구성 하려고 했던 시도에서 나는 그 예를 본다. 한편으로는 음성상징성, 즉 소리가 직접 인간에 미치는 의미의 문제에, 다른 한편으로 평생 집착을 계속한 야콥슨은 극히 객관적이며 냉철한 수법에 의한 분석의 결과에 mellow(원숙성) 대 strident(마찰성)이라는 두드러지게 감정적 성향이 강한 성격 규정을 하고 있는 것이다.

언어에 의한 의미의 전달이 문화의 또다른 측면에서의 합의에 의해 형태상으로 묶어내는 역할을 하는 것도 일방통행적인 것이라고는 생각지 않는다. 언어는 지금까지 언어 이전의 문화의 합의나 공통성이 없었던 사람들 사이에도 새로운 합의나 공통성을 낳는—적어도 그 계기를 만드는—창조적인 역할도 수행할 수 있기 때문이다. 그런 의미에서 언어는 문화의 일부이기는 하지만 언어와 그 이외의 문화의 측면과의 관련은 일방적인 것이 아니라 상호적인 것이라고 생각한다.

나는 의미가 너무 잘 통하는 언어의 기능이 약해지는 과정을, 너무나 통하지 않는 언어 생활과의 대비를 통하여 체험을 한 것이었는데, 그 체험을 확대하면 내부적으로 너무나 잘 통하는 일본어에 안주하고 있는 일본인의 그 안주도에 반비례한 외국어에 의한 언어생활의 거북함과도 통하는 점이 있는 것은 아닐까 생각한다. 지금 일본어론에 깊이 파고들 여유는 없지만 자주 문제가 되는 하이쿠俳句7 따위의 형식에 의한 언어 전달을 생각해 보아도 그것을 언어 표현의 세련의 극치로 보는 것은 그것에 의해 서로 의미가 통할 수 있는 일본인의 입장에서 본 견해일 것이다(그런 의미에서라면 나도

7_ 5 · 7 · 5, 17음을 정형으로 하는 시. 원래 렌카의 홋구(첫 구)가 독립한 것; 역주

일본인의 입장에서 바쇼芭蕉[8]의 구나 현대 하이쿠 모두 높은 가치를 인정한다). 하지만 보다 일반적으로 시의 표현 형식면에서 보면 하이쿠는 일본의 가장 오래된 시형의 기록이 있는 8세기 이래 바뀌지 않는 휴박休拍도 포함하여 4박, 8박을 기본으로 한 음수율에 의한 시형(즉 두운, 각운처럼 언어음의 분절적 특징에 입각한 소리의 질의 반복으로 형식을 가다듬는 것이 아니라, 오로지 박자수라는 언어음의 양적 측면만으로 만들어지는 시형)의 최소의 파편과 같은 것이라고 할 수 있지 않을까? 이것으로도 충분히 깊은 의미를 맛볼 수 있다고 하는 것은 사반나의 한가운데에서의 아내와 둘이서 긴 일본어 생활을 하며 언어의 단편만으로도 충분히 의미도 정감도 서로 통할 수 있었던 나의 언어 체험과 공통되는 것을 포함하고 있을 것이다.

'모국어'에서의 탈출

나는 너무 잘 통하여 쇠퇴할 뻔 했던 언어에 의미 전달의 긴장감을 주어 활성화하는 한 방법으로 계통이 다른 언어를 이중적으로 사용해 보는 것이 유효하지 않을까 하고 생각하는 일이 있다. 아프리카 사회의 산만하다고 느껴질 만큼 활기찬 언어의 다중성 속에서

8_마쓰오 바쇼(松尾芭蕉 1644-1694) 에도 전기의 하이쿠 작가. 도도 요시타다(藤堂良忠)에게서 배워 그 감화로 하이카이(俳諧)를 배웠다. 요시타다의 사후, 교토에서 기타무라 키긴北村季吟에게 사사. 나중에 에도에 가서 하이단(俳壇) 내에서 지반을 형성, 후카가와(深川)의 바쇼암(芭蕉庵)에 옮겼을 무렵부터 독자적인 작품을 개척했다. 〈숲 속의 좁은 길(おくのほそ道)〉의 여행 체험에서 불변이라는 유행의 이념을 확립하고, 이후 그 실천을 '그윽함'에서 구하고 만년에는 하이카이 본래의 서민성으로 돌아간 '경묘함'에 달했다. 하이카이를 문예로서 높인 공은 크다. 후세에 대표작을 《하이카이 칠부집》에 수록했다. 주된 기행, 일기에 《비바람 기행》, 《등짐 속의 소문(小文)》, 《사라시나(更科)기행》, 《숲 속의 좁은 길(おくのほそ道)》, 《겐쥬안노키(幻住庵記)》, 《사가(嵯峨)일기》 등이 있다; 역주

살아보았기 때문에 단일 언어의 순수성 따위의 환상이 사라졌다는 사실도 바탕에 깔려 있겠지만, 영어나 프랑스어 등 구식민지 종주국의 언어로 굳이 작품을 쓰고 있는 아프리카인 작가의 표현력에 독특한 재미와 미래에의 활력을 느끼는 일이 많기 때문이다.

가령 나이지리아의 극작가이자 소설가이며 아프리카의 흑인 작가로는 처음으로 노벨 문학상을 수상한 월레 소잉카(Wole Soyinka)는 자기가 태어나 자란 집단 요르바의 말이 아니라, 영어로 글쓰기를 의도하여 표방하고 있다.

그가 들고 있는 이유의 첫 번째는 영어에 의해 보다 넓은 범위의 독자에게 메시지를 전할 수 있기 때문이라고 하는데 나는 일부러 영어로 자기 표현을 하는 데서 생겨나는 정신적 긴장과 언어 활동에의 각성감, 새로운 감각의 영어를 창출하는 것에의, 자극에 찬 앙양昂揚감 등도 있는 것은 아닐까 생각한다. 그의 독특하고 탄력 있는 그러면서도 지방색이 물씬 풍기는 문장의 감촉과 재미는 그와 같은 추측을 하게 하기에 충분하다.

최근에 일본에 온 파키스탄 출신으로 미국 예일대학에서 영문학을 가르치며, 영어로 작품을 발표하고 있는 사라 술레리(Sara Suleri)의 개성 강한 문체나 표현력에서도 같은 느낌을 받는다.[9] 17세기 크롬웰의 정복 이후, 영국의 통치하에 있었던 아일랜드에서 영어로 작품을 발표한 시인, 소설가, 극작가로 싱, 와일드, 예이츠, 조이스, 쇼 등, 뛰어난 재능을 가진 작가들이 많다는 사실에서도,

---

9_《고기(肉)가 없는 날》오오시마 가오리 역, 미스즈쇼보, 1992에서 알려진 사라 스레리의 일본 방문 강연 〈현대 문화비평과 포스트 콜로니얼 문학〉은 《세카이(世界)》1997, 6월호에 실려 있다.

일본어로 작품을 쓰는 쓰카 고헤이를 비롯한 한반도 출신 작가의 언어 표현의 활력에서도, 언어에 국한하지 않고 문화의 억압과 자기동일성의 다중성 속에서 억압자의 말로 굳이 자기 표현을 하는 것의, 적극적인 의의를 느끼게 된다.

나는 자기가 어려서부터 친숙하다고 생각하고 있는 언어를, 그 이외의 언어를 익히고 사용함으로써 이화異化하고 언어에 의한 자기표현에 역동적인 창조력을 한 사람 한 사람이 비록 작가가 아니더라도 일상의 언어 활동에 불어넣는 정보화, 지구화의 상황을 활용한 언어 양식이 앞으로의 언어가 될 것을 꿈꾼다. 원래 반발했을 터인 제도화된 한 국가 한 언어 순화 정책이나 다언어주의가 결국 언어의 강압화란 형태로 또 다른 제도화 등의 압력에 빠져들지 않고, '모국어'를 객관적인 눈으로 보는 데서 출발하는 그러한 한 사람 한 사람의 언어 창조의 노력, 아니 노력이라기보다 즐거움이 언어의 미래를 열어가는 것은 아닐까 생각한다.

어머니의 손맛과 함께 인간의 원초적인 애착을 형성한다고 간주하기 쉬운 '모국어(mother tongue, langue maternelle, etc.)'의 절대화가 환상이라는 것을 일깨워주는 하나의 참고로서 서아프리카 내륙에 예부터 형성된 교역도시 젠네에서의 언어조사 결과를 살펴보자. 이것은 내가 대표자가 되어 1986년부터 1994년까지의 8년간 조사대상국인 말리(Mali)의 연구자와 협력하여 행한 국제 공동연구의 일환으로 말리의 언어학자 발리 압둘라이가 젠네에서 행한 조사에 의한 것이다.[10]

10_ 〈말리의 다언어 상황에 관한 한 고찰 — 젠네의 사례〉 가와다 준조(川田順造) 편 《니제르강 대만곡부의 자연과 문화》 도쿄대학 출판회, 1997, pp.217-236.

젠네는 서아프리카 내륙의 사반나를 가로질러 흐르는 전체 길이 4000킬로미터 남짓의 니제르 강이 북 사하라 사막을 향하여 커다란 만곡을 이루며 뻗어 나온 강 가운데의 모래톱에 예부터 형성되어 온 교역 도시다. 이보다 조금 북쪽에는 사하라 사막을 남북으로 건너는 낙타의 대상隊商에 의한 북아프리카, 마그레브와의 장거리 교역을 하는 남부 종점의 도시가 있고, 남쪽에는 강의 배에 의한 수송이나 사반나에서의 당나귀를 이용한 장거리 수송으로 연결된 사반나와 삼림이 펼쳐져 있다. 젠네는 지중해 세계 아프리카와 사하라 이남에 있는 흑인 아프리카의 다른 생태계를 잇는 교역망의 중요한 중계지로서 사하라 횡단 교역의 남부 종점 교역 도시의 배후 도시라는 것 때문에 천 년 남짓한 세월에 걸쳐 번영해왔다. 그러므로 거기에는 당연히 다양한 습속이 존재하고 다양한 언어를 사용하는 목축민, 어민, 농경민, 상공민이 몰려들어 거래를 하고 교류를 하는 공간인데, 이러한 상황은 사하라 횡단 교역이나 니제르 강의 수상 운송이 여전히 중요한 현재도 기본적으로는 달라지지 않았다.

조사의 상세한 분석 중, 이 책의 논의에 직접 관련된 결과만을 간추려 서술하면, 우선 계통이 두드러지게 다른 다양한 언어가 혼입되어 쓰이고 있는 가운데 조사 대상이 된 어린이(12세에서 19세의 학교 학생 154명)가 다소나마 자각적으로 사회화를 하는 과정에서 습득하는 언어(제1 언어)에서 모친의 언어가 차지하는 비율은 겨우 5.1%이며, 부친의 언어를 제1언어로 하는 어린이(9%)나 양친의 어느 언어도 제1언어로 하지 않는 어린이의 비율(7.7%)보다도 비율이 낮은 것이다. 단지 양친이 같은 언어를 쓰는 경우, 그것을 제1언어로 하는 비율은 77.9%로 상당히 높다.

그런데 이번에는 그 제1언어가 어린이들끼리 실제로 상호 커뮤니케이션을 위해 쓰는 언어의 비율이 각 언어마다 집계했을 때 제1언어가 1위가 되는 예는 하나도 없다. 이것은 즉 실제의 사회적 언어활동에서는 상대와 상황에 따라 자신의 제1언어 이외의 언어로 말하는 어린이가 많다는 사실이다. 흥미로운 것은 조사대상이 된 모든 어린이가 이 지방에서 가장 우세한 언어인 밤바라어를 씀에도 불구하고 그것을 제1언어로 하는 사람은 33.1%에 지나지 않고, 밤바라어를 제1언어로 하는 어린이도 밤바라어보다도 그 이외의 언어를 쓰는 비율이 높다는 사실이다.

사회 생활 여러 국면의 언어 사용에 있어서 어른을 대상으로 한 언어의 유통도에 차이가 있으며, 어느 경우나 화자의 제1언어가 반드시 그곳에서 쓰이는 주요 언어가 아니라는 것이 지적되고 있다.

거기에서는 사회적으로 우세한 언어가 제도화된 국어로 다른 언어의 화자에 강요되지 않는 다언어주의이며, 또한 복수의 언어가 마이너리티를 만들어내는 형태로 제도화되는 일도 없다. 이 아프리카 고래의 교역 도시에는 참으로 유연하고, 자유로우며, 마이너리티에 의한 자기 주장이나 강요가 없는 언어 상황이 존재한다. 그리고 말리 공화국이라는 국가 전체의 공용어는 구식민지 종주국의 언어인 프랑스어로 학교에서는 프랑스어를 써서 교육이 이루어지고 있다.

언어의 '삼각측량'을 목표로

너무 잘 통하거나 너무 순화되거나 하여 기능이 쇠퇴한 언어를 활성화하는 데 다른 언어의 사용이 유효하다고는 하여도 현대의 일본어처럼 가타카나의 외래어가 명사만이 아니라 형용사나 동사에까지 무절제하게 도입되는 것은 다른 의미에서의 쇠퇴처럼 생각된다. 앞에서 이야기한 것은 이異언어에 의한 자기 표현을 통한 언어행위 자체를 다시 단련하는 것이며, 그러기 위해서는 영어나 프랑스어 등 현 상태에서 통용 범위가 넓고, 학습하는 데에도 편리한 이異언어를 본격적으로 습득하여 그것으로 자기 표현을 하는 훈련이 필요하다고 생각한다.

그러나 일본의 메이지明治 이후 외국어 학습은 구미에서 배우거나 현재에 이르기까지 구미 중심의 '국제' 사회에서 사용하는 것을 제1의 목적으로 했는데, 그것도 나름의 이유는 있는 것이었다. 그런데 현대 이후 세계화가 진행되는 세계에서는 진작부터 내가 '문화의 삼각측량'으로서 제창해온 것처럼, 언어에 대해서도 '동', '서'에 '남'을 더한 시야가 필요하다고 생각한다. 대학에서 구미가 아닌 다른 나라 언어의 교육도 좀 더 해야 한다.

그리고 가능하면 원래 문자가 없는 언어를 그 언어의 당면 실용 가치는 불문하고, 그 언어의 화자를 교사로 불러 대학보다는 융통성이 있는 시민 강좌나 TV의 외국어 강좌에서 그 말로 어느 정도 자기 표현을 할 수 있을 때까지 희망자가 학습할 수 있게 되면 얼마나 멋질까? 이러한 언어의 학습을 통하여 일본을 포함한 동아시아나 구미나 아랍권의 문자언어를 객관적으로 재고再考하고 세계에서 아직 널리 쓰이고는 있으나 문자가 없는 마이너리티 언어를 알아간다는 것은 커다란 의미가 있을 것이다. 지금까지 서술한 것처럼 그러한 언어에서 우리가 배울 점은 극히 많다. 이와 같이 하여 조금씩이라도 진행되는 역학관계에 입각한 언어의 일방적 학습이 아닌 상호이해야말로 '다언어주의'에 대하여 정말로 깊이 생각하는 전제가 되는 것은 아닐까?

5

음성언어 커뮤니케이션의 위상

문자와 음성언어

문자를 포함하는 도상圖像표상과 음성언어를 대응시켜보면 거기에는 의미를 갖지 않은 음성의 단위에 문자가 대응하는 광의의 표음성表音性에서 표어성表語性, 표구성表句性 등을 거쳐 구句의 집합으로서의 절節이나 장章과의 대응에 이르기까지의 여러 층위를 논리적으로는 인정할 수 있다. 그런데 그것은 어디까지 '논리적으로는' 이지, 실제로 그 층위들은 연속되고 중복되어 있다. 음성상징성을 고려한다면 표음성이 가장 두드러진 알파벳에서조차 어떤 문자가 나타내고 있는 소리 자체에 '의미' 가 진혀 없다고 잘라 말할 수는 없고,[1] 표음적으로 쓰이는 많은 한자나 한자의 '방旁' (한자의 오른쪽에 붙는 부분, 역주)에도 이미 의미가 들어 있다. 가나와 같은 음절문자

---

1 음성상징성에 대해서는 많은 연구가 있는데 그것들을 모두 아우른 시론(試論)으로 가와다(川田)(1985)가 있다.

도 단음절어가 많은 일본어에서는 거의 모든 음절에 용이하게 의미
가 결합된다. 일부의 한자처럼 도상圖像으로서의 표의성이 표음성과
중복되는 것도 있고, 표어성이 보다 뚜렷한 도상圖像으로 고대 이집
트의 성각聖刻문자나 남부의 그림 달력의 어떤 도상圖像(짐을 지고 가는
남자의 그림이 '짐 탈취', 따라서 '장마철에 접어듦' 이라는 의미를 가진 어음
의 연속과 대응하는 등)이 있으며, 서아프리카의 아칸 제족의 분동分銅
소상처럼 속담과 결부된 표구적表句的 도상圖像,**2** 구의 집합으로서의
일정한 음성언어의 이야기 문구에 대응하는 '그림해독' 의 도상圖像**3**
도 있다. 음성언어와의 대응이 아니라 '의미' 와의 대응을 문제로
한다면, 이른바 표지標識에서 아이콘, 회마繪馬(절(寺)이나 신사(神社)에
봉납하는 말(馬)을 그린 그림 액자, 역주)를 비롯한 도상圖像해석학적 해독
이 가능한 도상圖像 일반에까지 대상이 확대된다는 것은 논할 필요
조차 없다.

　　이와 같이 보아가면 음성언어와의 관계에 있어서조차 문자라
는 것은 도상圖像의 일부로 상대화하여 규정되는 것인데, 음성언어
자체도 비언어음과의 관계에서 상대화되어야 할 것이다. 언어음은
분절적 측면, 즉 모음, 자음의 연속인 측면과 초분절적(운율적) 측면,
즉 음의 고저, 강약, 장단이 낳는 특징을 갖는 측면의 두 측면에서
이해할 수 있다. 언어음의 분절적 특징은 약속에 의해 즉 무계적無契
的으로(혹은 자의적으로), 개념화된 의미를 지적인 레벨에서 전달하는

2_ Niangoran Bouah(1972)는 그 연구의 집대성이라고도 할 수 있는 것인데 새로 자료
를 보완하여 칼라 사진을 덧붙인 3권이 현재 간행중이다.

3_ 최근 급속하게 성행하고 있는 그림 해독 연구의 선구적 업적으로서 가와구치(川口)
(1981), 하야시(林)(1982, 1984) 등을 들 수 있다.

데 적합하며, 초분절적(운율적) 특징은 소위 음조언어에서 약속에 의해 개념화된 의미를 변별하는 작용을 하는 것 이외에는 보다 유계적有契的으로(물론 문화적 약속에 입각한 부분은 크지만), 주로 정서적인 레벨에서 음성에 의한 전달을 한다고 볼 수 있다. 음성언어에 의한 커뮤니케이션 중, 분절적 측면이 비교적 큰 비중을 차지하는 영역을 '이야기'라고 한다면 '낭송'이나 '낭독'의 영역에서는 보다 초분절적(운율적) 측면이 비중을 높여 '우타이謠'(일본 고유의 가면 음악극인 노가쿠能樂의 가사, 역주)에 포함되어 있는 가사를 소거하면 서양 음악의 허밍 창법이나 랄랄라 창법으로 '노래하는' 것 같은 분절적 측면을 완전히 결여한 음성 메시지가 되어 버린다.

그 이외에도 흑인 아프리카를 비롯하여 세계의 몇몇 지역에서 행해져 온 피리(손피리도 포함)나 북, 공 등의 소리로 음성언어 발화의 초분절적 특징을 양식화하여 재생하고 단순한 신호가 아니라 언어 메시지를 전하는 '피리언어', '북소리언어' 등의 악기 언어는 초분절성만의 소리 커뮤니케이션이라 할 수 있고, 언어 메시지를 바탕으로 하고 있지 않은 음구(소위 악기나 소리를 내는 작업구 등)에 의한 소리 커뮤니케이션도 그 옆에 자리매김할 수 있을 것이다. 그러므로 원래 가사를 가지고 있는 노래의 허밍 창법과 악기 언어라는 음성과 악기에 의한 음악은 연속된 관계이며, 소리의 분절성과 초분절성의 중복 또는 분화로 볼 수 있다. 이와 같은 관점에서는 언어와 음악은 명확한 경계에 의하여 분리된 이질적인 영역이 아니라 연속된 전체로서 '인공음에 의한 전달의 세계' 속에서 서로 중복된 부분을 가진 '언어적 영역'과 '음악적 영역'으로 식별되어야 할 것이라고 생각한다.

전달의 신체성과 장場

역방향으로 진행하여 음성언어 메시지에서 초분절적 측면을 숨소리와 음성을 완전히 제거한 극한 지점에는 공간에 고정된 언어 기호로서의 문자가 놓일 것이다. 그 때 음성언어의 분절성과 초분절성의 양극인 문자와 악기(악기언어도 포함하여)가 그 어느 것이나 손의 움직임이라는 신체의 운동에 의해 실현된다는 점에서 공통된다는 사실에 주목해야 한다. 문자는 공간에 고정된 도형이기는 하지만 손의 움직임에 의해 그려지는 것이며, 우리가 한자를 잊어버렸을 때 손가락 끝으로 손바닥에 써보아 생각해 내듯이 필순이라는 신체의 운동 기억에 뒷받침된 이른바 통시성을 내포한 공시태 기호인 것이다. 우리가 다수의 한자를 쓸 수 있는 것은 세로 몇 획, 가로 몇 획이라는 도형 인식의 기억에 의해서가 아니라 반복하여 쓴다고 하는 손의 운동 기억에 의한 점이 크다.

다른 한편 문자와 반대의 극에 있는 아프리카의 무문자 사회에서 빈번히 쓰이는 북소리언어에서도 왕조의 계보 낭송처럼 장대한 언어 메시지를 양손으로 치는 북소리를 가지고 '이야기를 하는' 경우에는 악사의 집에서 태어나 어려서부터 배우고 익혀 이른바 신체에 '내장되' 게 된 손의 운동연쇄가 메시지의 정형화, 전승의 안정화라는 차원에서 대단한 역할을 하고 있다. 그리고 어느 정도 스스로 타법을 배우면 다른 사람이 치는 북소리언어를 듣고도 여러 소리의 연쇄를 어떤 통합된 구句나 하나의 연쇄로서 파악하기가 쉬워진다. 흘림체 글자를 쓸 줄 아는 사람은 다른 사람이 흘려서 쓴 글자도 쉽게 읽을 수 있어, 비록 점이나 선이 빠져도 읽어내는 것도 운동 기억과 패턴 인식의 관계라는 차원에서는 비슷하다. 단지 문자인식의 경우는 공시적인 패턴 속에 필순이라는 시간성이 개입하여 인식을 용이하게 하는 데 비하여 북소리언어의 경우는 시간 속에 전개되는 소리가 공시적 패턴으로 파악되기 쉽다고 하는, 방향의 차이만이 있다고 할 수 있다.

　　그런데 음성언어의 분절적 측면은 메시지가 문자화되어도 즉 음성언어에서 숨과 음성이 제거되어도 전달의 기능을 할 수 있고, 오히려 개념화된 지적인 커뮤니케이션이라는 의미에서는 문자화되어 있는 쪽이, 수신자는 문자를 냉정하게 종종 다른 수신자와 격리된 고독한 상황에서 필요하다면 도중에서 읽는 행위를 일단 멈추고 다시 생각하거나 반복하여 읽거나 하여 보다 주체적이고 의지적으로 메시지를 파악할 수 있다. 그에 비하여 초분절적 측면은 메시지가 미리 정해져 있는 경우에는 음조언어에서 소리의 고저를 나타내는 부호, 일본어의 강세 부호, 쇼묘聲明[4] 따위의 'utaimono(謠物)'(말에 가락을 붙여 노래하는 것의 총칭; 역주)의 'husihakase(節博士)'[5]나 서양의 오선 악보 등의 기보법記譜法에 의해 어떤 범위에서 시각화하여 고정할 수도 있는데, 그러한 경우도 최종적으로는 음성에 의해서밖에 전달이 되지 않는다. 그리고 수신자는 원칙적으로 자신의 의지로 수신을 멈추지 못한 채 시간의 흐름에 따라 수동적으로 메시지를 수신한다. 분절적 측면은 문자화된 경우에는 시각에 의해 파악

---

4 일본에서 법회 때 승려에 의해 주창되는 성악. 산스크리트어 음사(音寫)나 한문 외에 와산(和讚) 등 일본어의 것도 있다. 헤이안平安 시대에 발달하여 이후 각 종파에서 만들어져 음악이나 이야기 낭송에 커다란 영향을 끼쳤다; 역주

5 쇼묘나 아악의 성악곡에 대한 기보법으로 선율을 나타내는 기호. 가사의 각 문자 좌측에 표시하여 절선·곡선에 의해 선율의 움직임을 나타낸다. 넓은 의미로는 요교쿠(謠曲) 등의 고마텐(胡麻点)(문자의 우측)도 포함하여 말한다; 역주

되는데, 초분절적 측면은 청각을 통하여 받아들인다.

그런데 말할 것도 없이 두 개의 전달 방식은 미디어의 성질에 의해 변화한다. 전자의 문자에 의한 전달이 가지는 개별 참조성, 각자가 자신에게 적합한 곳에 문자 메시지를 가지고 가서 고독하게 수신할 수 있다는 특징은 가령 중국의 문화대혁명기의 대자보와 같은 문자 커뮤니케이션에서는 다른 양상을 띠게 된다. 후자의 소리의 수신자에서 수동성, 비정지성, 수신의 일회성, 특수한 경우 이외의 수신의 집합성도 녹음이라는 기술과 테이프레코더, 헤드폰 등의 발달에 의해 음성메시지의 개별 참조, 반복 참조를 가능하게 하여, 전달 상황을 문자 커뮤니케이션에 가까운 것으로 바꾸어 버렸다. 식자율이 낮았던 사회에서 커다란 기능을 해온 '요미우리読売 신문'의 광고 전단, 독일의 '지면 광고 전단'(Flugschriften), 프랑스의 '행상行商문학'(literature de colportage), 영국의 'chapbook'(이야기 · 가요 따위의 가두 판매되는 싸구려 책; 역주), 브라질 동북부에 지금도 남아있는 '끈 문학'(literatura de cordel)[6] 등은 문자 커뮤니케이션과 음성 커뮤니케이션의 접점을 이루고 있다고 할 수 있다.

신로그(협화)에서 모놀로그(혼잣말)까지

메시지의 발신, 수신의 관계에서 보면 음성언어 전달에는 다음 네 차원을 구별할 수 있을 것이다.

6_ 민중시인의 시작(詩作)은 구술에 의해 소개되는 한편, 소책자로 인쇄되어 판매된다. 이 소책자를 '포레드'라고 한다. 일반적으로는 신문지에 인쇄되어 있고, 페이지 수는 4의 배수. 내용이 뉴스의 경우는 페이지수가 적고, 가공의 이야기의 경우는 16페이지에서 64페이지까지 있다. 표지나 일러스트는 작자 자신이 그린 목판화가 쓰이는 일이 많다. 이들 소책자에 의한 문학을 총칭하여 리테라투라 데 코르델(끈 문학)이라고 한다; 역주

그림 1

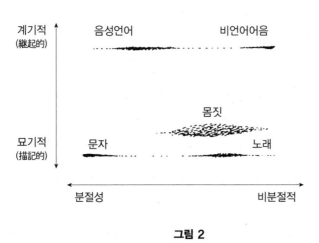

그림 2

(ㄱ) 신로그 (협화). 내가 만든 조어로 영어의 철자법으로 말하면 syllogue라고 쓰고 '실로그'라고 발음해야 하는데, '협', '총합'의 의미를 가나 표기로도 분명하게 하기 위하여 굳이 syn-이라는 형태로 접두어를 남겼다. 이야기의 공동체로서의 '좌座'에서의 이야기처럼 세 사람 이상의 발화자가 협동하여 언설을 엮어가는 것이다. '좌座'에서의 청자는 동시에 화자이기도 하며, 다른 사람의 이야기에 맞장구를 치거나 끼어들어 야유를 하거나, 고쳐주며 때로는 도중에서 이야기를 떠맡기도 하며, 언설을 만드는 데 참가한다. 서

아프리카의 밤에 한자리에 모여 나누는 옛날 이야기의 방식에는 지금도 이런 식의 전달 관계가 살아있는데, 지금은 더 이상 볼 수 없는 일본을 비롯한 세계 각지의 이야기 공동체에도 옛날에는 비슷한 방식이 널리 있었음에 틀림없다.

(ㄴ) 폴리로그 (복화). 둘 이상의 사람이 같은 장소를 공유하면서, 항상 명확한 메시지 수수授受의 의도를 갖지는 않고, 각자 발화를 하는 것이다. 따로따로 발화하여도 서로 듣는 일도 없이 질문을 받거나 가끔 그것들이 섞여 다른 사람으로부터 반응이 있거나, 그것을 듣고 모두가 웃거나, 두 사람의 대화가 되는 일도 있다. 가족 등 친한 사람이 모여 있는 곳에서의 끝도 없는 발화, 야간 작업의 수작업을 하고 있는 사람이나 같은 차에 장시간 타고 있는 사람 사이에도 이런 종류의 전달은 생길 수 있다.

(ㄷ) 다이얼로그 (대화). 두 사람(세 사람 이상이 장소를 공유하고 있어도 그 중의 두 사람)이 상호에 메시지를 주고받는 경우를 말한다.

(ㄹ) 모놀로그 (독화). 다음에 말하는 전달 방향으로는 자기회귀적 전달(밤에 길을 걸으면서 혼자 부르는 노래, 실 잣는 노래, 방아 찧는 노래 등 고독한 작업이나 공동 작업의 장에서 부르는 노래 등)이거나 비상호 전달이 포함된다. '좌座'에서의 발화도 언설이 정형화되고 특히 운율성을 강하게 띠거나 반주 악기의 'ainote(반주)' 7가 말의 '맞장구'를 필요로 하지 않는 상황에서는 발화는 모놀로그가 되기 쉽다. 신로그의 옛날이야기에서도 그 속에 등장인물이 부르는 노래 등, 운

7_ (1) 일본 음악에서 노래와 노래 사이에 반주악기만으로 연주되는 부분이다. (2) 노래나 춤의 박자에 맞추어 넣는 추임새나 손 박자를 말한다; 역주

율적 정형성이 큰 부분에서 발화는 일시적으로 모놀로그가 되는 일이 많다.

다음으로 전달 방향에서 보면

(a) 자기회귀적 전달. 앞에서 말한 발신자 자신에게 메시지가 돌아오는 것 같은 전달

(b) 상호전달. 다이알로그에 가장 명료한 형태로 발견되는 것 같은, 메시지가 서로 수수되는 전달.

(c) 비상호 전달. 기본적으로 모놀로그인데 그 속에 '자리'(앞에서 말한 공동체와 같은, 수신자가 발신자도 될 수 있는 것 같은 보통 음량의 육성이 편하게 전해지는 정도의 커뮤니케이션의 장)이나 '회중'(어떤 목적을 위해 장소를 공유하는, 전자보다 규모가 큰 장으로 일반적으로 수신자는 되지 않는다)에 대한 비상호적 전달과 불특정 다수의 수신자를 향하여 육성 또는 뭔가의 매체를 써서 발성되는 확산전달(broadcasting)을 구별할 수 있을 것이다.

문자에 의한 전달과의 대비

이상에서 말한 것 같은 관점을 합쳐 음성언어에 의한 전달(이하 S로 약기)과 문자에 의한 전달(이하 W로 약기)을 그림2에 제시한 것 같은 제 요소를 고려하면서 대비시켜 보면 다음과 같은 점을 지적할 수 있다.

(1) S에서는 음성언어의 초분절성이 발신자의 숨, 음성으로서 살아있기 때문에 전달에서 정서성, 소리상징성(특히 의음어, 가와다의 용어로는 표음어), 넓은 의미에서의 음악성이 크다. 발신은 필연적으로 계기적繼起的이며, 수신자에게는 그것을 일반적으로 수동적으로

도달하게 된다. 이에 대하여 W에서는 언어가 개념화된 의미 작용의 전달에서의 역할이 크다. 그러나 문자의 도상圖像으로서의 시각적 상징성도 전달에서 힘을 갖는다. 발신은 묘기描記적이며, 수신자는 그것을 보통 능동적으로 시간성을 무시하고 읽어낸다.

(2) S에서는 메시지는 반복함으로써밖에 전승되지 않는데, 동시에 그 반복 전승에 의해 의도적, 무의도적인 변화가 생긴다고 하는 고정과 변화의 두 측면을 동시에 포함하고 있다. 거기에서 예를 들면 구두 전승의 역사 자료로서의 신빙성 문제도 발생한다. 구두로 전승되는 메시지에는 일종의 역사 전승처럼 일언반구 틀리지 않고 반복해야 하는 것도 있는데, 역으로 옛날이야기와 같이 어떤 틀로서의 동일성을 유지하는 범위 내에서 반복되면서, 동시에 매회의 퍼포먼스에서 오히려 화자가 만들어내는 변화가 기대되는 것도 있다. 그리고 또 S에서는 일반적으로 운율, 리프레인, 동일 테마의 반복 등, 여러 차원에서의 반복이 형식상으로도 중요하며, 그것이 청각적으로 즐길 수 있다는 면도 가지고 있다.

(3) S에서 특히 신로그와 다이알로그에서 메시지 형성이 커뮤니케이션의 장에 의존하는 정도가 크다. 이에 비해 W에서는 메시지를 문자로 표기하는 행위는 기본적으로 모놀로그이며, 표기하는 과정에서 자기회귀적 전달의 성격이 포함되어 있음과 동시에 수신 대상이 정해지지 않은 확산 전달이 될 가능성이 있다(비록 자기회귀적 전달의 모놀로그인 일기나 상호전달의 다이알로그의 일부로서의 사적 편지에서도 그것이 타인의 손에 넘어가거나 몰래 읽히거나 사후 공개됨으로써).

(4) 메시지의 고정성, 시간 공간에서의 원격전달성, 반복 참조 가능성이 W에서는 S보다 두드러지게 크다. 그러나 S여도 메시지

고정을 위한 훈련을 받은 이른바 이야기사 등 특정 발신자에 의한 확산 전달에서는 상당히 긴 음성언어 메시지의 고정전달성에 있어서 '텍스트'라 할 만한 것을 인정할 수 있다. 또 W와는 반대로 음성언어에서 분절성을 소거한 악기언어에 메시지를 이환移換하여 이것을 전승의 '정본'으로 함으로써 손의 운동기억에 입각한 언어전승의 안정화가 이루어진 경우(가와다가 조사한 서아프리카, 모시사회에서 북소리언어에 의한 왕조사의 전승 등)도 있어, S 중에서도 W에 가까운 층위에 놓이는 것도 있다.

단지 그 경우에 조차 S에서는 기정의 언어메시지에 대한 습득과 반복에 의해서만 시간적 원격전달성과 반복참조성(수신자가 다른 기회에 동일한 메시지를 반복하여 참조할 수 있다는 의미에서의)을 얻을 수 있음에 대하여 W에서는 개개 발신자의 자유로운 메시지가 고정되어 확산적으로 원격전달된다. 그리고 거기에 지식의 전승성과 반복성이 중요한 위치를 차지하는 사회와 개인적인 창의와 전승의 개편 메시지가 고정되어 확산, 원격전달되는 지식의 변화와 축적이 용이한 사회와의 차이도 생기는 것이 아닐까 생각된다.[8]

인용 문헌

하야시 마사히코林雅彦, 1982년 《일본의 그림풀이 — 자료와 연구》, 미야이쇼텐 三弥井書店.

---

[8]_ 또한 본고에서 말한 기본적인 견해에 대한 자료적인 증거에 대해서는 가와다 서는 가와다(1982)가 있다.

―, 1984년 〈그림풀이의 세계〉, 가와다 준조川田順造 · 도쿠마루 요시히코德丸
吉彦 편, 《구두전승의 비교연구 I》, 고분도弘文堂, 253-280.

가와구치 히사오川口久雄, 1981년 《그림풀이의 세계 — 돈황에서의 그림자》, 메
이지쇼인明治書院.

가와다 준조川田順造, 1982년 《사반나 소리의 세계》(레코드 앨범, LP 2매, 해설
서 첨부) 도시바東芝EMI. 동명의 카셋트북(증보개정의 해설서 첨부), 하
쿠스이샤白水社, 1988, 재개정판, 1998.

―, 1983년 〈구두전승론 1 음성 커뮤니케이션의 제상〉《사회사 연구》 일본 에
디터스쿨 출판부, 제2호, 1-133[《구두전승론》헤이본샤平凡社 라이브러
리, 2001].

―, 1984년 〈구두전승론 2 음성 커뮤니케이션의 제상〉《사회사 연구》 일본 에
디터스쿨 출판부, 제5호, 149-194[《구두전승론》헤이본샤平凡社 라이브
러리, 2001].

―, 1985년 《소리(聲)》치쿠마쇼보筑摩書房, 1988[치쿠마 가구케이ちくま学芸문
고, 1998].

Niangoran-Bouah, Georges 1972 "Les poids à pesser l'or dans la
civilisation akan", thèse pour le doctorat d'État prèsentèe à l'
Universitè de Paris X, ms. (1984 L'Univers akan des poids a
peser l'or, 2 vols., Abidjan, Les Nouvelles Éditions Africaines)

6

소리 영역에서의 자연과 문화

과제와 방법

이 장에서 나는 소리의 영역에서 자연과 문화가 어떻게 존재하는가 하는 문제를 검토하고 싶다. 그 때, 내가 이전부터 제창해온 문화 비교의 한 방법으로서의 '문화의 삼각 측량' 방법을 쓸 것이다.[1] 문화의 삼각측량이라는 것은 서로가 두드러지게 격리된 세 문화를 들어 그 하나를 문제로 삼을 때, 다른 둘을 참조점으로 하는 것이다. 땅에 대한 측량의 예를 들 것까지도 없이 일대일의 양자 상호비교보다는 두 참조점으로부터 다른 한 점을 집중 조명하는 것이 대상이 된 한 점을 보다 더 잘 상대화, 대상화할 수 있다. 그뿐 아니라 두드러지게 다른 두 참조점과의 대비가 보다 발견적인, 그러니까 그렇게 하지 않았더라면 드러나지 않은 채 보이지 않았던 것을 현재화顯在化시키는 힘을 갖는다고 생각하기 때문이다.

1_ '문화의 삼각측량' 에 대해서는 가와다(川田)(1992)에 개요를 서술하였다.

세 문화의 하나는 연구자 자신이 속하는 문화인 것이 바람직하며, 다른 하나는 연구자가 이문화로서 주된 연구 대상으로 하고 있는 문화, 그리고 다른 하나는 그러한 문화 연구의 개념이나 방법을 낳은 문화인 것이 바람직하다고 생각한다.

내 경우 이 장에서 조명한 세 문화는 일본, 모시, 프랑스의 문화이다. 일본 문화는 연구자인 내가 기본적인 감성이나 사고를 형성해준 문화이며 특히 언어 표현 면에서 일본어의 역할은 결정적이다. 두 번째의 모시 문화는 내가 일본 문화에서 되도록 떨어져 있다고 생각되는 문화로서 즉 이문화 중 주된 연구 대상으로 선택한 서아프리카 내륙의 한 문화이다. 다른 하나, 프랑스 문화는 인류학의 초보적인 공부를 일본의 대학에서 마친 후 배운 인류학의 이론이나 인류학이라는 관점을 낳은, 그러나 나에게는 이문화의 하나이다. 프랑스는 또 내가 주된 연구 대상으로 삼은 모시 사회를 비롯한 서아프리카 사회를 식민지로 지배하고 그들의 사회에 대한 인류학적 연구를 축적해왔다. 즉 프랑스 문화는 나에게 이문화의 하나인 아프리카의 한 문화를 대상으로 하여 연구하는 시점이나 방법과 개념에 대하여 많이 배운 이문화인 것이다.

그런데 동시에 프랑스 문화는 메이지明治 이후의 일본 문화에 인류학이나 아프리카 연구의 영역에 한하지 않고, 많은 영향을 주고 있다. 그런 의미에서 일본 문화를 대상으로 하는 경우에도 프랑스 문화는 참조점으로서 커다란 의미를 가지고 있다. 또 프랑스 문화에 영향을 받은 '근대' 일본을 대상화하는 데 프랑스 문화의 위치를 상대화하여 재는 데 있어 프랑스에 의해 식민지 지배를 받은, 그러나 프랑스와는 현저히 다른 모시 문화를 참조점으로 하는 것은 의미가 있을 것이다.[2] 게다가 또 일본 문화를 다른 문화를 참조점으로 하여 대상화하는 것은 연구자 자신의 주관을 상대화하여 자리매김하는 데 있어, 또 프랑스 문화를 다른 두 문화를 참조점으로 하여 대상화하는 것은 인류학이라는 시점을, 그것을 낳은 문화의 편향을 떠맡은 하나의 주관으로서 마찬가지로 상대화하여 자리매김하는 데 저마다 의미를 갖는다고 생각된다.

내가 선택한 세 문화는 결과적으로 이와 같은 관계를 갖는 문화인데 처음부터 방법론상의 전망을 가지고 고른 것이 아니고, 내 연구의 과정에서 그렇게 선택하게 되었다고 할 수 있다. 그런데 이 세 문화는 아시아, 유럽, 아프리카라는 인류문화사 상의 커다란 지역 구분에도 대응하고 상호 간에 현저히 다른 문화적 계보를 가졌을 뿐 아니라 19세기 말까지는 서로 밀접한 교섭과 영향 관계가 없었다는 점에서도 본고가 시도하는 문화의 비교, 즉 역사적 관계의 비교가 아니라 오히려 상호단절 속에서의 논리적인 비교에 적합하다고 할 수 있을 거라 생각한다.

이와 같은 시도를 함에 있어 문화를 보는 방식에 대해서도 언급해두고 싶다. 여기에서 '문화'는 확산과 경계를 가진 복합된 실체로서가 아니라 어떤 사회에 비교를 위해 의미가 있는 시대의 폭을 가지고 발견되는 일종의 지향성의 다발로서 파악되고 있다. 그

---

2 지금까지 일본에서 프랑스문화는 유럽중심의 '세계'사 콘텍스트에서 혹은 일본 근대와의 관계에서 생각되어 왔다. 그러나 서아프리카의 구 모시왕국처럼 19세기말에 프랑스의 군사침략에 의해 식민지화된 '또 하나의 비(非)서양'의 시점에서 프랑스를 보는 것도 메이지 이후의 일본에 있어 스승이었던 문화를 상대화하여 보다 잘 참된 세계사 속에 자리매김하는 데 의미가 있을 것이다. 이 점에 대한 나의 입장은 가와다(川田) 외(1995b)의 내가 발언하는 대목에서 서술하였다.

것은 어떤 비교를 하기 위한 연구자 쪽에서 행하는 추상이며 현실의 자료적 뒷받침이 있기는 하지만 세 문화의 대비 속에서 분석상의 극한 개념으로서의 성격이 있다.

문화를 담당하는 당사자가 보면 여기에서 비교의 대상으로 삼는 '문화'는 당사자에게 의식화될 수 있는 '규범'으로서 받아들여질 것이다. 규범 중 다소라도 제도화된 부분은 전파나 윤곽도 정할 수 있고, 제도화된 문화의 일부로서의 '사회'는 경계를 가진 실체로 정의할 수 있다. 이 책에서 지향성으로 문제가 되는 문화의 담당 단위가 되는 일본, 프랑스, 모시 등은 그런 의미에서의 '사회'이며, 문화의 일부인 정치, 행정 조직과도 깊은 관계를 가지고 있다.

자연과 문화

다음으로 자연과 대비한 문화의 개념에 대하여 말하고 싶다. 인간도 생물로서 자연의 일부이며, 다른 영장류나 조류, 어류나 곤충과도 연속되어 있다는 의미에서 그리고 인간이 만들어내는 문화도 생물의 한 種으로서의 행위라는 의미에서 자연의 일부이다. 이 사실은 구약성서의 〈창세기〉와 같은 입장, 즉 신이 자신과 닮게 인간을 창조하고, 다른 동식물은 인간에게 봉사하도록 만들어졌다는 세계관을 취하는 것이 아니라면, 지금까지 인간이 얻어 온 지견으로 보아 의심의 여지가 없다. 그러나 그와 같이 의심할 여지없는 사실로 보는 한, '자연'은 '문화'에 대하여 하나의 소여所與로 규정해야 한다.

그것에 대하여 '문화'는 인간의 여러 집단(일반적으로 앞에서 정의한 것 같은 의미에서의 '사회'라고 해도 좋다)에 의해 다른 지향성을 가지고 그 사회의 성원이 스스로를 소여로서의 '자연'과 차별화하여 만들어낸 것이다. 동시에 각 사회가 저마다 만들어내는 '자연'의 개념이 있다. 그것은 인류에게 공통된 '소여로서의 자연'이 아니라, 문화에 의해 문화로 대치된, 따라서 문화에 따라 다른 '문화로서의 자연'이라고도 해야 할 것이다.

예를 들어 일본 문화에서는 'sato(里, 마을)'이나 'ie/ya/ka(家, 집)'에 대하여 'yama(山, 산)'이나 'no/ya(野, 들)'이 대치되어, 'satoimo/yamaimo(里芋/山芋)', 'kachiku/yaju(家畜/野獣)', 'ieneko /yamaneko(家猫/山猫)' 등의 대립어가 있다. 분명한 짝은 이루고 있지 않아도 'yamaotoko(山男)', 'yamauba(山姥)', 'noiu,(野犬)' 'yajin(野人)' 등은 'sato(마을)'이나 'ie(집)'의 쪽, 즉 인간의 문화라는 차원에는 속하지 않는 의미가 할당되어 있다. 이것과 마찬가지로 라틴어의 domus(집)와 silva(숲)의 대립에서 유래하는 프랑스어의 domestique(가정의, 인간과 친숙한)와 sauvage(야생의, 촌스러운, 친숙치 않은, 붙임성이 없는)의 대립은 animal domestique(가축)와 animal sauvage(야수)와 같은 개념을 생성한다.

이와 같은 '인간이 만들어낸 조직'에 대한 '인간의 손이 닿지 않는, 혹은 인간의 힘이 미치지 않는 영역'이라는 대립은 상당히 많은 인류 사회에 있는 것으로 생각된다. 이것을 '문화'에 의해 '문화'로 대치된 것으로서의 '자연'과 바꾼다면 이 '자연'은 앞에서 말한 '문화로서의 자연'에 해당한다고 해도 될 것이다. 즉 이와 같이 '문화'와의 대립에서 '자연'을 생각한다고 하여도 그 '자연'은 '문화'에 따라 결코 동질이 아닌, 다양한 방법으로 개념화되어 있기 때문이다. 동시에 그와 같이 문화에 의해 창출된 자연, 즉 '문화

로서의 자연'을 낳은 '문화'도 세 문화에 대한 실례에서도 알 수 있
듯이 다 같지는 않다. 예를 들면 여기에 든 세 문화에 적용하여 보
아도 인간 = 문화의 예로서의 '집'은 상당히 공통성이 큰(그렇다고는
해도 집의 내실이 세 문화에서 상당히 다르다는 것은 말할 것도 없다)데, '자
연'은 '산'(일본), '숲'(프랑스), '황야'(모시)로 각 문화에 놓여 있는
환경에 따라 우선 기본적인 차이를 나타내고 있다. 또 모시의 '웨오
고'는 '이향異鄕'과 '다른 나라'도 포함하고 있다는 점에서 일본이
나 프랑스의 산이나 숲과도 일부가 겹치면서도 다른 개념이다.

이와 같은 '문화' 상호의 차이는 한 문화의 다른 측면에 따라
다른데, 이 책에서는 소리의 영역을 들어 세 문화를 비교한다. 이 때
팔각형으로 나타낸 그림에서 알 수 있듯이, 소리의 영역 내부 상호
에 관계하고 소리의 영역 이외의 것과의 관계 속에서 '소여로서의
자연'과 '문화에 의해 산출된 자연'이 어떠한 관계에 놓이는지를 세
문화의 각각에 대하여 화살표로 팔각형이 대응하는 변 사이를 연결
하여 세 문화 사이에서 비교해본 것이 그림 1, 2, 3이다.

이와 같은 형태로 문화를 비교하는 데에는 한층 다른 차원에
서의 자연과 문화의 관계가 개입된다. 그것은 이종 간(inter-
specific), 종내 간(intra-specific), 또는 문화 간(inter-cultural), 문화
내 간 (intra-cultural)의 세 차원에서 소리의 커뮤니케이션 중 소여
로서의 자연의 일부인 인류를 포함하는 생물에 공통되는 종의 하나
로서의 사람Homo sapiens(의 제諸 문화)에게 공통적인 것에서부터
문화내적, 즉 어떤 문화의 약속에 따라서 밖에 성립하지 않는 것까
지를 팔각형의 위 두 변을 제외한 소리의 영역 속에 (9)에서 (1)을
거쳐 (6)까지 연속적인 편차 속에 놓을 수 있다.

소리와 의미

이 세 삼각형을 순서에 따라 보자.

팔각형의 밑변에 언어음을 구성하는 (2)에서 (5)까지는 소리—여기에서는 인간의 음성—와 그것이 나타내는 의미와의 관계가 언어학자의 용어를 빌리면 '동기화되어' 있는지(즉 직접 관련을 갖는지), '자의적' 인지(약속에 의한 관계부여인지)의 정도에 따라 왼쪽에서 오른쪽으로 놓는다. 그 오른쪽 끝에 위치하는 (1)은 동물의 단말마의 외침, 극심한 고통의 부르짖음 등, 언어음과 비언어음의 중간에서 종을 달리하는 생물 간에서도 어느 정도 상통하는 것으로 언어학보다는 행동학(ethology)의 영역에서 다루어야 할 것이다. 이에 비하여 (2)에서 (5)까지는 언어음(즉 언어에서 의미를 나타내는 데 서로 구별되어 쓰이는 짝을 이루는 음성)이 쓰이고 있다. 그러나 (2)에서는 일본의 동요에서 'zuizuizukkorobasi'나 모시의 옛날이야기에서 괴이한 물고기가 부르는 노래 'firika lieng lieng' 등처럼,**3** 의미를 나타내는 것이 아니라, 음성 그 자체가 직접 듣는 사람에게 주는 이른바 음악적인 효과가 문제인 것이다. 이것은 언어 문화에 의한 차이를 상당 정도 뛰어넘어 서로 다른 언어 문화 간에서 통하는 음성의 영역이라 할 수 있을 것이다.

(3)과 (4)는 구래의 일본어 용어에서의 의성(음)어(3), 의태(용)어(4)에 해당한다. 내가 구래의 용어를 쓰지 않고 (3), (4)를 각각 표음어, 표용어라고 하고 둘을 합친 언어음Ⅱ를 '상징어'라는 새로운

3_ 이 물고기의 노래를 라이브로 녹음한 것은 가와다(川田)(1998[1982, 1988] 테이프IA, 밴드1(11))에 수록되어 있다.

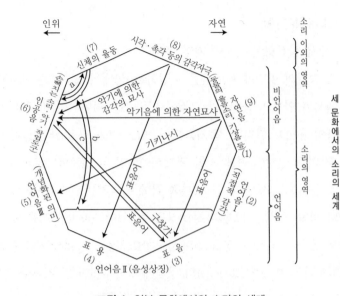

그림 1 일본 문화에서의 소리의 세계

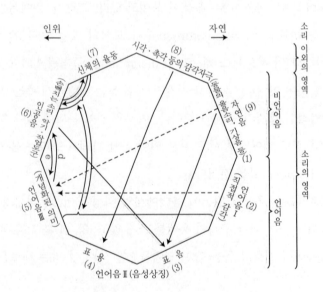

그림 2 모시 문화에서의 소리의 세계

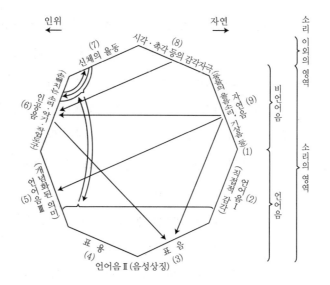

그림 3 프랑스 문화에서의 소리의 세계

종간적 inter-specific
종내적 = 문화간적 intra-specific = inter-cultural
문화내적 intra-cultural

(1) 생물체로서의 감각의 소리에 의한 직접적 표출

- a   노동 · 춤의 악기음에 의한 박자
- b   신체의 율동이나 악기음으로 유발되는 언어음
- c   노동 · 춤의 추임새 등에 의한 박자
- d   북소리 언어 · 피리언어 등의 악기언어(발신)
- e   악기언어(수신)

세 문화에서 소리의 비교

	ㄱ	ㄴ	ㄷ	ㄹ	ㅁ
	(8) → (4)	(9) → (5)	(5) → (6)	(3) → (6)	(9) → (6)
일본 문화(J)	+	+	−	+	+
모시 문화(M)	+	−	+	−	−
프랑스 문화(F)	−	+	−	−	+

JM/F ㄱ
MF/J ㄴ
JF/M ㄷ ㄹ ㅁ

용어로 묶어 (2)언어음 Ⅲ의 '음감어'나 (5)언어음 Ⅰ의 '개념어'를 구별하는 것은 구래의 용어에서는 (3), (4)를 합한 상위개념을 가리키는 말이 없어 (1), (2), (5)도 포함한 음성언어 전체 속에 이 두 종류의 것을 놓고 생각하기가 어렵기 때문이다. 기묘한 것은 (4)의 표용어가 극히 적고 그것을 가리키는 용어도 일정하지 않은 영, 불어에서 상위개념의 상징을 가리키는 ideophone(영), ideophone(불)은 언어학자 사이에서는 정착되어 있다.

상징어, 즉 이 표 (3), (4)의 언어음 Ⅱ에 해당하는 단어의 특징은 언어음의 소리상징성에 의해 비언어음을 나타내거나((3)표음어), 청각 이외의 감각, 시각, 촉각, 미각 등의 인상을 나타내는((4)표용어) 점은 있다. 소리상징성이라는 것은 어떤 언어음이 가령 일본어의 'tora'(호랑이)처럼 문화의 자의적인 약속에서 개념화된 일정 인상에 연결하여 전달을 하는 것이 아니라, 일본어에서 'tonton'(똑똑) 문을 두드린다든가, 눈을 'ranran'(반짝반짝)하며 반짝일 때의 'to'와 'ra' 음에 상징적으로 깃들인 느낌(이것도 특히 'ranran'이라는 것은 문화의 약속에 의한 점이 큰데, 이것에 대하여는 뒤에서 서술하겠다)에서 전달을 하는 것 같은 소리의 성질을 말한다.

이에 비하여 이미 말한 (1)은 생물체로서의 내적 감각 그 자체의 음성에 의한 무의식적인 표출이며, (2)는 언어음 자체가 갖는 소리의 효과에 의한 전달이다. 또 (5)는 문화 내적인 약속에 의한 일정한 언어음과 그것이 나타내는 의미가 개념화된 것(소쉬르 언어학에서 말하는 'signifié')을 매개로 하여 전해지는 언어의 영역이다. 즉 소리(여기에서는 음성)와 그것을 나타내는 의미와의 관계가 그림의 팔각형의 오른쪽으로 갈 정도로 무매개적으로 동기화되어, 바꾸어 말하면 '소여로서의 자연'인 생물체로서의 인간 음성의 성격이 강하고, 왼쪽으로 갈수록 자의적, 즉 문화에 의한 약속에 있다고 할 수 있다. 단지 여기에 마련된 (1)에서 (5)까지의 차이가 연속적이며, 그것도 다른 '변'에 속하는 것에서의 영향에 의해 이차적으로 형성되는 부분도 있다고 생각해야 한다.

외침에서의 음성상징으로

(1)~(5)까지의 영역 사이의 차이와 연속성을 예로 들면서 보자.

(1)의 생물체로서의 음성 중, 종 또는 개체로서의 존속이 위기에 처하여 있는 상태에서 발화될수록 종種 간에 즉 종이 다른 생물 사이에서도 소리의 의미가 전해지기 쉽다고 할 수 있다.

생물에게 있어서도 가장 근원적인 가치로서 종 사이에 공통되는 것은 에고(ego)로서 개체 및 종(혹은 그것이 에고에게 있어서 직접 감지 가능한 범위에서의, 에고에 속하는 집단)의 한 순간이라도 긴 존속일 것이다. 그것이 위협받았을 때 발하는 개체로서의 극심한 고통의 울부짖음 및 집단에 대한 중대한 경고의 울부짖음은 그와 같은 생물적 근거에서 보아도 종간적種間的으로 이해되기 쉬운 것으로 볼 수 있다.

그것에 비하여 기쁨이나 만족, 일종의 고통이기는 하지만 정 감적인 '슬픔'에 수반되어 나오는 음성은 종에 의한 편차도 문화에 의한 약속도 보다 크므로 이종 간에 통하기 어려울 뿐 아니라 사람이라는 동종 내의 이문화 간에서도 기본적인 의미는 알아도 더 자세한 메시지는 전해지기 어려운 경우가 많다. 기다유義太夫의 후토자오太棹⁴ 샤미센으로 남자, 딸, 노파 등 여러 인물의 우는 소리를 켤 수 있는데, 우는 소리가 웃는 소리와 마찬가지로 그 문화 내에서 어떻게 약속되어 있는지를 안다.

(2)의 '음감어'는 문화 내적으로 선택된 언어음은 사용하여도 그 소리로서의 직접 효과가 중요하므로 메시지로서의 소리의 역할에서 말하면 음악에서 악기에 의한 전달에 가깝다고 할 수 있을 것이다. 그런데 쓰이고 있는 소리가 언어음, 즉 일본어라면 일본어라는 말로 언제나 이야기하고 듣는 소리인 이상, (3)에서 (5)까지의 언어 활동에서 문화 내적 약속 위에 생긴 의미의 결부에도 영향을 받을 거라는 것은 당연히 생각할 수 있다.

예를 들면 메이지 중기에 유행한 가와카미 오토지로川上音二郎[5]의 'oppekepe-busi'의 'oppekepe, oppekepe, oppekeppo-peppopo'라는 반복은 개념화된 의미도 없는 표음어, 표용어인데 뭔가를 나타내서가 아니라, 언어음 그 자체가 재미있다는 사실에만 의거하므로 음감어로 분류되어야 한다. 그러나 일본인이 이 연속된 언어음을 듣고 느끼는 엉뚱하면서도 뭔가를 야유하는 듯한 느낌은 이 언어음들이 (3), (4), (5)에서 비록 직접 의식되지는 않지만 일본어 관용 표현이 가지는 문화적 약속에 의존하고 있는 부분이 있다고 봐야 할 것이다. 그것은 음악에서 어떤 악기음의 조화가 주는 인상이 듣는 사람은 의식하지 못하지만, 다소라도 그 문화 내에 있는 소리의 세계에 의해 규정된다는 생각과 공통되는 부분이 있다.

또 1950년대 후반의 크레이지 캣의 대히트곡 'sūdara-busi'

4_ 기다유부시 외에 쓰가루 샤미센 등에 쓰인다; 역주

5_ 가와카미 오토지로(川上音二郎 1864-1911) 일본 메이지 시대의 배우. 신연극의 시조. 하카타 출생. 옷페페부시로 인기를 얻어 1890년 장대한 연극을 결성하여 상경, 가부키에 대하여 신연극을 일으켰다; 역주

의 'sui-sui-sūtara-ratta…' 라는 어감이 주는 효과도 'suisui' (쓱쓱) 헤엄을 친다, 혹은 처세를 한다는 표용어로 된 관용어나 'darake-ru'(게으름을 피우다), 'darari-to'(축 늘어져) 등의 표용어가 주는 무기력감, 될 대로 되라는 느낌, 그리고 이 노래에 걸맞게 한쪽 어깨를 축 늘어뜨리고 한쪽 무릎을 덜덜 떠는 몸짓이 나타내는 감각 등이 일본인 의식 속에 형성된 소리와 의미의 결합과도 무관하지는 않을 것이다. 전에 든 음감어의 예로 모시어의 'firika lieng lieng'을 보아도 언어음으로 이루어지는 모시어의 이 프레이즈를 모시인이 듣고서 받는 인상은 일본인이 받는 인상과는 다를 것이며, 'oppekepe'나 'sui-sui-sūtara-ratta'를 모시인이 들으면 음감어니까 언어의 차이를 초월한 어떤 흥미는 느끼겠지만 일본인이 받는 인상과 반드시 같지는 않을 것임에는 틀림없다.

(3)의 표음어(협의의 오노마토페)는 동물의 울음소리, 종이나 북, 악기소리, 비바람을 비롯한 기상음 등, 비언어음이 주는 인상을 언어음의 음성상징성을 통해 나타내므로 소리로 소리를 나타낸다는 점에서 문화내적 약속, 즉 언어학자가 말하는 '자의성'에 의거하지 않고 전달이 성립하는, 즉 언어학자가 말하는 '동기화'의 정도가 소리가 아닌 것을 언어음으로 나타내는 (3)표음어의 경우보다 일반적으로 크다고 할 수 있을 것이다. 물론 동일한 비언어음에 대응하는 표음어도 문화에 따라 다른 경우가 많은데(가령 여기에서 든 세 문화에서 고양이 울음소리의 일반적 표음어는 일본 'nya', 모시 'nyao'(yão[~는 비음화 기호]), 프랑스 'miaou', 염소의 울음소리에 대해서는 일본과 프랑스가 '메에'인데 모시는 '베에'(bëë[ë]는 [e]의 개모음) 등), 이들 표음어가 사용되는 맥락 속에서 실제로 발음되면 그것이 나타내는 소

리가 무엇인가는 거의 틀림없이 듣는 사람에게 전달될 것이다.**6**

　　그에 비하여 (4)의 표용어는 소리가 아닌 것을 언어음의 음성 상징성으로 나타내는 것이므로 문화 내적인 약속이 하는 역할이 극히 크고, 비록 적절한 맥락 속에서 발음되어도 언어 문화가 상당히 근접하지 않는 한, 이문화 간에서는 통하지 않는 것이 오히려 보통이 아닐까? 예를 들면 일본어의 'nikoniko warau' (방글방글 웃다, 즐거운 웃음을 얼굴에 나타내는 모양)라든가 'nohohon-to site iru' (아무것도 하지 않고 태평스럽게 있다, 무관심한 모양) 등의 표용어를 프랑스어나 모시어에 삽입하여 말해봐도 이들의 표용어의 뉘앙스가 전혀 전해지지 않는다. 이들 표용어가 나타내는 것을 (5)의 개념화된 말로 설명한 후에도 왜 그것이 일본어에서는 'nikoniko'라든가 'nohohon'이라는 언어음으로 나타나는가가 다른 언어 문화권 사람에게는 이해가 안 갈 것이다.

음성상징의 보편성과 특수성

　　'nikoniko'가 웃는 모양의 형용으로서 왜 어떤 일정한 인상을 일본인에게 환기하는 것일까? 유의어인 'nikori' (빙긋이), 'ninmari' (방긋, 생긋, 잘됐다는 기쁨이 자기도 모르게 얼굴에 나타난 웃는 모양), 'nitanita' (히죽히죽, 기분 나쁘게 웃는 모양) 등도 함께 'niyat-to suru' (기분 나쁘게 웃는 모양, 혼자서 싱글벙글 웃고 있는 모양)라는 표

---

6 개, 고양이, 말, 소의 울음소리를 나타내는 일본어, 영어, 중국어의 표음어를 음향적으로 분석하여, 각각에 존재하는 같음과 다름을 검토한 연구(가토 외[1987])는 이러한 문제를 생각할 때 구체적인 단서를 제공해주어 귀중하다. 금후 이런 류의 실증인 데이터가 축적되었으면 한다.

현에서 'niyat'으로 발음할 때의 입 모양과의 관련도 포함하여 'ni'
나 'ko'(접미어적 'ni'는 제외하고라도)가 일본어 속에서 가지는 음성
상징성을 널리 검색할 필요가 있을 것이다.

　'nohohon'에 대해서도 'nombiri'(유유히, 태평스럽게, 여유 있
게, 한가로이, 몸과 마음을 편히 쉬는 모양), 'noroma'(동작이 느림, 또 그런
사람), 'norakura'(게을리 높, 또 그런 사람), 'nossori'(동작이 느린 모
양), 'notari'(파도 등이) 천천히 출렁거리는 모양), 'hokahoka'(따끈따
끈, 기분 좋을 정도로 따뜻한 모양), 'hoyahoya'(따끈따끈하고 말랑말랑하
거나 김이 무럭무럭 나는 모양), 'honoka'(희미한. 몽롱한, 잘 보이지 않는
모양. 어둠침침한 모양), 'hokuhoku'(모락모락, 따끈따끈하고 맛이 있어
뵈는 모양), 'honobono'(어렴풋이, 희미하게), 'honroni'(어슴푸레, 어렴
풋이, 아련하게) 등등의 표용어, 개념어를 포함하는 일본어의 관용에
의해 익숙해진 'no'나 'ho'의 음성상징이 'nohohon'이라는 표용
어를 나타내는 것과 공통의 기반을 이루고 있다는 것은 의심의 여
지가 없다. 거기에는 다른 기회에 논했듯이,[7] [n][h] 음이 갖는 음성
상징성의 보다 넓은 통通문화적(종내적種內的)인 배경도 고려해야 할
지도 모른다. 그런데 어떤 언어음과 그것이 나타내는 음성상징성의
관계를 생각하는 데 있어 로만 야콥슨이 목표로 한 것처럼 통언어
적, 통문화적으로 보편적인 법칙성을 일거에 추구하는 것은 너무
성급한 것이 아닐까 생각한다. 소리 자체가 갖는 어떤 보편성과 함
께 각 언어 문화 속에서 이차적으로 형성되는 역할도 중시해야 할
것이다. 각 언어 문화 내부에서 협의의 음성상징성에 한하지 않고,

7_ 가와다川田(1988) 2, 3, 4장에서 이 문제를 논했다.

(5)의 개념어에 쓰이고 있는 소리도 포함하여 소리와 의미의 대응 관계를 유음유의類音類義의 집합으로 묶어 그것을 여러 언어 문화에 대하여 적용함으로써 보다 보편적인 원리에 접근하는 것이 적절하지 않을까 생각한다.

언어에 따라서는 동일한 소리여도 그 음성상징성이 다른 예를 생각해보자. 일본어의 표용어에서 벼락 등의 섬광이 빛나는 모양은 'pikapika'(반짝 반짝 빛나는 모양) 혹은 'pikari'(반짝, 번쩍) 등으로 표현되는데, 모시어에서는 'wila wila'([i]는 [i]의 개모음)라고 한다. 마찬가지로 일본어에서는 [p]음으로 나타나는 표용어, 'piripiri'(고추 등이 혀를 자극하다), 'perapera'(말을 가리지 않고 재잘거리다)에 대응하는 모시어의 표용어는 각각 'wim wim', 'wilem wilem'이며, 모시어에서는 [wi]라는 음이 그런 느낌을 나타낼때 쓰이는 것으로 보인다. 그리고 일본어라면 'pipi'로 나는 소리로 우는 소리에서 유래한다고 생각되는 오리의 일종인 새의 이름은 모시어로는 'wilwila', 일본어로 하면 'pipi'라고 나는 호루라기 소리는 모시어로 'wiiga'라고 한다.

단지 이것은 일본어의 'pi', 'pe' 등에 주목하여 대응하는 모시어의 음성상징을 찾은 결과이며, 이번에는 모시어의 표용어, 형용사, 동사 등에 쓰이는 [wi]에서 보아 가면(괄호 내의 글자는 대응하는 일본어의 표용어), 'wigri'(바삭바삭 말라 딱딱하다), 'wiku'(빼빼하게 깡마르다), 'wisanga'(하늘이 활짝 개인), 'wisi'(부지직 연기를 피우다), 'wita'(활활 타오르다) 등이 되며, 'ka'처럼 일본어에 있는 범위의 음성상징과는 부분적으로 대응하면서도 딱 맞아떨어지지는 않는 다른 음성상징권을 만들고 있는 것 같다는 것을 알 수 있다.

그런 한편 일본어의 'pi'의 음성상징에는 부분적으로 대응하는 'pi'는 모시어에도 있고, 특히 표용어가 많지 않은 유럽 제어에도 어떤 공통의 감각을 띠고 발견된다. 이것은 야콥슨 등이 세계의 언어음을 구성하는 가장 기본적인 단위로서 탐구한 변별적 특징(언어음을 구성하는 음소를, 한층 12개의 대립하는 음질의 조합으로 보고, 언어음이 하나의 음성 시스템 속에서 어떻게 구별되는가를, 음성 주파수의 구성 따위를 통해 밝힌 특징)에 있어서도 두드러지게 확산적이며 즉 음성학적 파워가 약하며, '소小'의 감각과 결합하기 쉬운 자음 [p]와 확산적이며 특히 고음조성의 모음 [i], 동시에 상※음조성이며 '엷음, 높음, 가벼움, 날카로움'의 감각을 내는 [i]의 결합이 낳는 어느 정도의 보편성을 지닌 감각에서 유래하고 있다고 할 수 있을지도 모른다. 일반적으로 표용어가 극단적으로 적은 유럽 제어 중에서도 프랑스어에는 사실상 없다고 해도 되는데, 다른 품사, (5)의 개념어도 포함하는 명사, 동사, 형용사에서 어두에 [pi]를 포함하는 프랑스어(영어와도 상당 정도 겹친다)의 단어와 일본어, 모시어의 [pi]로 시작되는 표용어 그 밖의 유음유의어군을 만들어보면, 다음과 같다.

　　[일본어] 'piripiri'(매워서 얼얼하다), 'piipii'(삐삐, 짹짹), 'pikapika'(반짝반짝), 'pisipisi'(찰싹찰싹), 'pichipichi'(팔딱팔딱), 'pittari'(딱, 꼭), 'pinpin'(펄쩍펄쩍), 'pin(-to haru)'(팽팽히(당기다)) 등.

　　[프랑스어] 'piailler'(새 등이 날카로운 소리로 울다), 'picot'(가시), 'picoter'(바늘로 찌르다), 'pie'(까치), 'piler'(빻다), 'pillier'(기둥), 'pileux'(털의), 'piller'(잽싸게 빼앗다), 'piment'(피망), 'pinacle'(첨탑), 'pincer'(꼬집다), 'pioche'(부리), 'pipeau'(목동의

피리), 'piquer' (찌르다), 'piquant' (얼얼하게 맵다), 'piquer' (말뚝), 'piqûre' (핀, 찔린 상처), 'pistolet' (피스톨) 등.

[모시어] 'pĩim' (바늘, 화살촉), 'pinda' (반짝이다, 빛나다), 'piõ' (딱하고 기세좋게 찌그러지다), 'pira pira' (말라서 갈라지는 소리), 'pirsa' (자극하다), 'pĩisi' (찰싹찰싹 때리다, 두드리다), 'piu' (쌩쌩, 서둘러) 등.

일반적으로 언어음의 음성상징성의 형성에는 두 개의 힘이 작용하고 있다고 생각된다. 한편으로는 언어음 자체가 갖는 소리의 성질이 어떤 의미에서 직접 감각과 결합하여 즉 동기화된 관계에서 그 의미를 나타내는 데 쓰인다. 다른 한편 문화 내적인 약속에 의해 즉 자의적으로 언어음과 의미가 대응된 단어가 있고, 그것이 관용적으로 쓰임으로써 그 언어의 단어 속에서 이차적으로 형성된다.

이 두 힘 중 전자는 생물체로서의 사람의 소리와 감각의 결합으로 이루어진 자연(소여로서의 자연) 쪽에, 후자는 사람들이 상호간에 만들어낸 약속, 즉 문화의 쪽에 있고 양자는 (3) 표음어, (4) 표용어 부근에서 서로 중복되고 혼합되고 있다고 볼 수 있을 것이다. 그러나 문화 쪽의 끝에 있는 (5)의 개념에서는 소쉬르 언어학 이래의 음성과 의미 결합의 자의성만 지적될 뿐 어떤 언어로 어떤 의미를 나타내는 데 어떤 음성이 왜 선택이 되었는가 하는 문제는 전혀 고려되지 않았다.

그 문제에 대하여 생각하기 전에 표음어, 표용어, 개념어의 차이와 연속성에 대하여 다시 한 번 검토해보자.

동기화와 자의성 사이

언어음에서 음성과 의미의 동기화된 관계와 자의적인 관계의 중복과 편차를 알아볼 때 여기에서 예로 드는 세 문화의 언어 중에서도 일본어는 특권적인 자리를 마련해준다. 일본어는 모시어와 마찬가지로 표상어, 즉 음성과 의미의 관계가 동기화된 어휘가 풍부하며 특히 모시어에서는 옛시대의 문헌이 없어 불가능한 어원의 탐구가 일본어에서는 두드러지게 앞서 있기 때문이다. 그래도 비언어음과 그것을 나타내는 언어음이 직접적인, 동기화된 관계를 가지고 그것이 오히려 언어음의 음성상징성 형성에 기반을 마련해주고 있다고 생각되는 표음어에서 음성의 인상과도 부분적으로 서로 중복되어 음성과 의미 사이의 동기화가 이루어진다고 생각되는 표용어를 거쳐 음성과 의미의 결합이 자의적인 개념어에 이르는 일련의 어휘가 뚜렷하게 연속하여 서로 관계를 가지면서도 그 역사적인 전후관계를 확인하지 못하는 말이 일본어에는 극히 많다.

예를 들면 'korokoro'(데굴데굴), 'gorogoro'(데굴데굴), 혹은 'gorongoron'(떼굴떼굴)하고 뭔가가 굴러가는 모양을 나타내기도 하고, 'korori'(데구르르)라고 할 때의 상징어에는 표용어의 성격 속에 사물이 굴러갈 때의 소리를 나타내는 표음어의 측면이 많이 섞여있다고 보아야 할 것이다. 그런데 'korogaru'(구르다)라는 개념어의 동사와는 분명한 연속성이 있지만 특히 'hatahata'(펄럭펄럭)과 'kaze-ni hatameku'(바람에 펄럭거리다)에서는 표음어에서 개념어가 생겨난다고 보아야 할지, 역으로 소리와 의미의 결합이 자의적인 개념어의 관용적 어감이 표용어를 낳았다고 보아야 할지는 모르겠다.

'sasayaku' (속삭이다)는 속삭일 때의 숨소리에 대한 표음어에서 나온 동사로서 프랑스어 'chouchoter' (영어의 'whisper'도 마찬가지)와도 공통되는데, 이것과 어근이 같은 'sasameki' (속삭임)가 탁음이 되면 'zazameki' (웅성거림)가 되어 소음성이 높아지고, 특히 'sanzameki' (왁자지껄)라고 하면 단순히 소리의 인상만이 아니라 생동감 넘치고 흥겨운 연회 등의 모양을 나타내는 표용성이 큰 명사가 된다. 'sazanami' (잔물결)의 'saza'는 옛날에는 'sasa'라는 청음이었다고 하며 'isasa'의 'i'가 탈락했다고 하는데, 'sazanami' 내지 'sazanami'라는 말에 수면이 미풍으로 인해 가볍게 물결이 이는 모양을 떠올려, 소리의 인상도 포함한 표용어적 성격을 느끼게 되는 것은 이차적으로 형성된 어감 때문일까? 역으로 'isasaka' (약간), 'sasai' (사소) 등의 말에 'sasa'라는 음이 선택된 배경에 'sasa'의 음성상징성을 고려하면 안 되는 것일까?

'torokeru' (녹다)라고 하는 동사와 'torotoro niru' (걸쭉히 삶다), 'madoromu' (깜박 졸다), 'yodare-o nagasu' (군침을 흘리다), 'tororojiru' (참마 장국), 참치의 'toro' (다랑어의 배 부분의 살) 등 일련의 상징어의 음성상징성, 'to'가 탁음이 될 때의 'dorodoro' (질척질척, 걸쭉걸쭉)라는 소리의 묘사와 함께 부정형이며 'nebaneba' (끈적끈적)함과 'nebaru' (끈적거리다) 모양을 나타내는 표용어의 성격도 포함되는 어군은 'doro' (진흙)라는 어엿한 개념어의 명사에 'do'라는 소리가 선택되었다는 것과 어원적으로 어떠한 관계를 갖는 것일까? 'mō kutakuta-da' (이제 완전히 기진맥진했다)라는 표용어와 'kutabireru' (아주 지치다)라는 'kuchiru' (썩다)와 어근이 같다고 하는 동사는 전자가 후자에서 이차적으로 형성되었다고 생각해야할까? 'subesube' (미끈미끈), 'suberu' (미끌어지다)와 'jirijiri' (조금씩, 서서히, 이글이글)와 'nijiri yoru' (조금씩 다가들다), 'jirasu' (안달나게 하다) 등, 일본어는 소리와 의미의 음성상징성을 매개로 하는 동기화된 관계와 문화의 약속에 의한 자의적인 관계의 중복, 연속성의 다 열거하기 어려울 정도로 풍부한 사례를 보여준다. 다음에 제시하는 제1항은 상징어, 일본어는 빗금 친 단락의 다음 제2항은 개념어로 간주되는 것이다. 'iraira/iradatsu' (안절부절, 바짝바짝/안절부절 못하다), 'uneune/uneru' (꾸불꾸불, 굽이굽이/굽이치다, 너울거리다, 일렁이다), 'tsuyatsuya/tsuya' (반질반질/윤, 광택), 'nukunuku/nukumori' (뜨끈뜨끈/따스함), 'husahusa/husa' (치렁치렁/송이, 술), 'pekopeko/hekomu' (배고프다/움푹 꺼지다), 'moyamoya/moya' (모락모락, 아물아물/안개, 연무), 'yusayusa/yusaburu' (흔들흔들/흔들다), 'yuttari/yutori' (느긋이/여유) 등등.

그런데 지금은 프랑스인 자신도 그 동사나 명사의 표음어 기원을 잊기 쉬운 말(일찌기 영주 등이 포고 시에 쳤던 북소리의 표음어 'ban'에서 '포고, 명령'이라는 명사 'ban' (영어 'bang', 독일어 'Bann'), '추방하다'라는 동사 'banir' (영 'banish', 독 'bannen'), 그리고 깃발을 휘날리고 북을 치며 위풍당당히 출진할 때의 '군기軍旗' 'banniere' (영 'banner', 독 'Banner'))은 일본어보다도 확인 가능성이 적기는 하지만, 유럽 제어에도 있다.

어떤 언어음이 그것이 나타내는 의미와의 관계에서 문화 내의 약속에 의해 선택된다는, 소리와 의미의 결합에 문화의 자의성을 도입한 것은 분명 소쉬르 언어학의 커다란 공적이기는 한데, '문화'라는 것에 만능의 마력을 부여하여, 거기에서 모든 것을 붙잡아

두는 면도 있다. 그렇다고 해서 소리와 의미의 결합에 생물로서의 사람에게 보편적인 자연의 '동기화' 가 항상 작용한다고 보는 것은 사실에 비추어보아도 분명히 잘못이다. 실제로는 문화지상주의와 자연불변주의 사이에 그림의 팔각형 밑 사변과 같은 연속적인 편차를 상정하여 자연과 문화의 힘에 대한 중복과 분화를 생각해야 한다고 생각한다. 지금까지 일본어를 비롯한 상징어의 연구는 대단히 많은데, 개별적인 영역 내에서의 연속과 분화 속에서 규정한다는 시야가 결여되어 있는 것은 아닐까, 그 규정을 이문화 간에서 비교하려는 시도도 적은 것이 아니었을까 하는 생각을 금할 수 없다.

문화가 자연을 재단하다

지금까지 주로 생물체로서의 사람의 '자연의' 외침에서 문화 속에서의 약속에 의해 일정의 개념화가 된 의미에 언어음이 대응되어 있는 부분까지 그림의 팔각형 밑 사변의 중복과 분화를 보아왔다. 다음으로 이들 밑변의 언어음 영역을, 위 사변의 좌우 (6), (9)에 있는 비언어 영역 및 소리가 아닌 (7), (8)의 영역 상호 관계를 보자.

비언어음에 대응시킨 두 변 중, 오른쪽 끝 (9)자연음은 '소여로서의 자연의 소리' 이며, 왼쪽 끝 (6)의 인공음은 인간의 '문화가 만들어낸 소리' 이다. 이것들을 포함한 위 사변과 밑 사변과의 화살표로 연결된 관계 중, (3), (4)의 상징어에 대해서는 이미 서술한 부분도 있어 새삼 설명을 필요로 하지 않을 것 같다. 일본 문화에 현저한 구창가口唱歌—악기의 연주법을 표음어를 중심으로 주로 언어음의 음성상징성에 의해 전하는 방식. 악기마다 일정한 주법에 대응하는 언어음이 유파에 의해 정해지고 있으며, 개인적으로 혹은 입에서 나오는 대로 상징어를 사용하는 것은 아니다 — 에 대해서도 이미 녹음이 딸린 잘 정리된 저작도 있고,[8] 내 자신도 서술한 적이 있으므로[9] 생략하겠다. (5)와 (6)을 연결하여 성립하는 모시 문화에 특징적인 악기 언어에 대하여도 마찬가지이다.[10] 이것들은 모두 그림의 팔각형 위 반절의 좌변과 아래 반절, 즉 문화 쪽 상호 관계 상에 성립한다고 할 수 있다.

소리의 영역에서 자연과 문화에 대하여 검토하는 본고에서는 (8), (9)와 (6), (9)와 (5)의 관계에 초점을 맞추려 한다. 이들 관계에서는 소여로서의 자연의, 문화 쪽에서 재조명하여 문화에 의해 재단된 자연, 즉 '문화로서의 자연' 이 문제가 된다.

(8)과 (6)을 연결하여 성립하는 자연의 소리 이외의 자극이 낳는 감각을 인공음으로 재조명하는 것은 프랑스 문화로 말하면, 상 상스의 《백조》를 비롯하여 묘사 음악 계통의 것이 여기에 포함된다. 시각과 청각 등 다른 감각 사이의 공감각에 의해 생겨났다고 할 수 있을지도 모른다. 일본에서는 장가長歌《가을빛의 종류》에서의 호소자오 샤미센細棹三味線(장가 등에 사용하는 가는 샤미센)의 '벌레소리 간주間奏', 소고의 '파도소리', 샤쿠하치尺八(퉁소)의 '멀리서 들리는 사슴의 소리' 등이 유명한데, 예는 얼마든지 들 수 있다. 그 중에서도 시모자 하야시下座囃子(노가쿠나 가부키에서 연기의 장단을 맞추거나 흥을 돋우려는 반주음악)에서 쓰이는 큰북의 '눈 오는 소리' 의 예는 상당히 흥미롭다. 주변

8_ 요코미치(橫道) 외(1978), 요시카와(吉川)(1973) 등.

9_ Kawada(1986) 및 가와다(川田)(1988) 5, 6장.

10_ 가와다(川田)(1998[1982, 1988]) 테이프 II AB면, 가와다(川田)(1996), 가와다(川田) 오다(小田) 야마모토(山本)(1996) 등.

일대에 커다란 눈송이가 하늘에서 내리는데 소리는 전혀 나지 않는 정경을, 앞쪽에 헝겊으로 감은 채桴로 약하게 천천히 큰북을 쳐 묘사하는 것이다. 정적을 나타내는 데 언어음을 사용하는(sīn-to sizimarikaeru[쥐 죽은 듯이 고요해지다], hissori[고요히], hisoyaka[은밀히] 등, 일본어에는 정적을 나타내는 표용어가 풍부하다) 일본 문화의 전통에 뿌리를 두고 있는 것일까? 눈송이가 자꾸자꾸(dondon) 내릴 때의 표용어와 'dondon'이라는 표음어로 나타나는 북소리와도 연관이 있을 것이다. 매미의 소리로 정적을 표현한 바쇼芭蕉의 하이쿠도 그와 같은 일본적 감각의 연장선에 있는 것인지도 모른다.

전술한 'sīn', 'hissori' 외에 'sororisorori'(살살)하며 조용히 걷다, 'kossori'(살짝) 발소리를 죽여 혹은 'yoboyobo'(비실비실) 힘 없이 걷는다고 하는 것처럼, 특히 소리가 나지 않는 모양을 강조하는 데 언어음을 사용하는 관습은 모시문화를 비롯한 아프리카 제諸 문화에도 있으며, 독자적인 것은 아니다. 걷는 모양에 대한 표용어는 모시어가 일본어보다 풍부한데, 여기에서는 일본어의 'sororisorori'에 대응하는 모시어의 표용어로 'soaa soaa', 'kossori'에 'soala soala', 'yoboyobo'에 'bãna bãna'를 드는 데 그치기로 해두자. 일본어에서 'sīn-to natta'(쥐 죽은 듯이 조용해졌다)라고 했을 때의 'sīn'에 해당하는 표현은 모시어에서는 'sïï'이며, 정적을 상대에게 명하는('sīn' 소리가 너무 커) 것이 아니라 일본어의 'sīn'과 마찬가지로 정적을 묘사하는 말로서 쓰인다.

언어음이 아닌 인공음(악기)으로 청각 이외의 감각을 나타낸다기 보다 자극하는, 일본에서 널리 쓰이는 장치로서 독특하다고 생각되는 것은 풍경風磬이다. 가벼운 악기음을 인공적으로 설정함으로

써 서늘함이라는 피부감각을 불러일으키는 이 장치는 서로 다른 감각을 연결하여 성립하는 일본적 공감각의 표본이며, 다음에 항목에서 이야기하는 '미타테'(다른 것에 비유하는 표현), '기키나시'(듣고 그렇게 생각하다)와 서로 통하는 문화의 기층을 이루고 있다고 할 수 있을 것이다.

비유의 미학

소리의 영역에서 자연과 문화에 대하여 고찰하는 이 장에서 문제시하는 것은 그림에 나온 팔각형 (9)와 (5)를 연결하는 '기키나시'인데 시각의 영역에서 그것과 병행하고, 일본 문화에서 중요한 의미를 가져온 '미타테'에 대하여 우선 말해보자.

미타테는 기기記紀의 이자나기, 이자나미 두 신이 '하늘의 기둥을 보고 팔심전에 비유하였다'(《니혼쇼키(日本書紀)》에서 '팔심의 전을 비유하여, 또 천주를 비유하여')가 문헌에서 처음 등장한 것으로 이 '미타테'의 해석에는 여러 설이 있는데 오리구치 시노부折口信夫[11] 등의 '실제로는 없는 것을 비유적 상상력으로 현전現前하는 것으로 간주한다'고 하는데, 그 이후의 일본의 문학, 미술, 예능, 민속 등의 폭넓은 자료에 비추어보아도 타당한 해석일 것이다.[12] 이것은 앞에서 말한 것처럼 일본 문화에 풍부하게 발달해있는 공감각적 인식이나

11_ 오리구치 시노부(折口信夫 1887-1953) 일본문학자, 민속학자, 가인(歌人). 오사카(大阪) 출생. 고쿠가쿠인(国学院)대학, 게이오(慶応) 대학 교수. 일본문학의 민속학적 연구나 신도神道예능 등의 연구에 뛰어난 업적을 남기는 한편, 가인으로서도 독자적인 경지를 열었다. 저서 《고대연구》, 가집(歌集) 《바다와 산 사이》, 시집 《고대 감애집(感愛集)》, 소설 《사자의 서》 등; 역주

12_ 오리구치(折口)(1990), 니시다(西田)(1968), 사이고(西郷)(1975) 108 등.

표현에 기반을 두고 있다는 사실도 크게 작용을 하겠지만, 동시에 그보다도 문화의 어떤 약속에 따라 대상을 본다고 하는, 역시 긴 역사를 통하여 일본 문화에 강하게 보이는 전통에 의한 것일 것이다. 교양과 느낌에 의해 솜씨 있게 비유하는 것을 '멋' 스럽다고 존경을 받고, 운치와 풍류도 거기에서 느끼는 것이다.

자연(소여로서의 자연)이 대상인 경우, '미타테' 는 분명히 문화에 의한 자연의 재단이며, '문화로서의 자연' 의 창출이라고 할 수 있다. 《마쿠라노소시枕草子》[13]에 묘사되어 있는 '향로봉의 눈(雪)은 얼마나' 라는 쥬구 데이시(사다코)中宮定子[14]의 질문에 세이쇼나공清少納言[15]이 정원에 면한 발을 늘어뜨려 나카미야를 느끼게 했다는 유명한 일화를 보더라도 '소여로서의 자연' 의 눈이 오는 풍경을 바라보는 데 '문화로서의 조망' 이 얼마나 존중을 받았는지 알 수 있다. '문화' 라고 해도 그 문헌상의 근거가 되는 것은 본고장인 당나라이지만, 당시唐詩가 헤이안 문학만이 아니라 에도 시대의 마쓰오 바쇼松尾芭蕉 등에게서도 널리 일본 문학 전체에 자연을 관조할 때의 은유의 밑바탕으로서 얼마나 큰 영향을 주었는지는 새삼 말할 필요도 없다. 회화에서

13_ 수필. 3권. 세이쇼 나공(清少納言)작. 10세기말부터 11세기 초두에 성립. 이치죠(一条) 천황의 황후 사다코(定子)의 시중을 든 작자의 궁정생활에 대한 회상, 견문, 또 자연, 인생 등에 관한 수상(随想) 등을 약 삼백 장단(章段)에 걸쳐 쓴 것. 감각이 예민하고 문장이 경쾌하여 《겐지모노가타리(源氏物語)》와 함께 왕조 여류문학의 쌍벽으로 일컫는다; 역주

14_ 후지와라노 데이시(사다코), (977-1000)는 헤이안 시대 제 66대 이치죠(一条)천황의 황후; 역주

15_ 시키부(紫式部)와 함께 헤이안 중기를 대표하는 여류문학자. 생몰, 본명 미상. 이치죠 (一条)천황의 황후 쥬구 사다코를 섬겨 기요하라(清原) 성씨에 덧붙여 세이쇼 나공(清少納言)이라 불렸다. 일본어와 한문에 통달한 재녀(才女)로서 이름을 날리고, 〈마쿠라노소시 (枕草子)〉를 저술하였다. 가집(家集)에 〈세이쇼 나공집(清少納言集)〉이 있다; 역주

중국의 송원화, 북송화, 남송화 등이 일본인이 자연을 그릴 때의 문화의 틀 내지 필터로서 해낸 역할의 지대함에 대하여도 마찬가지다.

문화 전반에 대하여 보고 배워야 할 본고장인 중국의 틀이 아니더라도 일본에서 만들어진 문학이나 미술의 약속 사항도 '비유'의 미학에 커다란 힘을 가지고 있다. 특히 와카나 하이쿠의 세계에서는 자연을 보는 눈이 와카, 하이쿠라는 표현 방식을 선택할 때에 틀이 정해져 있다고 해도 좋다. 와카에서 자연을 읊을 때에도 《만요슈万葉集》에서는 아직 작자의 감성이 자연과 직접 상대하여 노래로 그려낸다고 생각되는 것이 많은데, 《고킨슈古今集》[16]에 이르면 거기에 그려진 것은 대부분의 약속 사항에 의한 '문화로서의 자연'이 아닐까 하고 생각된다. 록카센六歌仙[17]의 한 사람인 아리와라노 나리히라在原業平의 '千早ふる神代もきかず竜田川からくれなゐに水くくるとは'[18]라는 유명한 한 수 등, 단풍 명소인 다쓰타가와竜田川의 물에 떨어지는 단풍을 홀치기 염색에 '비유한' 흥취가 모든 것이라고 해도 좋을 것이다. 특히 위에서 말한 시구의 대부분은 '가미요神代'[19]와 그 마쿠라코토바枕詞[20]로 공을 들이고 있다. 극단적으로 말을 하면 이런

16_ 905년 혹은 914년경; 역주

17_ 고킨슈 서(序)에 논평된 헤이안 초기의 6명의 와카 명인, 즉 아리와라노 나리히라(在原業平) 등; 역주

18_ 지금 세상은 물론 가미요(神代)의 옛날에 조차도 이러한 일이 있었다는 것을 들어본 적이 없나니, 단풍 흩날려 다쓰타가와 흐르는 물을 선홍으로 염색하였다는 이야기는; 역주

19_ 기키(記紀) 신화에서 천지개벽에서 우가야 후키아에즈노 미코토(鸕鷀草葺不合尊)까지 진무(神武) 천황 이전의 신들의 시대; 역주

20_ 가문(歌文)에서 보이는 수사법의 하나. 특정 단어의 위에 걸쳐 수식 또는 어조를 다듬는 데 쓰이는 말. 작용은 쇼코토바(序詞)와 비슷한데 5음 이하로 관용적인 용법인 점에 특징이 있다; 역주

종류의 '운치'의 기발함을 겨루기 위해서는 '소여로서의 자연'을 눈앞에 둘 필요조차 없고, 비유의 기교에 통달하면 책상 위에서도 '문화로서의 자연'을 만들어낼 수 있다고 할 수 있을지도 모른다.

비유의 미학은 일본 고유의 것이 아니라 조금이라도 양식화된 언어 표현이나 조형 표상에는 정도의 차는 있지만 반드시 존재하는 것이다. 언어에 의한 비유적 표현이나 조형 표상 등, 모든 '비유'의 정신과 기본적으로 통한다. 모시 사회에서도 여기에서 논할 여유는 없지만, 지나치다 싶을 정도로 동식물, 자연 현상의 은유를 쓴 역사 전승, 그 중심을 이루는 시구의 형태를 한 역대 왕의 즉위명 따위는 문화의 약속에 의한 자연의 소재를 언어적으로 가공한 비유라고 해도 좋다.[21] 단지 일본처럼 '비유'라는 특정 언어의 개념이 있고, 비유에 의한 운치가 문학, 미술, 연극, 정원 만들기, 제례, 다도, 화도 華道[22]로부터 챠반茶番[23], 라쿠고落語[24], 유게이遊芸[25]에 이르기까지 이

21_ 모시의 왕명에서 은유에 대해서는 가와다(川田)(1992[1981]), 가와다(川田)(1997), Kawada(1985) 등으로 많은 예를 들어 논했다.

22_ 나뭇가지, 화초 등을 잘라 그릇에 꽂아 인공미를 살려 그 모습을 감상하는 기술과 이론; 역주

23_ 챠반교겐 또는 구치우에 챠반의 약어. 가발이나 의상을 걸치고 연극을 풍자적으로 빗대어 작품을 만드는 연예의 일종; 역주

24_ 요세(寄席) 연예의 하나이다. 한 사람의 연기자가 주로 진행을 하며, 줄거리가 있는 해학적인 이야기를 몸짓을 해가며 우스갯소리로 끝맺어 청중의 흥을 북돋우는 이야기 예술이다. 죠쿄(貞享)(1684-1687) 무렵, 교토(쓰유노고로베(露の五郎兵衛)) · 오사카(초대 요네자와 히코하치(初世米沢彦八)) · 에도(시카노 부자에몬(鹿野武左衛門))의 삼도에 라쿠고가가 출현하였다. 그 후 에도는 약 90년의 공백이 생겼는데, 1786년에 우테 엔바(烏亭焉馬)가 주최한 하나시(咄)회를 계기로 부흥하였다. 오사카에서는 가루구치바나시(軽口咄), 에도에서는 오토시바나시로 불렸고, '라쿠고'란 명칭은 1804년경부터 쓰였다고 한다; 역주

25_ 놀이에 관한 예능. 요곡, 챠노유(다도), 이케바나(꽃꽂이), 무용, 고토琴, 샤미센, 샤쿠하치, 피리, 고단講談, 나니와부시, 라쿠고, 속요 등; 역주

렇게까지 생활 전반에 걸쳐 넓고 높은 가치를 인정받은 문화는 달리 예가 그다지 없는 것이 아닐까 한다.[26] 단지 이것은 금후의 비교 연구에서 검토되어야 한다는 것은 말할 나위 없다.

기키나시를 가능케 하는 것

일본 문화 속에서 '비유'의 전개가 컸음에 비하여 음성의 영역에서 '기키나시'[27]는 훨씬 한정된 범위의 것이다. 단지 '기키나시'에도 그 기본적인 형태는 여기에서 든 세 문화에서 공통적으로 발견되는데, 일본의 기키나시는 독특한 부분이 있으며 성립 배경도 다른 두 문화와 다르다.

그런데 '기키나시'란 그림1의 팔각형에도 제시되어 있듯이 조수나 곤충의 울음소리나 천연현상 속의 소리를 개념화된 의미를 갖는 언어음과 견주어 듣는다는 관습이다. 이른바 '소여로서의 자연'의 소리 속에 인간에게 의미가 있는 메시지를 주로 자연음과 언어음 사이의 유사를 통해 청취하거나 자연음을 언어음으로 '들어 인지하는'(기키나스) 것인데, 물론 새나 곤충의 울음소리 등 자연음의 발신자 측에 그와 같은 언어음에서의 의미 있는 메시지를 송신할 의도는 아예 없다. 그렇기 때문에 기키나시는 문화 내에서의 약속, 음성과 의미의 결합 양식에서 자의성의 정도가 최대인, 즉 인간의 음

26_ 군지(郡司)(1987) 등.

27_동물의 울음소리, 주로 새가 지저귀는 소리를 의미가 있는 사람의 말이나 구句에 대응하여 기억하기 쉽게 한 것이다. 이 용어를 처음으로 쓴 것은 조류 연구가 가와구치 마고지로(川口孫治郎)의 저서 《히다(飛騨)의 새》(1921)와 《속 히다(飛騨)의 새》(1922)라고 한다. 옛날이야기나 민간에 전해지는 기키나시를 문헌으로 처음 기록한 것이 이 책들이다. 같은 동물이라도 지역에 따라 다른 기키나시가 전승되고 있다; 역주

성 중 가장 인위적인 면을 가지고 자연음 자체를 해석하는 '문화로
서의 자연'의 성격이 가장 현저하게 보이는 부분이라고 할 수 있다.

여기에서 주의하고자 하는 것은 기키나시에서는 어디까지 소리
의 유사함을 가지고 자연음 속에 언어음의 메시지를 들어 인지하는
것이다. 그러므로 어떤 특정의 새 울음소리를 그것이 언어음과 유사
한지 어떤지에 관계없이 뭔가의 전조나 초월자의 계시로서 특정 종교
자나 주술자 혹은 장노가 '해석하여' 일반 사람들에게 들려주는 세계
에 많이 있는 관행과는 별도의 것이다. '기키나시'는 어디까지나 소
리의 영역에서 자연과 문화의 관계를 유대로서 형성되는 것이며 특히
어떤 사회의 많은 사람들에게 공유되어 있는 민속지식인 것이다.

세 문화 중 우선 프랑스의 기키나시에 대하여 보자.**28** 어떤 종
류의 들새 울음소리를 계절과 연관된 농작업에 관련시켜 들어 인지
하는 일은 일본에도 많은데, 프랑스에도 있으며 가령 사람들이 밭
을 갈기 시작하는 3월에는 개똥지빠귀는 'Pierrot, cure!' (참새야,
쟁기에 낀 흙 치워주렴!)하고 운다. 그러면 소나기가 온다고 한다. 어치
는 일하지 않는 사람을 보면 'Feignant! Feignant!' (게으름뱅이, 게
으름뱅이)하며 부른다. 버찌가 익는 5월에 도미하는 꾀꼬리는 'Cull,
cull, cireres.' (따렴, 따렴, 버찌 따렴)하고 운다. 개똥지빠귀는 남서부
가스코뉴 지방에서는 'Boéir, vend ton hén.' (소치는 목동아, 여물을
팔아버리렴)하고 운다. 추위가 심해지는 12월에 'Cul rôti, tu
rotiras encore.' (엉덩이 타네, 엉덩이 또 탄다네)하고 우는 것은 일본에
서 가을에 귀뚜라미가 '어깨 꿰매고 소매 꿰매지, 추위가 오니까'

28_ 프랑스의 기키나시에 대한 앞으로의 기술은 Hertz(1970), Perbosc(1988)에 의거한다.

하고 우는 기키나시를 떠올린다. 부엉이가 'Ho-ho! Prenetz los trabons.' (아구 추워, 털 양말 신으렴)이라는 서부 리무장 지방의 기키나시도 마찬가지다. 깊은 밤에 우는 부엉이 소리는 또 'Xuca-t!' (어서 자!)라고도 들려, 일본의 'kojoro, modotte nenkorose' (아이야, 들어와 잠자렴(효고켄)) 따위와도 공통되는 것을 느끼게 한다. 또 프랑스에서도 죽음과 결부되어 불길한 새로 생각되는 까마귀가 지붕에 머물며 'J' tattends! J' tattends!' (기다릴게! 기다릴게!)하며 울면 그 집에서는 사람이 죽는다고 한다.

일본과도 공통되는 경고, 전조 등의 메시지를 새소리로 듣는 관행 외에 프랑스에 두드러진 것은 새나 동물의 소리로 아무리 봐도 재치가 넘치면서도 가끔은 요염한 속요를 만드는 것이다. 수컷 부엉이가 밤에 암컷 부엉이에게 'Faut-y aller coucher o vous?' (거기 가서 너랑 자도 되겠니?)라고 한다. 암컷 부엉이는 'Que oui! Que oui!' (그으럼! 그으럼!)하고 대답한다. 수탉이 세 마리 있다. 가장 큰 녀석이 운다, 'Je l' fais quand j' veux!' (난 네가 오라면 언제든 갈게). 그러자 가운데 닭이 운다, 'Et moi, quand j' peux!' (난 언제든 되지!). 세 번째의 불쌍한 꼬마닭이 외친다, 'Chatrez les vieux!' (할멈 할아범, 거세해버려!). 이밖에도 여러 동물(주로 조류)을 등장시키는 우스운 이야기가 프랑스에는 많다. 농부나 목동들이 일하는 틈틈이 혹은 이야기가 무르익는 밤, 기지를 발휘하여 속요를 만들거나 듣고 전하여 서로 노래했을 것이다.

모시 사회에는 기키나시는 거의 없다고 해도 좋은데, 내가 채록한 옛날이야기 중에 짧막한 우스운 이야기로 기키나시라고 하기보다도 등장하는 닭과 색시닭의 대사에서 그 울음소리를 흉내내어 노래하는 예가 딱 하나 있다.[29] 이것도 이른바 기지로 이야기의 핵심이 되는 말에 등장하는 새의 울음소리를 각각 솜씨 좋게 가려 쓰며 우스꽝스러움을 자아내고 있어, 그 점에서는 프랑스의 기키나시 속요와 공통된다. 일본에서도 기키나시를 사용한 우스운 이야기는 교겐의 《치쿠부시마 모데竹生島詣》 등에 몇몇 변이형이 알려져 있는 까마귀와 참새가 어미자식이라는 속요[30]를 비롯하여,[31] 있기는 있지만 역시 일본 기키나시의 코퍼스의 중심을 이루는 것과 세 문화 중 일본에 특유하다고 생각되는 것은 인간에서 동물로의 환생을 전제로 한 기키나시일 것이다.

작은 새 전생담, 변신, 이류혼異類婚

chukuchukubōsi(쓰르라미)가 chukusi筑紫(규슈(九州)의 옛 명칭; 역주) 출신으로 전사한 무사의 환생으로 'chukusi-koisi' (chukusi가 그리워; 역주)하고 운다는 전래담이나 후처가 골짜기에 밀어 떨어뜨린 자식을 찾아 뻐꾸기가 된 아버지가 'wakō, wakō' (우리 아이, 우리 아이)하며 울기를 계속한다는(와카야마和歌山) 류의 구비전승은 일본 전역에 널리 알려져 있다. 옛날이야기 연구자가 '작은 새 전생담' 이라는 이름으로 분류하고 있는[32] 이런 옛날이야기의 특징은 근

29_ 이 이야기의 라이브 녹음은 가와다(川田)(1998[1982, 1988]), 테이프 II A면 밴드 2, 2b 예 5에 수록되어 있다.

30_ 참새가 치치치치(아빠, 아빠)[일본어로 'chichi' 는 아버지; 역주]하고 우니까 'ko-kaa ko-kaa' (애기냐? 애기냐?)라고 대답했다는 이야기

31_ 야마구치(山口)(1989), 125.

32_ 세키(関)(1979) pp.277-334, '작은 새 전생' 에는 일본 각지에서 모은 이런 종류의 옛날이야기가 다수 수록되어 있다.

친 간, 특히 계모와 전처의 자식 및 이복형제가 갈등을 빚은 결과 불행한 죽음을 맞이한 사람을 그리워하거나 죽은 자 자신이 새로 변신 내지 환생하여 불행을 계속 호소하는 데 있다. 새로 모습을 바꾸기 전의 인간은 개인인데, 변신하거나 환생한 후에는 뻐꾸기, 두견 등, 종種으로서의 새, 즉 동종의 것이 다수라는 논리적 부정합 등은 처음부터 문제가 되지 않는 상황에서 이야기가 만들어진다.

지금 든 뻐꾸기의 예는 후처에게 죽임을 당한 친자식을 계속해서 애타게 부르던 아버지가 새로 변신하는데, 육친 간이 아니라, 앞서간 남편의 시체에 매달려 'ottō, ottō'(서방님, 서방님)하며 슬피 부르던 중 아내가 'ottō' 새가 되었다는 부부의 인연이 바탕에 깔린 예도 있다. 엄마가 찧은 볶은 밀가루를 산에서 일하는 아버지가 있는 곳까지 가져다주지 않아서 아버지를 굶어죽게 한 아들(친자식)이 슬픈 나머지 산비둘기로 변신하여 'tedekokke(아빠 밀가루 드세요), appātsūta(엄마가 찧은 거요)'라고 운다고 하는 전설(아오모리淸森, 아키타秋田, 이와테岩手 등)에서는 변신한 사람 자신이 육친을 잘못하여 죽게 했다는 회한에서 새로 모습을 바꾸어 그 생각을 계속하여 토로한다는 줄거리이다. 다른 한편 산에 장작을 구하러 가다가 계모에게 속아 돌 도시락을 가져다주자 형(친자식인 동생은 진짜 도시락을 들고 있었다)이 아사하여 두견새가 되어, 동생이 산에 가면 'ototo koisiya'(동생이 그립구나)라고 운다고 하는 이야기(나가노長野현)에서는 근친 간에 갈등을 일으킨 결과 살해당한 자의 원한이 기키나시 음성의 내용이다.

이들 살아 남은 자의 사모나 회한, 죽은 자의 원한이 새소리의 메시지 내용을 이루고 있는데, 작은 새 전생담으로 채집된 이야기 수의 방대함과 전국적인 분포의 넓음에 비하여 기키나시되는 새의 종류가 극히 한정되어 있으며, 두견새, 뻐꾸기, 산비둘기 등 몇 종류의 것에 집중되어 있는 것이 특징적이다. 특히 두견새는 일본의 민속신앙이나 문학 속에서도 예부터 명계冥界의 새라고 지칭되며 이렇게 죽음에 얽힌 이야기에도 빈번히 등장한다.

인간과 조류를 포함하는 동물 사이의 변신담, 혼인담 등도 이런 종류의 기키나시의 배경을 이루고 있을 것이다. 그것에 대해서는 지금 상술할 지면이 없어 다른 기회에 발표한 것이 있으므로,[33] 요점만 간추려 세 문화의 주된 특징만을 들겠다. 일본에서는 인간에서 동물(새, 조개 등 모든 것을 포함한다)로 변신한 이야기나 동물에서 인간으로 변신한 이야기도 예부터 많다. 특히 칡 잎사귀가 자식과 이별한 이야기처럼 배다른 어머니와 반절이 인간인 그 자식과의 별리의 슬픔 등, 인간과 동물과의 정서적 유대가 중시되고, 아베노 하루아키라安部晴明[34]나 뱀 아들, 우렁이 아들, 거미 아들 등처럼, 이류혼異類婚으로 해서 생긴 자식이 초능력에 의해 세상에 나타나거나 집을 부유하게 만들거나 한다. 이류異類가 여성의 경우에는 목숨을 건진 동물이 은혜에 보답하기 위하여 인간의 모습으로 아내가 되는 일이 많다. 이류가 남성의 경우는 원숭이 데릴사위처럼 딸의 아버지가 동물에게 받은 봉사에 대한 대가로 딸을 시집보내는 예가 많고, 이 경우 혼인이 결국 성립되지 않든가, 성립된다 하더라도 불행한 결과로 끝난다(인간 신부가 이류의 신랑을 죽음에 이르게 한다).

모시 사회의 전승세계에서는 동물에서 인간으로의 변신이 손

33_ 가와다(川田)(1992[1987]) 151-185.

34_ 하루아키라(安部晴明 921-1005) 헤이안平安시대의 유명한 음양사이며, 가마쿠라(鎌倉)시대에서 메이지(明治) 시대 초까지 음양료를 통괄한 아베노(安倍)씨의 시조; 역주

쉽게 이루어지는데, 인간에서 동물로의 변신은 거의 없다는 점에서 일본과 두드러지게 다르다. 이류 혼인담은 극히 적고, 있더라도 모두 별리, 한쪽의 죽음, 신체 손상 등, 불행한 결말로 끝난다. 아들이 태어나는 이야기는 트릭스터[35]의 영웅인 토끼가 어려운 임무를 맡는다는 이야기의 한 전제로서 토끼가 인간의 여성에게 아이를 낳게 하는 이야기가 있는 정도이다.

프랑스에서는 인간에서 동물로의 변신은 마법사 등이 주술적인 힘을 이용하여 모습을 변하게 한 결과, 일시적인 상태의 변화로서 일어난다. 동물에서 인간으로의 변신은 원래 인간이었는데 마법이 풀려 다시 인간으로 돌아갈 때 일어나는데, 원래 동물이었던 것은 마법의 힘으로도 인간은 되지 않는다. 이류혼은 양자가 모두 인간의 모습이 되어 성립한다. 그 결과 태어난 아이에 대한 언급은 없다.

인간과 동물

세 문화 속에 등장하는 인간과 동물 사이의 상호변신, 혼인, 자식 출생 등에 대한 민간전승을 위와 같이 정리해보면 프랑스 문화에서는 마법이라는 사악한 힘이 특별히 작용하여 인간이 일시적으로 동물의 모습을 하는 이야기는 많은데, 인간과 동물의 경계는 초월할 수 있는 것이 아니라는 것으로 설정하며, 양자의 혼인이나 이상異常능력을 가진 아이의 탄생, 인간에서 동물로의 환생 등은 나무꾼 여자가 곰의 아들을 낳아, 인간 세계로 돌아와 괴력을 가진 남자로 활약한다는 '곰의 아들 쟝' 의 이야기 이외에는 없다고 해도 좋다.

35_ trikster: 신화와 민화 등에 등장하여 모든 질서를 바로잡는 영웅과 같은 인물; 역주

모시 사회에서는 이야기 속에서 동물에서 인간으로의 변신은 주술적인 힘의 작용이 없이 일어날 수 있는데(언어 표현 상으로도 극히 일상적인 '되다'(ledge)라는 동사가 쓰인다), 인간과 동물의 혼인은 금기해야 하는 것으로 일본의 전승 세계처럼 인간과 동물, 혹은 그 사이에서 태어난 아이와 동물인 어머니가 모자의 사랑으로 맺어지는 일은 없다. 현실 생활에서의 인간과 동물의 관계도 모시 사회에서는 일본 사회에서보다 훨씬 논리적, 비정서적이며 인간이 동물과 엄중하게 구별된다는 점에서는 오히려 프랑스 문화에 가깝다. 수간獸姦에 대한 사회적인 제재도 극히 엄격하다.[36]

이와 같은 배경을 본 뒤, 음성의 영역에서 자연(동물)의 소리와 문화의 약속에 기반을 둔 개념어가 결합된 기키나시의 성격을 세 문화에 대하여 비교하여 생각해보면, 그것은 프랑스 문화와 모시 문화에서는 인간과 구별이 되는 소여로서의 자연의 일부인 동물의 영역에 인간의 언어 활동을 적용하고, 그것도 한낱 기지를 발휘한 지적 유희로서 적용한 것에 지나지 않는다.

그에 비하여 적어도 작은 새 전생담 계열의 일본의 기키나시에서는 그것이 적용되는 자연(새 따위) 자체가 인간의 환생, 변신의 결과로 생각되는 것이다. 즉 거기에서의 새는 소여로서의 자연이 아니라 문화 쪽에서 다시 포커스를 맞춘 자연인데, 거기에는 인간이 새의 모습으로 자연의 소리인 동시에 인간의 언어, 그것도 가장

36_ 수간, 특히 인간의 남성과 암당나귀의 성교가 때로 있었다고 하는데, 사람들이 몹시 꺼려 이런 행위를 한 자는 마을사람들에게 지탄을 받아 자살에 내몰려, 죽어도 관습대로는 매장되지 않고 '나무 위에 방치되는 자'(yaglem tiiga)라는 이름대로 나무 위에서 썩어 독수리에게 쪼여 먹히도록 놓아둔다고 한다.

문화에 의한 약속이 강하게 작용하는 (5)의 개념어를 발하는 주체가 되어있는 것이다.

즉 일본 문화 중 소리의 영역에서 자연과 문화의 양극 (9)와 (5) 사이에는 두 층으로 된 상호 교섭이 있으며, 자연을 문화 쪽에서 완전하게는 대상화 할 수 없는 관계가 있다고 해도 될 것이다.

결론을 대신하여

이와 같이 소리의 영역에서 자연과 문화가 관계하는 양식을 여기에 든 세 문화에 대하여 정리하면 일본 문화의 영역에서는 소여로서의 자연의 상호 교섭이 강하고, 자연과 문화는 단절적인 관계가 되어 오히려 팔각형의 밑변의 검토에서도 본 것처럼 중복과 연속성이 두드러지다. 특히 문화의 예에서의 소리와 언어에 의한 표상 활동 속에서 '문화로서의 자연'이 차지하는 위치가 극히 크다고 할 수 있다. 이 특징은 프랑스 문화에서 문화에 의한 자연의 차이화와 대상화, 그 중에서의 문화의 기교적인 세련과 비교하면 한층 분명해진다. 팔각형 밑변의 자연음과 언어음의 관계에서도 프랑스 문화는 언어에서 자연에 동기화된 부분과의 연속성을 역사적으로도 애써 배제하고 표음어, 표용어 등도 문화에 의한 정련과 자립성이 부족한 유치한 언어로 간주해왔다. 프랑스 문학에서 기키나시는 쉬르 르나르의 《박물지》에 세심한 데까지 주의를 기울인 익살로서 얼마인가 나오는 정도인데, 일본 문학사는 각종 기키나시에 충만하고,[37] 또 표음어, 표용어는 유치하다고 하여 배척받기는커녕 문장어로서도

37_ 야마구치(山口)(1989)에는 많은 예가 제시되어 있다.

고대부터 현대에 이르기까지 수많은 명작을 풍부하게 채색해왔다.

이런 점에서 표음어, 표용어가 일본어 못지않게 풍부한 모시 문화는 일본 문화와 공통되고, 프랑스 문화와는 대치된다고 하여도 좋다. 단지 모시 문화에서는 '소여로서의 자연' 과 '문화' 의 관계가 그 자체 자연에 연속되어 있어 '문화로서의 자연' 이라는 문화 측에서 하는 인위적인 자연에서 다시 보는 일이 없다. 이것은 설화에서 동물에서 인간으로의 자연스런 변신이나 (9)의 자연음이나 (8)의 청각 이외의 감각 자극을, (6)의 인공음(악기음 등)으로 표현하는 것이 모시 문화에서 전혀 결여되어 있다는 사실에도 여실히 나타나 있다.

이것은 소리 이외의 영역에서는 모시 사회도 포함하는 흑인 아프리카 전반에 말할 수 있는데 조형 표현에서 자연을 모사한 것이 전혀 없다고 해도 좋을 정도로 결여되어 있다. 또 꽃을 심거나 잘라 감상하거나 자연의 경치를 즐기는 관습이 없다. 사반나의 석양이나 우기 초기의 파르키아 나무의 꽃이 한창인 때나 접시꽃과 비슷한 서아프리카 원산의 식물인 오크라꽃이 집 뒤 일대에 아침 이슬을 머금은 꽃을 피울 때에도 나는 아름다움에 무심코 발길을 멈추고 바라보고 만다. 그럴 때 옆에 있는 모시의 마을 사람에게 몇 번이고 "예쁘네요, 그렇죠?"하며 동의를 구하려고 말해본 적이 있는데, 반응은 없었다. 늘 보는 것이니까 특별히 감격스러울 건 없다는 것도 아닌 듯 했다.

이것은 나 혼자의 개인적인 체험이 아니라, 일반적인 형태로 모시 사회의 지식인 몇 사람인가를 방문해본 결과로도 확인할 수 있었다. 아프리카와 인도를 주된 전공 지역으로 하는 영국의 인류학자 잭 구디의 꽃에 대한 비교문화사의 방대한 저술에서도 사하라 이남의 아프리카 사회에 꽃을 감상하는 관습이 없다는 것이 몇 개인가 자신의 견해는 유보한 채 지적되어 있다.[38] 그 대신 일본 문화나 프랑스 문화에는 없으나 모시 문화의 소리의 영역에 풍부하게 있는 것은 (5)와 (6)이 결합된 북소리언어이다. 이것은 문화 쪽의 인위의 극에 있는 언어음(개념어)와 비언어 인공음(악기음)이 직결하는 관계 위에 성립되어 있는 것인데, 여기에서는 인공음(북소리)은 인간 속의 '소여로서의 자연'에서도 있는 신체와 불가분의 관계에 있다. 북소리언어에서는 신체 내에 있는 '발화원'이라고도 해야 할 것이 입에서 말이 되어 나오지 않고, 양손에서 신체적 표현이 되어 분출되는 것이다.[39] 북소리언어에서 언어음과 악기음의 신체를 통한 결합은 (7)의 일본이나 프랑스에도 없지는 않지만 모시의 압도적인 풍부함의 견지에서 보면 미미한 언어음이나 악기음에 촉발되는 신체의 격렬한 율동과 연속되어 있다. 여기에서도 '소여로서의 자연'이 신체성이라는 형태로 인위와 문화 속에 스며있다.

언어음에서도 인공음에서도 적어도 형식적 기교의 인위적인 세련과 다양한 전개에의 지향을 세 문화 중에서도 유럽어에서도 영어와 같은 강박률은 없으나 음절수에서 형식을 다듬는 기법과 두

38_ Goody(1993) 특히 1, "No flowers in Africa?" 단지 여기에서 논의되어 있는 것은 '꽃'의 문화적 의미와 그 자리매김이며, 나의 이름도 들면서 나와의 논의가 거론되어 있는데(p.15), 내가 구디 교수와의 대화에서 문제시했던 것은 꽃을 포함하는 자연의 아름다움에 대한 반응의 방식, 그 표상의 방법이며, 교수의 여기에서의 관심과는 시각이 조금 어긋날 지도 모른다.

39_ 북소리언어의 이러한 성격에 대해서는 여러 곳에서 말했는데, 다케미쓰(武満)·가와다(川田)(1992[1980]), 7 〈소리의 에크리튀르〉 등.

운, 각운 등 각 구의 첫 또는 끝 음절의 음질音質을 합치는 기법이 병용되어 다채로운 시형을 발달시켜 왔다. 음절수를 조절하는 방식도 가장 많이 사용되는 '알렉산드란'의 12음절을 중심으로 2, 4, 6, 8 등 많은 변이가 있다.

종합해 보면 일본어는 음절이 120종류 정도로 극히 한정되어 있으므로(유럽어에서는 이중자음을 포함하는 음절 등, 보통 수만, 일본어의 수백 배의 음절의 종류가 있다. 모시어도 여기에 뒤지지 않는다), 프랑스어를 비롯하여 서양의 시처럼 음질을 합쳐 두운이나 각운을 다는 것이 가능하며 용이한데, 동음을 어두나 어미에 갖는 말이 너무나 많아서 시형으로서의 의미를 갖지 못한다.**40** 그 때문에 야마토 노래의 시초로 간주되는 스사노오노 미코토의 'yagumo tatsu…' (구름 겹겹이 이는 …)라는 노래 이후, 말의 박자(모라) 수가 같은 묶음을 반

40_ 일본어의 시에 두운, 각운을 살리려는 시도로 오래된 것은 구키(九鬼)(1941)에 있으며 마티네 포에티크의 그룹, 최근에는 우메모토(梅本)(1989)도 그 유효성을 주장하고 있다. 그러나 원래 음절수가 적을 뿐 아니라, 나라·헤이안 시대 이래의 대량 한어(漢語)의 도입, 메이지 이후의 한자의 조어능력을 이용한 일만(一萬)어라고도 하는 서양어의 번역에 의해 특히 사상에 관계되는 다소 추상적인 말은 한자 음독, 오음吳音 음독 등이 혼입되어 있어, 시각적으로 한자를 통하지 않고 발음만을 듣고서는 의미를 파악할 수 없는 경우가 많다(가령 강세도 포함하여 완전히 같은 발음인 'senko'라는 말에 얼마만큼의 다른 의미가 대응하는지는 한자에 의존하면 식별하지 못한다). 이와 같은 상황에서는 음질을 합하여 운을 다는 것의 의미가 현저히 줄어드는 것은 확실하다. 다니카와 슌타로(谷川俊太郎)의 《말놀이 노래》는 압운의 일종의 패러디로 볼 수도 있는데, 상당히 예외적으로 성립할 수 있는(같은 작자이거나 다른 작자여도 이런 종류의 패러디를 그렇게 많이는 만들어내지는 못한다는 의미에서) 이와 같은 희작(戲作) 이외에는 가령 폴 발레리가 엄밀한 압운의 시법에 따라 깊은 사상을 담은 장시법과 같은 언어표현상의 역할은 일본어에서의 압운시는 하지 못할 거라는 것이 나의 의견이다. 어쨌든 압운을 수단으로 하는 시법의 서양 중심주의에 휘둘리지 않고 일본어의 언어로서의 특징을 살린 시법(예를 들면 본고에서도 든 일본어에 풍부한 표음어, 표용어에서 음성상징성을 추출하여 그것을 이론적으로 살린 시법 등)을 탐구하는 것이야말로 중요할 것이며, 사실 일본의 많은 현대시인은 압운에 구애를 받지 않는 뛰어난 시작품을 내고 있다.

복하는 등박율等拍律에 어휘의 양식성을 의존해왔다. 발음되는 박자만을 세면 5·7·5·7·7의 와카和歌, 5·7·5의 하이쿠俳句, 7·7·7·5의 근세 속요小唄, 혹은 연극 대사의 7·5조 등이 있는데, 음성으로 낼 때의 휴박休拍도 넣으면 모두 4박, 8박이 되어 일본 음악의 박자 산출법과도 일치한다.[41] 이와 같이 4, 8박의 등박율의 시형에 덧붙여 일본 음악의 4박자, 8박자, 민요나 동요는 2박자계와 일본의 언어 형식은 시나 노래에서도 극히 단조롭다는 것은 부정할 수 없다.

모시어에서는 노래나 낭송에서 언어의 형식으로서는 지금까지 검토된 다른 많은 사하라 이남 아프리카의 언어와 마찬가지로 음절수에 의한 형식도 두운, 각운 등 음질에 바탕을 둔 형식도 발견되지 않는다. 단지 노래의 경우 대부분의 것은 전신을 리드미컬하게 움직이는 댄스, 혹은 손뼉과 같은 것에 의한 신체 운동과 결합되어 있으므로 노래가 음성으로 발화되는 단계에서는 리듬의 양식성을 갖추고 있다. 여기에서도 언어가 일본 문화나 프랑스 문화에서처럼 문자로서 신체의 외부에 고정되어 읽히는(묵독이든 음독 = 낭송이든) 것이 아니라 신체의 율동을 수반하여 발현된다는 성질이 발견된다.

음성 이외의 음구에 의한 인공음의 영역에서는 세 문화를 대비하는 경우, 프랑스 문화는 다른 유럽 문화와 마찬가지로 잡음을 배제하여 악기를 순화하는 것, 기명악기, 찰현악기, 오르간에 의한

41_ 발음된 언어음의 모라와 동시에 휴박도 박률로서 고려에 넣는다는 생각에 의하여 일본의 노래나 이야기의 영역과 음악적 영역이 공통의 시야에 들어갔다는 것의 의의는 크다.

지속음에의 취향과 하모니의 추구, 그리고 기악의 자립성에 의해 특징을 붙일 수 있다. 이에 대하여 일본 문화와 모시 문화는 악기음에서 잡음성의 적극적 평가(악기에 일부러 잡음 발생 장치를 부착한다), 지속음보다는 자극이 강한 음(충격음), 하모니보다는 단음 또는 헤테로포니 취향 등이 특징적이다.

그리고 일본의 소리 문화에서도 모시의 그것에서도 기악의 자립성이 약한데, 일본에서는 악기음은 언어음에 종속하여 노래나 춤에 장단을 맞추는 식의 성격을 띠는 일이 많음에 비하여 모시에서는 악기음은 결정적으로 신체의 율동과 결합되어 있고 북소리언어에서 그 전형을 보는 것처럼, 말의 장단이 아니라 말 그 자체이다. 일본의 소리 문화가 앞에서 말한 바와 같이 기본적인 리듬패턴에서는 상당히 단조롭고 미묘한 리듬감을 취하는 방식과 완급 즉 템포에 의해 강세를 붙이는 데 비하여 모시의 소리문화에서는 다양한 리듬패턴과 폴리리듬에 의한 그 조합 방식이 소리와 신체 표현의 흐름 속에 변화를 낳아간다.

여기에서도 또한 언어음이나 신체 표현은 원리적으로 분리하여 인공적인 악기음의 다채로운 탐구를 해온 프랑스 문화와 악기음이 언어와 결합하여 그것에 소리의 치장을 덧붙이는 것으로서 세련시켜온 일본 문화(전술한 구창가 등은 연주기법 면에서의 악기음과 언어음의 친밀성을 잘 나타내고 있다)라는 각각의 특색을 지적할 수 있다. 언어음도 '소여로서의 자연'의 일부를 이루는 사람의 목소리가 문화에 의한 가공을 거쳐 만들어진 것이며 팔각형 그림의 밑변의 검토에서 보았듯이 특히 일본어에 있어서는 목소리의 자연과 문화는 이어져 있다.

세 문화의 악기음 속의 자연과 문화의 관계를 이와 같은 고찰 후에 다시 개관하면, 악기음이 프랑스 문화에서는 언어음이나 신체 표현과 원리적으로 분리되어 독립되었다는 점에서 문화에 의해 세련되어 왔음에 비하여 일본 문화에서는 언어음에 종속하면서 이것을 보강하는 형태로 모시 문화에서는 신체성과 직결된 형태로 각각의 발달을 이룩해왔다고 할 수 있다.

인용 문헌

우메모토 켄조梅本健三, 1989년, 《시법詩法의 복권 — 현대 일본어 운율의 가능성》, 니시다쇼텐西田書店

오리구치 시노부折口信夫, 1995년[1982] 〈신토神道에 나타난 민족논리〉《오리구치 시노부折口信夫 전집》, 제3권, 〈고대연구(민속학편 상)〉, 츄오고론샤中央公論社, 141-167.

가토 히로아키加藤宏明, 무라시마 요시유키村島義幸, 마쓰모토 히로야松本宏彌, 가케히 토시오筧壽雄, 1987년 〈동물의 울음소리와 그 오노마토페의 음향분석〉, 《음성언어》Ⅱ, 긴키 음성언어 연구회, 133-144.

가와다 준조川田順造, 1985년 《소리(聲)》치쿠마쇼보筑摩書房, 1988[치쿠마 가쿠게이 이치くま学芸문고, 1998].

——, 1982년 《사반나 소리의 세계》(레코드 앨범, LP 2매, 해설서 첨부) 도시바 東芝EMI. 동명의 카셋트북(증보개정의 해설서 첨부), 하쿠스이샤白水社, 1988, 재개정판, 1998.

——, 1992년 〈문화의 측량을 위해〉, 《서쪽의 바람, 동쪽의 바람 — 문명론의 재구축을 위하여》, 가와데쇼보신샤河出書房新社, 7-34.

—, 1992[1981] 〈소리의 무늬 — 무문자 사회에서 권력과 커뮤니케이션〉, 《구두전승론》, 가와데쇼보신샤河出書房新社, 341-361.

—, 1992년[1987] 〈옛날이야기에서 인간과 동물〉, 가와다川田(1992), 151-185.

—, 1995년 〈초상과 고유명사 — 역사표상으로서의 도상圖像과 언어에 있어서 지시기능과 의미기능〉《아시아 아프리카 언어문화 연구소》 48·49 합병호, 도쿄(東京) 외국어대학 아시아 아프리카 언어문화 연구소, 495-537.

가와다川田, 쓰루오카 마유미鶴岡真弓, 니노미야 히로유키二宮宏之, 1995년 b(토의) 〈근대와 기층에의 의문〉, 가와다 준조 편 《유럽의 기층문화》, 이와나미岩波 서점, 353-399.

가와다 준조川田順造·오다 준이치小田淳一·야마모토 노부히토山本順人, 1996년 《아프리카 사회의 통신체제로서의 북소리언어 연구》(1995년도 과학연구비 조성금(일반연구 B) 연구성과 보고서) 도쿄東京 외국어대학 아시아 아프리카 언어문화연구소.

가와다川田, 1997년 〈언어표상에서 동물의 우의寓意 — 서아프리카 모시 사회의 사례〉, 국립 역사민속 박물관 편 《동물과 인간의 문화지》, 요시카와코문칸吉川弘文官, 131-167[《그녀들의 이야기에 귀를 기울이다(가제)》 세이도샤淸土社(근간)에 수록].

요시카와 에이시吉川英士, 1973년 〈창가의 역사와 원리와 기능〉《무사시노武蔵野 음악대학 기요》VII, 1-23.

구키 슈조九鬼周造, 1941년 《문예론》, 이와나미岩波 서점

군지 마사가쓰郡司正勝, 1987년 《풍류의 도상지》, 산세이도三省堂

사이고 노부쓰나西郷信綱, 1975년 《고지키古事記 주석》제1권, 헤이본샤平凡社

스가야 키쿠오菅谷規矩夫, 1975년 《시적 리듬 — 음수율에 관한 노트》, 다이와쇼
　　보大和書房.

──, 1978년 《시적 리듬 속편 — 음수율에 관한 노트》, 다이와쇼보大和書房.

세키 케이고関啓吾, 1979년《일본 옛날이야기 대성》1, 〈동물 옛날이야기〉, 가도
　　카와쇼텐角川書店

다케미쓰 도오루武満徹, 가와다 준조川田順造 1992[1980]년 《소리 말 인간》 이
　　와나미岩波 서점 [《다케미쓰 도오루武満徹 저작집》4, 신초사新潮社, 7-197
　　에 재록]

니시다 나가오西田長男, 1968년 〈'비유'의 민족논리 — 오리구치 시노부折口信夫
　　박사의 위대함〉《國學院雜誌》, 69권 11호, 140-151.

벳구 사다노리別宮貞德, 1977년 《일본의 리듬 — 네 박자 문화론》, 고단샤講談社
　　현대신서

야마구치 나카미山口仲美, 1989년 《짹짹 물떼새의 우는 소리는 — 일본인이 들
　　은 새의 울음소리》, 다이슈칸大修館

요코미치 마리오橫道萬里雄, 가모우 사토아키蒲生郷昭 구성 해설, 1978년, 레코드
　　앨범《口唱歌大系》CBS 소니.

Goody, Jack(1993) *The culture of flowers*, Cambridge, University
　　Press.

Hertz, Robert(1970) "Contres et dictons recueillis sur le front parmi
　　les poilus de la Mayenne et d'ailleurs(Campagne de 1915)", in
　　Sociologie religieurse et folklore, Paris, Presses Universitaires
　　de France, pp. 161-188.

Kawada, Junzo(1985) *Textes historiques oraux des Mosi*
　　méridionaux(Burkina-Faso), Tokyo, ILCAA.

Kawada, J. (1986) "Verbal and non-verbal sounds: some considerations on the basis of oral transmission of music", in Yosihiko Tokumaru & Osamu Yamaguchi(eds.) *The oral and the literare in music*, Tokyo, Academia Music: pp.158-172.

Perbosc, Antonin(1988) *Le langage des bêtes: Mimologismes populaires d'Occitanie et de Catalogne*, Carcassone, Centre d'Anthropologie des Sociétés Rurales.

集 日本書紀 神武 仁德 圖像 示唆 書取 書取り´ 書き取り´ 漢音 唐音 下ぶく
キトリ 異音 同字 同義 造字 指事 古音 吳音 漢音
書 古事記 万葉集 日本書紀 神武 仁德 圖像 示唆 書取´書取り´ 書き取り´
り´ かきとり´ カキトリ 異音 同字 同義 造字 指事 古音 吳音 漢音
聲 象形 舞書 古事記 万葉集 日本書紀 神武 仁德 圖像 示唆 書取´ 書
書きとり´ かき取り´ かきとり カキトリ 異音 同字 同義 造字 指事 古
音 下ぶくれ 聲 象形 舞書 kaku utterance enonce kiwadataser
binary opposition paradigmatic oshokujiken kichin-to bareru
symbol be similar to its object kaku utterance enonce kiwadataseru

7
시, 노래, 이야기

'읽는(읊는)' 것과 '이야기하는' 것

'이야기하는' 행위의 본질을 생각하는 데에는 여러 접근 방법이 있겠지만 '읽는' 것과 대비하여 검토하는 것도 하나의 방법일 것이다. 이것은 이미 후쿠다 히카루福田晃 씨는 '옛것을 읽다', '옛날을 이야기하다' 라는 대비하여 전개되고 있는데,[1] 이 대비는 극히 함축성이 깊고 문화인류학의 시야에서도 일본을 뛰어넘은 문화적, 사화적 맥락 속의 문제라고 할 수 있을것 같다. 여기에서는 아프리카의 사례를 참조하면서 검토를 하겠다.

'읽는(읊는)' 행위에 대하여 일본의 자료에서 우선 문제가 되는 것은 《고지키古事記》일 것이다. 이 문제에 대해서는 이미 방대한 연구의 축적이 있으며, 나는 완전한 문외한에 지나지 않았는데 《고

---

1 후쿠다 히카루(福田晃) 〈민간설화〈옛날이야기〉의 성립〉 후쿠다 히카루(福田晃)편 《민간설화 — 일본의 전승세계》세카이시소샤(世界思想社), 1989, 58-106 등.

지키古事記)의 서序를 읽을 때 일어나는 소박한 의문이 있다.

《고지키古事記》 편찬 사업의 발단은 텐무天武 천황이 제가諸家의 제기帝記, 본사本辭에는 오류나 허위가 많아서 그것을 바로잡아 정치를 하는 기본 자료로서 후세에까지 남기고 싶고 생각한 것에 있다고 한다. 그리고 히에다노 아레稗田阿礼에 황제일계, 선대구사를 '읊어 익히게 하여' 3대 후의 텐메天明 천황이 오오노 야스마로太安万侶에게 '편찬' 시켰다고 되어 있다.

텐무天武 천황이 구상한 씨족적 집단의 계보 전승을 개정하고, 통합하여 사회질서의 기본으로 한다는 것은 문화인류학이 주된 연구대상으로 해온 무문자 사회에서는 흔히 있는 일이다. 서아프리카의 티브족(현 나이제리아)의 사회조직을 2차 대전 직후의 시대에 연구한 미국의 인류학자 보하난 부처는 티브 사회에 있어서 부계 혈연집단의 계보전승의 사회적, 정치적인 참조 체계로서의 성격을 〈계보헌장〉(genealogical charter)이라고 불렀다.[2] 티브의 예는 비집권적이고 많은 부계 혈연집단으로 이루어진 사회의 계보 의식의 전형으로서 시사하는 바가 크다. 당시의 티브족 약 80만의 사람들은 14~17세기로 거슬러 올라가 단 한 사람의 공통 조상 티브로 이어지는 계보 의식을 가지고 있으며, 그것은 부계 혈연집단을 틀로 하는 티브의 정치조직 속에서 분쟁을 조정하는 데 '헌장'의 역할을 하고 있었다. 그러나 구체적으로 과거로 거슬러 올라간 시간은 1, 2세대에서 끊기고 그보다 더 옛날은 '아득한 옛날'이 되어버리는 것이

2_ Laura Bohannan, "A Genealogical Charter" *Africa*, 22(4), 1952, pp.301-315 : p.301.

다.[3] 같은 무문자 사회의 계보 전승에서도 가령 내가 조사한 모시족(현 브루키나파소)과 같은 왕제王制사회에서는 지배왕조의 현 왕을 30명 남짓한 역대의 조상 이름을 들어 호칭하는 낭송이 왕의 제사의식에서 왕과 회중을 앞에 두고 왕궁 전속 악사의 북소리언어와 음성에 의해 장중하게 행해지는데, 그 계보 전승에는 과거에 정복, 병합한 다른 왕조의 계보 전승도 포함된다.[4]

《고지키古事記》로 돌아가면, 나의 의문은 당시 아직 상당히 구전의 부분도 있었을 제가諸家의 계보 전승을 '읊어' '기록한', 그 어떤 과정에서 편찬 사업의 목적이었던 '계보헌장' 작성을 위한 개정이 이루어졌을까 하는 점이다. 서序에 텐무天武 천황의 의도라고 하여 서술되어 있는 곳에서는 '찬록', '토격討覈'의 단계에 원자료인 제가諸家가 갖는 제기帝記, 구사舊辭의 비판과 개정이 요구되고 있었던 것으로 보인다. 그러나 야스마로安万侶가 기록한 곳에서는 야스마로는 아레阿礼가 '읊는 곳'을 '자세하게 채록' 하였으므로 거기에서 오류를 바로잡아, 취사선택하였다고도 생각할 수 없다. 그리고 야스마로가 서술하고 있는 것은 읊은 것을 문자로 기록함에 따른 고심이어서 오히려 읊어진 것에 충실하려고 노력한 것으로 이해되는 것이다. 혹은 사이고 노부쓰나西鄕信綱씨가 말하고 있는 것처럼,[5] 어

3_ Paul Bohannan, "Concepts of Time among the Tiv of Nigeria", *Southwestern Journal of Anthropology*, 9(3), 1953, pp.251-262 : p.261.

4_ 가와다 준조(川田順造), 〈말을 거는 역사, 이야기하는 역사 ─ 무문자 사회에서 구전사의 형성〉 가와다 준조(川田順造) · 도쿠마루 요시히(德丸吉彦) 편《구두전승의 비교연구 Ⅰ》 고분도(弘文堂), 1984, 90-144, 《구두전승론》하, 헤이본샤(平凡社) 라이브러리, 2001, 117-193에 재록.

5_ 사이고 노부쓰나(西鄕信綱)《고지키(古事記) 주석》제1권, 헤이본샤(平凡社), 1975년, 50-53.

떤 시기의 텐무天武 천황이 대표한 궁정의 견지에서 아레가 낭송하여 익히기 전에 토구討究, 편찬되었던 것일까? 그렇다면 아레가 암송하며 익힌 후 '시대가 바뀌고 세상이 바뀌어'도 아직 '그 일'은 이루어지지 않고 겐메이元明천황이 '구사舊辭의 오류를 안타까이 여기고, 앞선 역사서의 잘못을 바로잡는다고 하여'와도和銅(708~715) 4년 야스마로에게 아레가 낭송하는 칙어의 구사舊辭를 찬록하여 헌상하라는 칙명을 내렸다는 것은 어떻게 해석해야 할 것인가?

내가 여기에서 문제시하고 싶은 것은 위의 문제 자체의 역사적인 전색詮索보다는 구전을 문자로 기록하는 행위의, 일본에서 가장 원초적인 단계에서 나타나는 '읊는' 것과 '기록하는' 것의 의미인 것이다. 아레는 당시 28세의 젊은 시종으로서 기억력은 뛰어났는지 모르지만 제가諸家의 계보 전승을 비판적으로 개정하는 권한을 부여받았다고는 생각되지 않는다. 그렇다고 한다면 '읊어 익히는' 행위는 구전하거나 서전書傳하는 말을 단지 충실하게 음성의 기록으로 하는 것이었을까?

내가 흥미를 가지는 것은 이미 상당한 부분은 문자화되어 있었을 제가의 계보 전승도 문자 기록 그대로 베낀다든지 하여 자료로 하는 것이 아니라 기억에 대한 오류의 위험을 무릅쓰고서라도 일단 음성의 전승으로 한 뒤에 다시 문자로 기록한다는 점에 있다. 후지이 사다카즈藤井貞和 는 '읊는' 행위의 주술성에 주목하고 구전이 아직 지배적이었을 당시 서승화書承化되어 있었던 것도 '구전으로 되돌리는 것이 정식'이며, '의심할 수 없는 진실로 만들기 위해서는 읊는 단계를 거치지 않으면 안 된다', '텐무天武가 아레에게 '송습誦習'시킨 것은 읊음으로써 정식의 내용을 결정하기 때문이었

을 것이다'라고 하고 있다.[6] 이 견해에 따르면 아레가 '읊는' 과정
이 전승을 바로잡고 개정하는 행위였다는 것이 되는 것일까? 그런
데 후지이는 또 사이고 노부쓰나 등 아레의 무녀 샤만설을 비판하
여 아레는 격렬한 신내림과는 다른, 남성의 총명한 기억자이며, 약
30년간도 '선대구사' '제왕일계'의 송습을 잊지 않았던 '기억의 특
수 재능자'였다고도 하고 있다.[7] 만약 후지이가 말하듯이, '구전으
로 돌리는 것이 정식'이었다고 하면 왜 최종적으로는 야스마로에게
기록하게 했을까 하는 의문은 남지만, '읊는' 행위에 단순한 구전
의 기록으로 하는 이상의 힘, 다면적인 작용을 인정한다(인정하고 싶
다)는 점에서는 나도 후지이씨의 오른 쪽 제1의 의견에 공감한다.

여기에서 또 이야기를 아프리카의 무문자 사회로 옮겨 직접적
으로 관련이 없는 것을 기하학적 증명을 통해 보조선을 그을 작정
으로 서술해 본다.

모시 왕국의 왕 계보 전승에서는 북의 타주에 의한 전승이 정
식의 것이라고 되어 있다. 이 '북소리 언어'가 언어 메시지를 전하
는 구조나 그 사회적 의미 등에 대해서는 이미 발표했으므로[8] 되풀
이하지는 않겠는데, 제례의 장에서 행하는 왕의 계보 전승의 '이야
기'도 대부분은 북소리의 소리만으로 이루어진다. 왕조에 따라서는

6_ 후지이 사다카즈(藤井貞和) 《이야기문학 성립사 — 고사(古事), 이야기, 설화》 도쿄대학
출판회, 1987, 194.

7_ 같은 책, 600-602.

8_ 가와다 준조(川田順造) 《사반나 소리의 세계》(카셋트 북) 하쿠스이샤(白水社), 1998. 특
히 테마 3 〈소리 속의 언어, 언어 속의 소리〉, 테마 4 〈북이 엮어내는 역사〉. J. Kawada,
"Le panégyrique royal tambourine mosi : un instrument de contrôle
idéologique", *Journal of Asian and African Studies*, 26, 1983, pp.19-32. 외.

몇몇 중요한 연례 축제 시에 궁정 전속 악사장이 북으로 '말하고', 그것을 한 절마다 지위가 낮은 악사가 말로 바꾸어 큰 소리로 읊는다. '북소리언어' 라고 하여도 그 기본은 어디까지나 언어 전승이므로, 음성으로 읊는 것은 원래의 언어 전승으로 돌아가는 것인데, 그 경우조차 소리로 읊는 쪽이 북소리의 타주보다 지위가 낮은 것이다. 북을 치는 손의 운동 기억으로 악사의 신체에 내장된 '북소리언어' 를 말하는 쪽이 언어의 전승보다 안정성이 크고, 그 점에서 '북소리언어' 는 문자와 비교되는 측면도 가지고 있는 것인데,**9** 여기에서는 음성에 의한 낭송은 북소리언어로 기록된 것을 '읊는' 행위에 해당한다고 할 수 있을까?

'읽다(읊다)', '이야기하다' 라는 용어에 주의를 기울여야 할 본고에서 나는 모시의 북소리언어나 음성에 의한 계보 전승에 굳이 '이야기한다' 는 용어를 썼다. 'togse' 라는 동사가 있다.**10** 이것은 영어 불어의 'recite, réciter, raconter' 등의 동사에도 들어있는, 이미 언술로서 있는 것에 다시 음성으로 형태를 부여한다는 의미나 일본어의 'katadoru → kataru'(본뜨다, 모방하다, 상징하다 → 말하다, 이야기하다)에도 통하는 의미 범위를 갖는 말이다. 뭔가를 상징적으로 나타내다, 흉내내다, 닮다 등의 의미에도 쓴다. 북소리언어에서는 기본인 언어 전승을 북소리로 '흉내내는' 것이므로 그런 의미에서는

9_ 가와다 준조(川田順造) 〈서사시와 연대기 — 이야기된 것과 기록된 것〉,《구두문예연구》제13호에 실림[《구두전승론》하, 헤이본샤(平凡社) 라이브러리, 2001[1992]. 나는 '북소리언어' 를 오히려 '마이너스의 문자' 로 보고 싶다.

10_ 가와다 준조(川田順造) 〈구두전승론 1 음성 커뮤니케이션의 제상〉《사회사 연구》제2호, 1983, 1-133, 특히 제2장 〈모놀로그의 성립〉[《구두전승론》상, 헤이본샤(平凡社) 라이브러리, 2001].

분명히 '이야기하는' 것이며, 음성을 통한 낭송은 이번에는 북소리를 번역하므로 '이야기하는' 것이 될 것이다. 옛날이야기도 'tãw'(치다, 명중시키다)라는 동사도 쓰이는데 '이야기하다' 하고도 한다.

'읽다(읊다)'에 해당하는 모시어는 무엇일까? 무문자 사회이므로 '문자로 기록된 것을 읊다'라는 의미로는 존재하지 않지만, 어떤 언술을 충실하게 반복한다는 의미에서는 'reese'라는 동사가 있다. 'togse'에는 이야기하는 사람이 원래의 사항을 재현하는 데 있어 어느 정도 자유로움과 주체성을 가지고 있다는 함의가 있는데, 'reese'는 왕의 복창사가 작은 소리로 말한 것을 큰 소리로 복창하여 회중에게 전한다든지, 빙의하는 점술사의 '알리는' 행위를 가리키는 등, 발화자에게는 표현의 자유가 상정되어 있지 않다.

한편 일본어의 '읽다(읊다)'에는 달력의 어원이라고 하는 'kayomi'(일력)처럼, 하나하나 세어 올린다는 의미도 있고, 한자를 일본어에서 훈독하듯이, 어려운 의미가 담겨진 도형을 독해한다는 사용법도 있는 것 같다.[11] '사람의 마음을 읽다'라든가 'yomi-ga hukai'(통찰력이 깊다) 등의 이와 같은 함의에서 파생한 용법일 것이다. 모시어에서 이것에 대응하는 말을 찾는다고 한다면 'bãge'를 들을 수 있을지도 모른다. '보는 자(voyant)' 즉 보통 사람에게는 보이지 않는 것까지 간파하여 '읽어내는' 능력을 갖춘 지자(智者), 점술사 등이 예견하거나 난해한 사항을 해석한다는 의미에도 보통 사람이 '습득한다'는 의미로도 쓰인다.

11_ 오오노 스스무(大野晋), 사타케 아키히로(佐竹昭広), 마에다 킨고로(前田金五郎) 편 《이와나미(岩波)고어사전》이와나미(岩波)서점, 1974, 1355-1356.

166 소리와 의미의 에크리튀르

아프리카의 무문자 사회에는 구두 전승이나 북소리와 함께 도상圖像 표상도 풍부하게 만들어내고 있다. 모시 왕국에서는 소리의 역사 표상은 정련되었는데 도상圖像 표상은 전혀 없다고 해도 좋을 정도였다. 같은 서아프리카에서 거의 동시대에 왕제 사회를 형성한 베닌 왕국(현 나이제리아)에서는 모시와는 대조적으로 소리의 역사 표상은 결여되어 있는데, 청동, 상아 등을 소재로 한 도상圖像에 의한 역사 표상은 고도로 발달했다. 그 도상圖像 해석은 다양한 흥미로운 문제를 제기하는데,[12] 다른 분야의 연구자에게는 일반화된 도상圖像의 상징성밖에 보이지 않는 도상圖像 군(群) 속에 역사의 당사자인 고로(故老)는 조상의 업적을 '읽어내는' 것이다.[13] 이 베닌 왕국의 도상圖像 해독은 유럽의 고딕 교회의 틴파눔의 불가해한 도상圖像이나 정토진종의 《신란親鸞 성인 일대기》의 단지 바라만 봐서는 의미를 모르는 액자의 그림을 승려가 풀이하여 '읽고', 도상圖像에서 언술을 이끌어내어 한 글자도 모르는 선남선녀에 풀어 들려주는 습속을 생각나게 한다.

앞에 든 히에다노 아레稗田阿礼를 둘러싼 후지이藤井의 설에 내가 공감하면서 생각하는 것도 '읽는(읊는)' 행위의 단순한 기계적인 복창 이상의 전개이며 힘인 것이다.

12_ 가와다 준조(川田順造) 〈도상(圖像)에 담긴 역사〉, 가와다 준조(川田順造) 감수 《나이제리아 베닌 왕국 미술전》(카탈로그), 세이부 미술관 · 아사히 신문사, 1989, 16-23.

13_ R. E. Badbury, "Ezomo's Ikegobo and the Benin Cult of the Hand", Badbury(ed. by P. Morton-Williams) Benin Studies, Oxford University Press, London etc., 1973, pp.251-270. 가와다 준조(川田順造) 〈무문자 사회에서 역사의 표상 – 서아프리카 모시 왕국과 베닌 왕국의 사례〉, 아베 도시하루(阿部年晴) 《민족문화의 세계》(오오바야시 타료(大林太良) 선생 퇴관기념 논문집), 제2권, 소학관에 실림.

아프리카의 사례에 대하여도 '읽는(읊는)' 행위가 현재를 과거에 보내며 정착시키는 연대기적 지향과 관계되어, 문자와 친숙해지기 쉬움에 비하여 '이야기하는' 행위는 과거를 목소리의 힘으로 회생시키는 서사시적 지향과 결부되는 것은 아닐까 하는데 이것은 다른 기회에 서술하였다.[14]

서사시와 연대기

문예란 '문文'의 예술인데 거기에 많은 목소리가 담겨 있다는 것은 《헤이케 모노가타리平家物語》[15] 등의 예까지 들어 말할 필요도 없을 정도다. 구전하던 것을 문장으로 변환하거나 그 역의 경우는 세계의 문예사에서 수도 없이 일어났는데, 입으로만 하는 '문'예도 현대에서도 일본을 포함하는 많은 사회에 건재하고 있으며, 인류사라는 시야에서 보면, 음성 예술이 압도적으로 큰 부분을 차지하여 왔다고 할 수 있다. 음성 표현은 협의의 언어표현이 언어 이전의 목소리나 숨소리의 표현 속에서 양자의 경계도 확실하지 않은 채 생겨났다. 음성 표현을 문으로 변환하는 것은 협의의 언어표현의 순화와 조탁에는 이바지하는 바가 큰데, 문자화에 의하여 잃어버리는 것도 물론 많다.

14_ 주(9)에 든 졸고. 또 가와다 준조(川田順造) 〈서사시와 연대기〉, 《분게이(文藝)》1988, 여름호, pp.212-215.

15_ 가마쿠라(鎌倉)시대에 성립한 헤이케平家의 영화와 겐페(源平)의 전투에 의한 몰락을 그린 군기(軍記)이야기이다. 지카마쓰 몬자에몬의 《헤이케뇨고가시마(平家女護島)》등, 후세의 여러 문학 작품에 영향을 끼쳤다. 호겐(保元)의 난과 헤이지平治의 난 승리 후 헤이씨平氏 중의 '히라(平)' 가의 영화와 '미나모토源' 가의 제가(諸家)(=겐지(源氏))의 봉기, 겐페(源平)의 전투, 그리고 헤이케 헤이씨의 멸망을 그리고 있다. 헤이안平安 귀족들의 삶과 새로 대두한 무사들의 삶을 대조적으로 그리고 있다; 역주

입으로 전하던 이야기를 글로 변환하고 더 나아가 쓰여진 글에 바탕을 두는 목소리의 퍼포먼스로의 변환은 비근한 예에서는 메이지明治의 속기술의 도입에 따르는 라쿠고落語나 고단講談16의 문자화, 혹은 핫세 가쓰라 분라쿠八世桂文楽의 극명한 〈분라쿠文楽 노트〉에 의한 이야기 낭송의 재생과 세련의 과정 등에서 볼 수 있다. 일본 최초의 하나시噺의 속기본이었던 산유테 엔쵸三遊亭円朝의 《괴담 모란 등롱》을 비롯하여 엔쵸의 괴담, 닌죠바나시人情噺의 문자화는 언문일치문학을 모색했던 쓰보우치 쇼요坪内逍遙, 후타바테 시메二葉亭四迷, 야마다 비묘山田美妙 등에게 강한 충격을 주었으며, 《햣가엔百花園》을 비롯한 라쿠고 · 고단의 속기잡지는 메이지明治(1868~1912) 20년대부터 다이쇼大正(1912-1926)에 걸쳐 크게 유행하고, 대중문학에도 깊은 영향을 끼쳤다.17 만자이漫才18의 대본 작자로서 쇼와昭和(1926~1989)의 만자이에 새로운 바람을 불어넣으면서도 만자이의 구연성 때문에 저작권을 수반한 '작품'의 작자일 수 없는 모순 속에서 일생을 보낸 아키타 미노루秋田實의 고뇌는19 말로 하는 이야기의 퍼포먼스가 문자 텍스트를 능가해가는 영역으로서의 소리와 문자의 상극을 집약하여 보여주고 있다 할 것이다.

16_ 요세(寄席)연예의 하나. 정좌하고 앞에 놓인 대본 받침대를 부채 등으로 치면서 군담(軍談) · 복수담 · 장군 영주이야기 · 협객전(俠客伝) · 시대물 등을 가락을 붙여 읊는 이야기 예술. 겐로쿠元禄(1688-1704) 무렵 시작되었다고 하며, 에도 시대에는 고샤쿠(講釈)라고 했다; 역주

17_ 데루오카 야스타카(暉峻康隆), 《라쿠고(落語)의 연륜》, 고단샤(講談社), 1978, 236-247.

18_ 두 사람이 해학적인 문답을 중심으로 연기하는 요세 연예(寄席演芸); 역주

19_ 도미오카 타에코(富岡多惠子), 《만자이 작자 아키타 미노루(秋田實)》, 치쿠마쇼보(筑摩書房), 1986.

'문'에 의한 표현이라는 것이 원래 존재하지 않는 흑인 아프리카의 무문자 사회에서 음성과 음구에 의한 표현이 커뮤니케이션의 모든 영역을 망라하는 것을 접하고 있으면 음성 표현에도 문자와의 상관 관계에서 몇 개인가의 층이 있다는 것을 알 수 있다. 어떤 층의 음성 표현은 문자화된 텍스트에 아주 가까운 성질을 지니고 있다. 그 것은 특정의 낭송자가 다른 기회에 몇 번을 낭송하여도 같은 이야기로 반복 참조가 가능하다는 점, 어떤 혈연 집단 속에서 세대에서 세대로, 어린 시절 훈련에 의해 전승되기 때문에 시간을 거친 지속성, 불변성이 크다는 점 등에서 문자 텍스트에 가까운 전달상의 기능을 가지고 있다. 왕정 사회에서 왕궁 전속의 이야기사, 악사가 전승하고 제례 때 모인 군중 앞에서 낭송하는 왕조 연대기 등이 그렇다.

이런 종류의 정형화된 구전사口傳史는 많은 흑인 아프리카의 옛 왕국에 존재했는데, 내가 주로 조사한 서아프리카 내륙의 구 모시 왕국에서는 왕조 연대기의 '정본'은 북소리로 '이야기가 이루어진'다. 왕궁 전속의 이야기사 = 악사의 장長이 큰 구형의 표주박 상부를 잘라내어 산양의 가죽을 입힌 북을 양손으로 쳐서 북소리로 옮긴 언어 메시지로 시조 이래의 왕명을 제사의 장에 임석하는 왕이나 중신이나 참가자의 앞에서 부르는 것이다. 정형화된 왕조 연대기를 정확하게 북으로 치는 훈련을 어릴 때부터 쌓음으로써 북이라는 음구를 매개로 하여 소리의 연대기는 악사의 신체에 내장된 전승이 된다. 언어의 기억이 신체의 기억으로 변환되는 것은 메시지의 시대를 초월한 전달을 보다 확실하게 하는 역할도 하고 있다. 중요한 제례에서는 악사장이 치는 북의 연대기를 지위가 낮은 악사의 한 사람이 '읊어' 소리로 낭송한다. 이와 같이 정형화된 '북소리

언어'에 의한 전달 기법을 나는 일찍이 '소리의 에크리튀르'라고 하였는데, 문자와 대비했을 때의 성질 때문에 '마이너스의 에크리튀르'라고 해본 적이 있다.[20]

모시 왕국의 왕조사를 이야기하는 북소리언어는 소리를 내는 언어와 문자화된 텍스트의 쌍방에 걸친 위치를 차지하고 있다고 할 수 있는데, 히에다노 아레稗田阿礼가 적어도 일부는 성문화되어 있었다고 생각되는 제황일계帝皇日繼나 선대구사先代舊辭를 텐무天武 천황의 명으로 읊어 익혀 아마 다른 구전 역사도 포함하여 굳이 소리를 내어 읊은 것을 오오노 야스마로太安万侶가 문자로 기록한《고지키古事記》의 성립 과정에도 정형화된 음성언어와 문자 텍스트의 뚜렷하게는 나눌 수 없는 상호관계를 볼 수 있을 것이다.

이처럼 일언반구도 틀리지 않는 구전을 추구하는 이야기도 있는가 하면 테마와 모티브에 따라 각각 적합한 상투적인 문구를 골라 짜 맞추어 적당히 즉흥적인 개편도 하면서 언어를 자아내가는 사설조의 예술이 있다. 주지하는 바와 같이 세르비아의 음유시인의 사설을 연구한 알버트 로드는 그들의 퍼포먼스가《일리어드》나《오디세이아》와 마찬가지로 상투적인 문구(formula)에 바탕을 둔 구두적 구성법(oral composition)으로 성립되어 있다는 것을 밝혔는데,[21]

20_ 가와다 준조(川田順造)〈소리의 에크리튀르〉다케미쓰 도오루(武満徹)·가와다 준조(川田順造) 왕복서간《소리 말 인간》 이와나미(岩波) 서점 1980

21_ Albert Lord, "Homer and Huso I : The singer's Rests in Greek and Southslavic Heroic Song", *Transactions of American Philological Association*, 67(1936); "Composition by Theme in Homer and Southslavic Epos", *Transactions of American Philological Association*, 82(1951); *The Singer of Tales*, Cambridge, Harvard University Press 등.

이것은 다른 많은 이야기의 예술에도 들어맞다는 것이 그 후 각 방면의 연구에서 지적되고 있다. 로드의 연구에 자극을 받은 쟝 리슈네르가 프랑스의 무훈시에도 마찬가지 기법이 발견된다고 말한 것은 잘 알려져 있고,[22] 야마모토 기치조山本吉左右의 설교조의 이야기를 상투적 문구와 구두적 구성법에 대한 개념에 의해 분석하고 있다.[23] 중세 유럽의 전형적인 무훈시인 《롤랑의 노래》는 구두적 구성법이 들어맞지 않을 정도로 드라마틱한 긴밀성을 가지고 있다는 것을 리슈네르도 인정하고 있는데, 그래도 역시 이 무훈시는 전승적 용어를 써서 전승적인 테마와 모티브로써 성립한다고 사토 테루오佐藤輝夫는 지적한다.[24] 사토는 또 전체가 산문으로 엮여있는 《헤이케 모노가타리平家物語》의 전투 묘사에도 전투복 묘사, 이름 대기, 전투라는 순서를 밟고, 기술은 항상 정형을 가지고 이루어져, 그 각항을 구성하는 모티브도 또한 일정의 문형을 가지고 만들어져 있다는 것을 밝히고 있다.[25]

마찬가지의 상투 문구와 구두적 구성법의 기법은 아랍의 민중서사시 《시라트 바니 히라르》에도,[26] 서아프리카의 음유시인이 읊

22_ Jean Rychner, *La chanson de geste : essai sur l'art epique des jongleurs*, Genéve E. Deroz, 1955.

23_ 야마모토 기치조(山本吉左右) 〈설교 가락의 이야기 구조〉, 아라키(荒木) · 야마모토(山本) 편주 《설교조 이야기》, 헤이본샤(平凡社), 도요(東洋)문고 p.243, 1973.

24_ 사토 테루오(佐藤輝夫) 《롤랑의 노래와 헤이케 모노가타리(平家物語)》후편, 츄오고론샤(中央公論社), 1973, p.417.

25_ 같은 책, pp.428-449.

26_ Bridget Connelly, *Arab Folk Epic and Identity*, Berkeley, etc., University of California Press, 1986.

는《슨쟈타 대왕》을 비롯한 서사시의 가락(어조)[27]에서도 발견된다.

그런데 목소리가 만드는 여러 층 중, 특히 문자 텍스트와 관계가 깊은 이 두 층을 대비시켜 보면 단순히 언어의 정형화의 대소, 이야기에 있어서 언어 선택의 자유도의 차이만이 아니라 이야기하는 삶과 듣는 사람의 태도도 다르다는 것을 알 수 있다. 즉 왕조 연대기에서는 이야기하는 사람도 듣는 사람인 왕이나 중신도 일반 신하도 모두 왕궁에 연고가 있는 사람이며 이야기의 내용에 대하여 어떤 의미에서는 '당사자'인 것이다. 세르비아의 농촌에는 부계 씨족의 계보를 정형화된 시의 형태로 장노가 일족의 누군가에게 낭송하여 들려주는 관습이 있으며,[28] 이것은 아프리카의 왕 계보 이야기와 그 원초적인 양태로서 공통되는 것을 가지고 있는데, 이렇게 하여 당사자인 일족의 누군가가 이야기하고, 듣는다.

다른 한편 구두적 구성법이 쓰이는 이야기에서는 이야기하는 사람은 많은 경우 유행遊行의 직능자이며 듣는 사람도 불특정 다수이든지 특정되어 있다고 하더라도 상당히 다양하며 광범위에 걸친 고객이며, 이야기하는 사람은 오히려 듣는 사람의 의향이나 구연口演의 상황에 맞추어 이야기를 엮어간다. 거기에야말로 구두적 구성법이 필요시되는 이유다. 연대기의 이야기는 진실성의 존엄함에 뒷받침되어 듣는 사람도 매무새를 가다듬고 경청하는데 유행자의 이

27_ Charles Bird, "Oral Art in the Mande", in C.T. Hodge(ed.), *Papers on the Manding*, Bloomington, Indiana University Press, 1971.

28_ Barbara K. Halpern, "Genealogy as Oral Genre in a Serbian Village", in J.Foley(ed.), *Oral Traditional Literature: A Festschrift for Albert Bates Lord*, Columbus, Slavica Publishers, 1980.

야기가 갖추어야 할 조건의 첫 번째는 고객의 요구에 부응하여 많은 경우 고객을 즐겁게 하는 것이다. 거기에서 연대기적 엄밀함에 입각한 역사적 실제성보다는 오히려 영웅 신화적, 전설적인 무훈이나 기적이나 비극이 민속적 배경에 따라 윤색되어 종종 과장하여 이야기 된다.

연대기는 문자와 친숙하기 쉬운데, 영웅의 서사시는 어디까지 목소리를 필요로 한다. 서아프리카에서도 아라비아 문자에 의한 문자화가 일찍부터 발달해 있었던 하우사 왕국에서는 문자로 기록된 연대기는 많이 남아 있는데, 이야기로 하는 서사시는 발달하지 않았다. 이것은 같은 서아프리카에서 14세기를 정점으로 하여 멸망한 말리 제국의, 문자 기록은 갖지 않은 후예들 사이에 시조 슨쟈타 대왕의 전설을 비롯하여 과거의 영화를 이야기하는 각종 서사시들이 현악기의 반주로 현재까지 전해 내려오는 것과 대조적이다. 문자로 기록하는, 즉 체험을 외재화外在化하여 현재를 과거에 돌려보내는 연대기적 지향과 목소리에 의해 과거를 현재에서 되살리는 서사시적 지향은 문자 사회, 무문자 사회를 불문하고 사회와 시대에 따라 비중을 바꾸면서 공존하고 있는 것일 것이다.

날뛰는 원령에게 이야기하는 자가 빙의하여 이야기하게 하는 진혼의 성격이 원초에 있었다고 보는 설도 있는 《헤이케 모노가타리平家物語》도[29] 평면으로서 목소리로 전해 내려오는 한편, 문자화되고 수미일관한 문장 표현으로서 세련되고 '듣는 사람에 대해서는

29_ 효도 히로미(兵藤裕己) 〈이야기의 무속 —헤이케 모노가타리(平家物語) 생성론〉, 가와다 준조(川田順造)·노무라 쥰이치(野村純一) 편 《구두전승의 비교연구 4》, 고분도(弘文堂), 1988.

이미 이야기가 완성되어 닫은' **30** 텍스트로서도 향유된다. 원래 9권 등에 보이는 연대기적 성격이 강했는데, 이야기에 따라 서사시적 측면을 풍부하게 해왔다고 하는 해석도 있는데, 《롤랑의 노래》가 바탕이 된 바스크인과의 전투에서 삼백 년을 걸친 전승의 과정에서 역사적 실제가 환골탈태되어 연대기성 따위 전혀 없는 서사시인데 비하면 겐페이源平합전(12세기 말 겐지源氏와 헤이시平氏의 싸움. 겐페이源平 두 가문이 무사의 기둥으로서 나타나 서로 겨루었다; 역주) 이후 바로 형태를 이루기 시작한 듯한 《헤이케 모노가타리平家物語》에는 어차피 연대기성이 전편에 강하게 스며있다. 푸른 눈의 사람이 맹승에게 문자 텍스트를 읊어 들려주는 형태에서의 문자에서 목소리에의 영향도 있었다고 하는 《헤이케 모노가타리平家物語》는 소리와 문자, 서사시와 연대기의 착종 길항하는 관계를 탐구하는 데에도 특권적인 재미있는 장을 제공하고 있다고 할 수 있을 것이다.

연대기가 문자와 친숙하다고 해도 또 소리의 표현 속에 문자 텍스트에 가까운 층이 있다고 해도 음성은 역시 과거를 환기하여 현전시키는 것에 걸쳐 문자를 훨씬 능가하는 힘이 있다. 과거장은 문자화된 연대기의 가장 소규모인 것일 것인데, 도다이지東大寺의 수이회修二会의 과거장 읽기를 예로 들어 야마모토 기치조山本吉左右가 지적하고 있는 것처럼,**31** 과거장에 기록된 이름을 하나하나 소

30_ 야마시타 히로아키(山下宏明) 〈《헤이케 모노가타리(平家物語)》의 '원태'와 '고태'라는 것〉, 효도 히로미(兵藤裕己) 편 《헤이케 모노가타리(平家物語) — 이야기와 원태》, 유세이도(有精堂), 1987, 229.

31_ 야마모토 기치조(山本吉左右) 〈헤이케 모노가타리(平家物語) — 중세의 〈소리〉〉, (13)의 책에 실려 있음.

리를 내어 읽는 것은 정령을 재림시킨다고 하는 의의를 띠는 것일 것이다.

앞에서 말한 모시 왕국의 북소리언어에 의한 왕의 조상의 계보 이야기도 그 내실을 이루는 것은 각 왕의 긴 구절 형식을 한 각종 즉위명을 시조부터 차례로 북소리로 불러가는 것인데 그것은 악사가 직접 이인칭으로 임석하는 왕에게 '왕이시여, 폐하의 선조는 누구'라고 묻고 그것에 스스로 대답하는 형식으로 선조의 이름을 왕이나 회중에게 '알리는' 행위인 이상으로(왕도 회중도 왕의 선조의 즉위명은 모두 잘 알고 있다) 북소리로 저 세상의 선조를 불러내어 제사의 장에 재림시켜 영광에 찬 선조 왕들의 적류嫡流 왕으로서 현왕을 자리매김하는 행위라고 할 수 있을지도 모른다. 그러는 한 아프리카의 한 무문자 사회에서의 북소리언어에 의한 왕조사의 이야기는 수이회修二会의 과거장 읽기와 본질적으로 통하는 면을 가지고 있다.

음성으로 죽은 자를 불러낸다고 할 때 항상 부딪히는 것이 무격巫覡에 의한 일인칭 이야기의 문제다. 분명히 남서제도의 무녀를 비롯하여 빙의한 무격에 의한 일인칭 이야기의 예는 많다. 아이누의 유카라는 철저한 일인칭어로 알려져 있으며, 이것을 샤마니즘 기원으로 보는 설도 있었다. 그러나 샤마니즘의 본 고장인 중앙 아시아, 동북 아시아에서는 일인칭 이야기는 서사시의 특징이 아니며, 샤만의 노래에 있어서도 일인칭 이야기는 오히려 예외라는 것을 최근 오오바야시 타료大林太良가 지적하였다.[32]

32_ 오오바야시 타료(大林太良)〈아이누의 유카라와 그 역사적 배경〉, 가와다 준조(川田順造)·노무라 준이치(野村純一) 편 《구두전승의 비교연구 4》, 고분도(弘文堂), 1988.

무겐노夢幻能**33** 후 지테의 일인칭 이야기의 엄청난 박력은 빙의와도 관계가 있는 기반을 가지고 있는 듯한데, 한편으로 라쿠고落語처럼 세속적이며 객관적인 일인칭의 다중적 용법도 있다. 문학 연구에서도 관심을 불러 일으키는 인칭의 문제는 이야기나 노래 등 음성에 의한 표현을 포함하는 시야에서 검토되어야 한다고 생각된다. 시詩의 신 무사에게 도움을 청하여 어떤 때는 빙의하고 때로는 깨어있는 채 다른 인칭으로 변하여 이야기하는 목소리의 예술에서는 소리를 발하는 자의 페르소나는 이야기한다고 하는 행위 자체로보아 다중화하지 않을 수 없으며, 듣는 자의 현전이 '이야기'의 공범 관계를 드러내는 만큼, 인칭의 문제도 크리티컬한 면모를 보이기 때문이다.**34**

시와 노래의 사이(문자와 음성과 몸짓)

시詩라는 글자는 왜 말씀 언言변에 절 사寺라고 쓰는가 하는 의문이 생겨 시라카와 시즈카白川静씨의 《지토字統》(1984, 헤이본샤平凡社)을 보면 이 글자는 형성문자여서 절 사寺는 음성부호, 즉 발음기호라고 한다. 그러나 옛 자형에서는 갈 지之나 뜻 지志도 쓰였던 듯하며, '시는 뜻이 가는 곳에 있다. 마음에 있는 것을 뜻이라고 하고 말로 표현하는 것을 시라고 한다'(모시毛詩의 서序)는 설도 소개되어 있

33_ 노(能) 분류의 하나. 보통, 전후 두 장으로 나뉜다. 망령, 신, 정령 등, 초자연적인 존재의 화신(전 지테)가 여행자(와키) 앞에 나타나 사람의 신상이나 그 지방의 고사를 이야기하며 자기야말로 그 사람(신 · 정령)이라고 말하고는 사라지고, 후장에서는 본체를 나타낸다고 하는 형태의 노래. 많은 와키가 꾼 꿈이나 환상이라는 설정이라는 점에서 명명; 역주

34_ 이야기의 인칭 문제는 졸저 《소리(聲)》, 치쿠마쇼보(筑摩書房), 1988[치쿠마 가쿠게이ちくま芸芸)문고, 1998]에서도 논했다.

다. 또 '시를 늘어놓는 일이 많지 않으니 이로써 결국 노래를 하게 된다' 등의 옛 글귀를 인용하여, '시는 낭송해야 할 주술송이며, 정해진 의례의 노래이므로 사람의 심정을 즉흥적으로 자유롭게 노래하는 것이 아니다' 라고 시라카와 씨는 서술한다. 또 음성부호인 절사寺도 'tamotsu'(보존하다)라고 훈독하는 일이 있듯이 보존하고 유지한다는 뜻을 함의하고 있으며, '시에도 그 주령呪靈을 보존하고 지속하는 힘이 있는 관념이 있었을 것이다' 라고 한다. 이러한 어원 해석으로부터 시라카와씨가 도출한 것은 시의 주술성과 주술력을 갖기 위해 필요한 정형성, 비즉흥성인데, '뜻이 가는 곳' 을 '말로하' 는 것이 시라는 시라카와씨의 인용구에 '사람의 심정을 즉흥적으로 자유롭게 노래한다' 는 말이 포함되어도 좋을 듯하다. 어쨌거나 그것은 발성에 의해 의미를 갖는 행위였을 것이다.

야마토어인 'uta'(노래)의 어의에 대해서 오오노 스스무大野晋 씨는 'utsu'(치다, 때리다)와 어근이 같다는 설을 강세의 관점 때문에 받아들이지 않고, 'utagahi'(의심)의 'uta'와 어근이 같으며 자신의 기분을 그대로 표현하는 의미라고 하고 있다(《고어사전》 이와나미 서점 1974). 이와 같은 관점에서 생각하면 'uta'의 본질은 정형성에 사로잡히지 않는 즉흥성과 자유로운 심정의 토로에 있다고 보아도 좋을 것이다. 그리고 나도 아프리카의 사례에 입각하여 말한 적이 있듯이(《구두전승론》 가와데쇼보신샤河出書房新社, 1992), 말을 담는 그릇으로서의 박자와 가락, 선율 등의 정형성은 오히려 자유롭고 즉흥적인 말을 거기에 담아 '노래하는' 것을 용이하게 한다. 나는 여기에서 어원학적으로는 지지를 받지 못하더라도 'utahu'(호소하다)를 기본 의미로 보는 오리구치折口설에 공감한다. 그것은 방아타령이나 자장가 등 여성의 고독한 작업요나 여자아이들의 춤을 위한 즉흥가 등을 '목소리의 아지르(피난처; 역주)' 적 성격을 이끌어내고자 하는 나의 입장(같은 책)을 뒷받침해 준다. 연모의 정을 실어 표현하는 'misohitomoji'[35]나 연인의 창가에서 부르는 세레나데도 정형성이 있으므로 해서 생생한 마음의 표명이 수치스럽다고 압살되지 않고도 되는 것이다.

나는 소리의 면에서 '노래하는' 것과 '이야기하는' 것의 차이를, 아프리카에서 채록한 옛날이야기의 일부가 '노래'가 되는 사례의 분석에서, 노래는 목소리의 음정이 정해져 있다는 것, 즉 음높이에서의 정형성에서 찾았다. 리듬에 대해서는 모든 것을 서양 근대식 박자관에 따라 끊는 방식을 배제한다고 하면, 한마디로 말할 수 없는 어려운 문제가 된다. 또 음역의 넓고 좁음에 대해서는 아프리카 제어를 비롯한 음조언어에서는 일상 발화가 일정한 음정에 음높이를 한정한 '노래'보다도 음역이 넓은 것도 있다. 여기에서도 말의 정형성이 아닌 소리의 정형성이 말의 즉흥성을 용이하게 한다고 볼 수 있다.

생각해보면 어느 민족에게나 시 혹은 노래는 정형성과 즉흥성, 집합적으로 계승된 형식과 개인의 자유로운 새로운 표현과의 길항 속에서 존재해왔다고 할 수 있다. 형식은 자유를 제약하는데, 신이나 죽은 자나 사회에의 말의 전달에 힘을 부여한다. 원래 말은 전적으로 목소리였던 것이 문자를 발명하거나 도입한 사회에서는

35_ 三十一文字; 가나로 쓰면 글자수가 5·7·5·7·7의 31자가 되는 데서 와카(和歌), 하이쿠(俳句)를 말한다; 역주

문자가 뭔가 말의 중요한 일부이기라도 한 듯한 착각마저도 불러일으키게 되었다. 그리고 본래 목소리의 영역으로 문자가 침입한 것과 세력의 확대가 시간 속에서 청각에 의해 감지되는, 소리의 묶음과 그 반복(즉 리듬)을 공간에 고정되고 시각에 의해 확인되는 문자를 통한 소리의 단위로 바꾸어 시의 정형성에 대한 관념을 강화시킨 것은 아닐까 한다. 이 과정에는 몇 개인가의 단계를 검토해 보아야 한다.

먼저 첫째로 문자에 의한 목소리의 규격화가 있다. 사하라 이남의 흑인 아프리카의 문자를 애초에 갖지 않았던(혹은 그들의 소리와 신체의 표현의 풍부함으로 보아, 오히려 '문자를 필요로 하지 않았다' 는 쪽이 적절하다고 생각된다) 사람들의 남녀노소의 노래나 이야기나 언어유희에 접하면 지금도 그 녹음(《사반나 소리의 세계》 카셋트 북, 하쿠스이샤 白水社, 1998)을 들으며 생각하는데, 그들의 목소리와 말이 실로 활기차고 개성적이라는 것에 충격을 받는다. 거기에는 말을 문자화하고 문자를 써서 획일화된 언어 교육이 보급되어 있는 사회에서는 아득하게 잃어버렸고, 지금은 그 사실조차도 잊혀져 버린 목소리의 아나키한 빛이 있다. 한 사람 한 사람이 자기의 목소리와 말을 가지고 있다. 언어가 문자를 통하여 규격화되면 방언차, 개인차는 줄고 언어는 적어도 형식면에서는 보다 넓게 공통의 것이 될 것이다. 그런데 그것은 말에 의한 전달이 반드시 보다 넓고 보다 깊이 행해진다는 것을 의미하지는 않는다. 행정 소통 등의 연락에는 분명히 편리할지도 모르지만 한 사람 한 사람의 음성언어가 가지고 있었던 아니마(생기)는 없어진다. 첫째, 말이 의미를 전달한다는 것 속에 들어있는 전달의 중층적인 구조에서 보아도 규격화된 언어로 보다 명확하게 보다 넓게 전해지는 언어의 층과 그렇게는 전해지기 어려워지는 층이 있다는 것을 알아야 한다.

일본어에 대해서도 중국어에서 들여온 한자를 사용한 망요가나나 'mana'(真名)의 흘림 글씨체나 한자의 한 부분에서 따 만든 hira 'gana' 든 kata 'kana' 든 모라(박)를 단위로 한 이 단조로우며 사이가 뜨고 느린 서기법의 기본이 되는 일본어는 긴키近畿지방**36**의 말일까? 가나가 만들어진 시대는 훨씬 밑으로 내려가는데 문자와 그 발음을 일상어의 범위에서 아는 단서를 부여하는 기다유義太夫의 사장詞章과 이야기(katari)를 비교하면 이 근세 초기의 게이한京阪(교토와 오사카)말과 강세가 기본이라 말하는 문자와 음성의 사이에는 상당히 정합적인 관계가 있는 것으로 생각된다. 그런데 내 경험으로도 가령 도쿄 서민 사회 말의 촉음이 많고 CV구조(자음+모음의 조합)가 전혀 일반적이지 않은, 경쾌한 템포의 말을 가나라는 모라 문자로 적기란 불가능하다. 경쾌한 도쿄 방언의 화자로서 국어학자의 연구에도 그 후 쓰인 아사쿠사 하나카와도浅草花川戸의 도비가시라鳶頭인 고故 오케다 야사부로桶田弥三郎의 장년 시절의 말을 내가 학생시절 때 녹음한 것의 일부를 일본어의 억양 연구자와 함께 받아쓰는 작업을 했을 때, 나는 이것이 일본어의 심각한 문제라고 강하게 느꼈다. 녹음되어 있는 구어체 말을 모라 문자인 가나에 가깝게 받아쓴다 해도 나중에 그것이 텍스트화되었을 때 소리를 내어 표준적으로 읽으면 원래의 말과 전혀 다른 것이 될 뿐이다. 수년 전에 에치

36_ 교토(京都) · 오사카(大阪) · 효고(兵庫) · 나라(奈良) · 와카야마(和歌山) · 시가(滋賀) · 미에(三重)의 이부오현(二府五県); 역주

고 나가오카越後長岡에 찾아가 옛날이야기를 들려준 시모죠 토미下条登美씨의 고향 사투리에 의한 멋진 이야기에 접했을 때, 이것을 가나로 문자화하는 것에 대한 절망감이라기보다 죄악감을 느끼지 않을 수 없었다.

둘째로 그와 같이 하여 규격화되고, 단위화된 음성을 문자를 통해 형식성을 파악하는 방법이 있다. 노래를 'misohitomoji'(《고킨슈古今集》의 서(序))라는 문자를 단위로 하여 5·7·5·7·7 등, 발음되는 모라(박)만으로 리듬을 계산하는 착오를 테라고야(서당) 이래 모라 문자의 읽고 쓰기의 보급과 함께 확산시켰다. 일본의 시가는 휴박도 넣으면 국악의 기본 리듬과 공통되는 8박 구조를 가진다는 당연한 지적이 고故 스게야 키쿠오菅矢規矩雄와 벳구 사다노리別宮貞徳에 의해 거의 동시에 이루어진 것은 아주 최근의 일이다.

흑인 아프리카의 언어에 언어 형식으로서의 시형이 없다고 미국의 고명한 언어학자 그린버그를 비롯하여 몇 명의 학자가 지적해 왔다. 그러나 이것은 분명히 문자에 매혹된 텍스트로서의 시의 관념과 서양 중심의 시형의 규준에 얽매인 견해라고 생각해야 한다. 그 이유는 아프리카에서 시는 원칙적으로 악기의 연주나 댄스 등의 신체 표현을 수반하여 '노래하는' 것이며, 문자로 써서 읊어지는 것이 아니기 때문이다. 문자화된 텍스트를 머릿속에 그려 생겨난 시형의 관념으로부터는 압운이나 음절수나 장단격에 의한 양식성이 없다고 해도 악기음의 리듬이나 선율이나 신체 운동의 리듬을 타고 일련의 말이 읊어지면 그것은 당연한 것으로 한 '형태'를 취해버린다.

문자로 쓰여 읊어지는 것을 전제로 한 시와 악기나 손박자의 소리나 신체 운동을 수반하여 읊어지는 노래와의 관계를 어떻게 생각하는가 하는 문제가 가령 일본인이 지은 한시에서와 같은 소리와 문자와 의미의 곡예적 분석을 통하여 추구되어야 한다. 일본 고래의 시형에서도 마쿠라노 고토바는 수수께끼에 차 있는데, 사이고 노부쓰나西郷信綱씨가 말하는 원래 마쿠라노 고토바는 몸짓을 수반했던 것이 아닐까 하는 탁견은 시론 일반으로서도 귀를 기울일 가치를 가진다고 생각하며, 현대시 퍼포먼스의 금후를 보더라도 시사하는 바를 던져주는 것이라고 생각한다.

*

문자가 없거나 문자에 의한 언어 교육의 영향을 그다지 강하게 받지 않았던 사람들의 음성언어와 문자화되어 형식으로서의 통용력은 크다고 생각되는 언어 전달의 관계는, 시인이 확립된 언어 양식인 정형시를 가지고 개개의 자유로우며 새로운 표현을 추구하는 관계와 비슷한 부분이 있을 것이다. 널리 받아들여지고 친숙하니까 좋은 형식이라는 쾌적함에 저항하며 새로운 표현을 창조하려는 노력은 결국 언어라는 형식상의 합의를 통해 의미가 전달되는 구조와 완전히 개성적이며 창조적인 목소리, 그것도 비언어음으로서의 목소리를 통해 뭔가를 전달하려는 구조의 상극相剋에 다다르게 된다고 생각된다. 그것은 언어 행위가 음악 행위가 된다고 해도 충분치 않다. 왜냐하면 음악 자체가 이미 양식성, 정형성에 빠져 있기 때문이며, 현대 음악에서는 그것에 반역하며 넓은 범위의 사람들에게 듣기 좋게 받아들여진다고만은 할 수 없는 고독하기까지 한 표현을 낳고 있기 때문이다.

시인은 언어라고 하는 형식상의 합의 위에 성립하는 시스템을 이용하지 않을 수 없는 만큼 작곡가보다 정도가 심한 어려움을 안고 있다고도 할 수 있다. 일본 현대시인의 자작시 낭독은 최근 일본만이 아니라 일본어를 모르는 청중을 앞에 두고 해외에서의 퍼포먼스도 성행한다. 이것은 하이쿠, 단가, 한시 이외에 일본어의 언어 형식으로서의 시형을 갖지 않은 시작詩作과 작가 개인의 목소리에 의한 표현의 결합이라는, 지금까지 말해온 사항에 대한 하나의 극한적인 형태에서의 문제 제기라고 할 수 있을지도 모른다.

새삼스럽게 지적할 필요도 없이, 한시는 제쳐두고 일본의 시가는 '야마토 노래'의 시초라는 스사노오노 미코토의 '구름 굽이굽이 이는……' 이래, 현대에 이르기까지, 연가나 전투가도 5·7·5·7·7, 혹은 하이쿠의 5·7·5의 등시박율等時拍律 이외의 양식성을 갖지 않았다. 일본어의 등시박等時拍은 '등시等時'이므로 그리스어나 라틴어나 페르시아어와 같은 단가의 조합인 바리에이션도 가질 수 없고, 영어처럼 강박율도 아니며, 중국어 같은 음조언어에서의 음의 고저조합이나 반복에 의한 양식화도 있을 수 없다. 게다가 일본시의 등박율等拍律은 프랑스어처럼 음의 장단, 강약, 고저도 변별적으로 쓰일 수 없으며 음절수를 다듬어(물론 다른 유럽어와 마찬가지로 두운, 각운에 의한 양식화와 아울러) 시형을 구성하는 것과도 다르다. 일본어의 박율拍律 단위는 모라(박)이지 음절이 아니므로 전체적으로 사이가 뜨며 느리고 단조로워지는데다가 성음절화하는 'ん'도 포함하여 모든 박자가 한 개의 자음 플러스 한 개의 모음, 혹은 한 개의 모음으로 이루어지므로, 음질의 면에서 모라의 종류도 현저히 한정되는 결과를 낳고 있다.

예를 들면 'parisienne'이란 말은 프랑스어로는 3음절인데 일본어의 모라 문자로 쓰면 사이가 늘어져 두 배인 6박이 된다(パリジェンヌ). 도쿄 공항에 갈 때 나리타 엑스프레스라고 쓰인 열차에 타는데, 영어의 EXPRESS는 2음절이며 그것을 가나문자로 쓰면 웬걸 (급하다는데) 'エクスプレス'로 6모라가 되어 강약 강세도 없어진다. 푸르트벵글러라는 음으로서도 리듬감이 있어 매력적인 독일어로 3음절인 인명도 모라 문자로 쓰면 'フルトヴェングラー'에서 알 수 있는 것처럼 단조로운 등시음等時音의 연속이 된다.

특히 현대 일본어에서는 음소의 수도 모음이 다른 언어에 비해 일반적으로 적다. 거기에 위와 같은 모라 사정이 가세하므로 영어에서 팔만 육천 남짓이라고 하는 음절의 종류에 대하여 일본어의 모라의 종류는 언어학자에 따라 다소 다르기는 한데 기껏해야 백 개 정도이다. 모라가 아니라 음절이라면 현대 일본어에서 삼백개 정도 만들어진다는 고故 하시모토 만타로橋本萬太郎의 의견도 있는데, 그렇다고 해도 영어의 삼백 분의 일이다. 모라 문자를 단위로 하지 않고 음절로 하더라도 이것만 가지고는 두운 각운 등은 단다는 것도 간단하지만 다른 동음 속에 매몰되어 양식의 표지로서의 의미를 거의 이루지 못한다(메이지 이후의 일본에도 압운론자가 구키 슈조九鬼周造를 비롯하여 실제로 작품을 만든 사람이 없었던 것은 아닌데, 실제 작품이나 이론 양 측면에서 설득력을 갖지 못했던 것은 주지하는 바와 같다).

고대 야마토 노래에서 현대시에 이르는 일본 시가의 역사적 작품집을 배우가 낭독하는 것을 들었을 때 나의 첫 인상은 일본의 시는 음이 어쩌면 그렇게 단조로울까 하는 것이었다. 즉 내용에 따라 낭독하는 배우의 감정적이고 있는 힘을 다 한 '감정몰입'이 있을 뿐으로 시의 낭독법 스타일이 서양의 시처럼 시형에 대응하지는 않는다. 현대 일본어에서는 모라의 종류가 적다는 것 외에, 나라 헤이안 이래의 한어漢語 이입, 메이지 이후 한자의 조어 능력에 의존한 의미 우선의 서양어 번역 때문에, 다소라도 추상적인 의미를 나타내는 말일 때는 동음이의어가 몹시 많아, 귀로 듣기만 해서는 음감이 아름답기는커녕 의미도 파악이 안 되는 경우가 많다.

음성 표현 면에서 보면 이렇게 하여 이중, 삼중의 족쇄가 채워지는 것처럼 보이는 현대의 일본어이지만 서양적인 규준에서 보면 제약이라고 할 만한 점을 오히려 역으로 이용하여 장점으로 바꿀 가능성도 없지는 않을 것이다. 실제로 일본 시인의 자작 낭송이 해외에서도 호평을 받고 있고, 강한 관심을 지속적으로 가지게 할 수 있다는 사실은 이러한 가능성을 충분히 보여주는 예이다.

음성 표현이 어느 정도 개성적으로 심화될 수 있다고는 해도 시는 필경 언어의 예술이므로 단순히 '뜻이 가는 곳'만이 아니라, 거기에는 다소라도 일반성을 가진 이론적 기초가 있어야 한다. 나는 특히 언어음의 음성상징성의 문제는 음성 표현과 전달에 있어서 미개척 분야이지만 지금부터 크게 개척해갈 만한 영역이라고 생각한다.

언어음이 의미를 전달하는 데, 음성과 의미의 관계가 자의적으로 즉 문화의 내적 약속에 의해 정해져 개념화된 의미를 나타낸다는 사실과 인접하고, 부분적으로는 겹치며, 언어음이 주는 인상 그 자체가 어떤 의미를 듣는 사람 속에 환기하는 것 같은 영역이 존재한다. 구래의 일본어에서 의음어(오노마토페), 의태어, 의정어 등이라고 불리는 언어음의 영역이 그것으로, 나는 이론적 정리를 쉽게 한다는 관점에서 상징어로 총괄하여 부르고, 그 하위 구분으로서 표음어(언어음으로 비언어음을 나타낸다)와 표용어(언어음으로 음이 아닌 감각 자극의 인상을 나타낸다)로 나눈다. 상징어에서도 특히 표용어(햇빛이 쨍쨍 쪼인다 등)는 소리도 나지 않는 것을 언어음의 직접적 인상으로 나타내는 것이므로 문화에 의한 약속이 차지하는 정도가 보다 크다. 현대 시인 중에서도 미야자와 켄지宮沢賢治나 구사노 신페이草野心平 등은 특히 창조적인 표음어를 다용하여 멋진 시적 표현에 성공하고 있다.

그런데 내가 제안하고 싶은 것은 종래처럼 상징어로서 사용하는 것이 아니라 언어음의 음성상징성(약속에 의한 개념화된 의미를 매개로 하지 않고 언어음이 직접 감각에 작용하는 힘)의 양식을 탐구한 뒤 보통의 의미를 나타내는 말 속에 어떤 상징성을 가진 언어음을 효과적으로 사용한다고 하는 것이다. 언어음의 상징성에 대해서는 음소보다 더 기본적인 변별적 특징으로까지 분해하여 소리의 성질을 해명할 수 있는데 나는 그것을 야콥슨처럼 언어 문화를 뛰어넘은 보편적인 레벨에서 갑자기 확대하여 생각하는 것이 아니라 언어 문화마다에 우선 소리와 그것이 나타내는 의미의 관계를 검토하여 단계적으로 통문화적으로 확대해가야 한다고 생각하고 있다(가와다川田, 《소리(聲)》치쿠마쇼보筑摩書房, 1988).

이와 같은 방향에서 시적 언어의 탐구는 지금까지의 용례 분석에서 실제의 작품 창조로 향해야 할 때가 오리라고 생각한다. 이것은 천재적인 직관에 의한 창조를 보다 일반화된 원리로 환원하여 압운에 필적할 만한 시법으로 제시하는 것이기도 하다. 이것은 언어음의 음성상징 감각이 유럽제어에 비하여 두드러지게 발달해 있는 일본어(유럽제어에는 거의 존재하지 않는 표용어가 일본어에서는 그것 없이는 언어 표현이 성립하지 않을 정도로 풍부하게 세련되어 있으며, 그것도 명사, 동사, 형용사 등의 연속성이 눈에 띤다)의 특질 상 일본어에 특히 유효하다고 생각한다.

일본어는 음절 종류가 적고, 가나문자에 의해 발달된 CV구조가 단순하며 귀에 들어오기 쉽다는 특징을 가지고 있어 그것을 음성의 소재로서 청각에 인상을 부여하기 쉽게 시의 내용표현과도 일치하는 퍼포먼스를 음질의 개성에 의해 창출하기에는 오히려 유리하게 작용하지 않을까?

8

전승되는 소리와 말

구두전승 문화의 체제로서의 전문

현재에 집약된 전승

우리가 어렸을 때 자주 했던 '말 전해주기 게임'은 겨우 6, 7명의 참가자만으로도 한 줄로 나란히 서서 옆 사람에게 순서를 따라 귓속말로 전하는데, 이때 말의 처음과 끝이 얼마나 달라져 있는지를 보며 재미있어 하는 놀이다. 내가 서아프리카 내륙의 문자를 쓰지 않았던 왕국에서 아마 500년 정도 전에 형성되었다고 생각되는 왕국의 '역사'에 대하여 알려고 암중모색을 하기 시작했을 때도 가장 먼저 생각해낸 것이 이 '말 전해주기 게임'이었다. 같은 시간, 같은 장소에 있는 6, 7명 사이에 전해지는 말도 변형되어 버리는 전문傳聞이 500년에 걸쳐 전해져 내려왔다고 한다면 내가 알고 있는 메시지는 얼마나 과거의 '사실史實'을 전한다고 할 수 있을 것인가? 그 의문은 내가 착수하려고 하고 있던 작업의 시작 단계에서 내 앞을 가로 막았다.

그런데 역사 인식론적 문제로서도 '사실史實'이란 무엇인지를 우선 따져보아야 한다. 사실이 과거의 어떤 시점에 단일단독으로 존재했다고 간주하는 종래의 소박실재론 대신, 역사는 현재로부터 본 과거의 '표상'이라는 견해가 최근에는 힘을 얻고 있다. 그 문제는 문자를 쓰지 않는 사회에서의 '역사'의 존재 양식을 생각할 때 첨예한 형태로 제기된다. 모시왕국에서의 역사 전승의 연구에서 내 자신도 구두전승사를 과거를 향한 상상력이 만들어낸 것으로 보는 견해를 제창한 적이 있다.[1] 역사가 구전으로 전해질 때 문자로 기록된 역사와의 가장 큰 차이는 구전에서 '역사'는 항상 현재에 집약되어 있으며, 현재에서의 끊임없는 과거의 재해석의 결과로서 이야기된다는 것이다. 문헌에 입각한 역사 연구에서 우선 중시되고 문제시되는 과거의 사건과 그것에 대한 문헌자료와의 동시대성은 구전의 역사에서는 아예 문제가 되지 않는다. '구전의 증언'은 그것이 서술하는 과거의 어떤 시점으로 거슬러 올라가 그 위치를 확인하고 검토를 해볼 수 없다. 그런데 애초에 생명을 비롯한 제諸 현상의 지식과 변전變轉의 양태가 과거, 현재, 미래로서 마치 일직선상에 늘어서 있기라도 한 듯한 착각에 빠지게 되는 것 자체가 문자문화가 가져온 '시간의 공간화', 그리고 시제를 갖는 유럽제어 등의 영향은 아닐까? 이러한 의문은 인간이 등신대의 세계에 살고 있는 문자를 쓰지 않는 사회, 그리고 일본어와 마찬가지로 시제를 갖지 않

1_ 〈구두전승사와 과거에의 상상력〉《구두전승론》하, 헤이본샤(平凡社) 라이브러리, 2001[원 발표 1988].

고 시상(aspect)으로 양태의 변화를 나타내는 언어 속에 있어 보면 새삼 생겨나게 되는 것이다.

문자가 필요하지 않았던 사회

현대 일본어 같은 겉보기에 문자편중 사회에서는 '전문傳聞' 이라는 말 자체가 왠지 모르게 모호하고 수상쩍은 커뮤니케이션의 영역을 가리킨다는 뉘앙스를 품고 있다. 모시 왕국을 비롯한 아프리카 사하라 이남의 문자를 쓰지 않았던 사회에서 소리나 도상圖像이나 신체 표현에 의한 커뮤니케이션이 풍부하다는 것을 알게 됨에 따라 내 자신이 일찍이 썼던 '무문자 사회' 라는 용어는 문자가 있다는 것을 당연한 전제로 하는 마이너스적인 규정이라는 생각이 들어 그러한 용어보다는 문자를 쓰지 않았거나 필요로 하지 않았던 사회라고 해야 한다고 생각하게 되었다. 구전문화에서는 음성언어에 의한 소통이 갖는 의미는 당연한 것이지만 지극히 중대하다.

우선 인식해두어야 할 점은 구전문화에서는 음성언어의 의미 분절 기능이 한자의 의미 분절 기능에 치우쳐 있는 일본어 등과 비교하여 현격하게 크다는 점이다. 일본어의 '전언傳言 게임' 에서 전문이 잘못 전해지는 큰 원인은 일본어에서는 음절의 종류가 극히 적은 데다 강세의 형태도 단순하고 한자의 표의성과 의미 분절 기능에 안이하게 기댄 결과, 시각에 의해 한자를 떠올리지 않으면 의미를 판별하지 못하는 동음이의어가 대단히 많다는 점에 있다고 생각한

2_ 가와다(川田), 〈소리와 문자 — 야마토어에 한자가 도입되었을 때〉《유리이카》, 2003, 4월 임시증간호 〈총특집 일본어〉, 56-68(본서 제2장)에 이 문제를 논하였다.

다.[2] 모음의 종류도 현대 일본어에서는 다섯으로 열 개 이상은 있는 유럽 제어와 비교해도 현저히 적고, 성음절화한 'ん'를 제외하면 자음으로 끝나는 말도 없다. 구전문화의 모시어는 비모음鼻母音까지 넣으면 모음의 종류는 15, 이중모음 15, 자음 17, 이중자음 20, 게다가 음조에 의한 어휘 레벨에서의 의미의 변별이 있어 '전문'에 있어서 의미의 명확함은 현대 일본어와 비교가 안 된다.

노래는 왜 한 번 익히면 잊혀지지 않는가?

그와 같은 전제를 분명히 한 후 '구두전승 문화의 체제'로서의 전문에 대하여 생각해보자.

전언게임에서도 전달되는 메시지가 모두 알고 있는 가락이 붙은 노래의 일부라고 한다면 메시지는 아마 오류 없이 전달될 것이다. 개인의 기억 속에서도 가락을 붙여 익힌 노래, 멜로디가 아니더라도 5·7·7·7의 음수율 등, 분절적 특징만이 아니라 운율적 특징도 포함하여 익힌 노래나 와카, 하이쿠 등은 일단 익히면 상당한 시간이 흐르고 나서도 정확히 재현이 된다. 이에 비하여 선율을 수반하지 않는 음성언어의 산문 메시지는 암송하고 나서 나중에 충실히 재현하기가 훨씬 곤란하다.

내가 모시마을의 밤 모임에서 수백 번 라이브 녹음한 옛날이야기도 보통의 말투로 하는 이야기는 말하는 사람에 따라 다르고 매번 다른 낭송의 퍼포먼스는 있어도 텍스트라는 것은 존재하지 않는다. 그런데 이야기에 삽입되어 있는 노래 부분은 일정하며 듣는 사람도 하나가 되어 노래를 하는 것이다. 이것은 종래 일본의 옛날이야기에서도 마찬가지였다는 것을 고故 세키 케이고關敬吾 선생님께 들었다.

그 이유는 발화에 관여하는 발성기관, 조음기관의 범위가 운율적 특징을 수반한 발화, 즉 노래 쪽이 넓어 관여하는 기관 사이에서의 운동연쇄 조건이 갖춰지기 쉽기 때문이 아닐까 생각한다. 나는 신체기법, 즉 문화에 따라 정해지는 신체 사용법과 구두전승에 대하여 오랫동안 연구하고 있었는데도 말을 하는 행위도 발성기관, 조음기관이라는 신체를 사용하고 있고, 그것도 매일 쓰는 언어의 영향을 받는 신체기법의 중요한 일부라는 생각해보면 당연한 사실을 상당히 시간이 흐르고 나서야 깨달았다. 가락이 붙은 발화가 아니더라도 어떤 언어에 특유한 조음기저(articulatory basis)도 유아 때부터의 반복에 의해 조음기관의 신체기법으로서 몸에 배는 것일 것이다. 우리에게는 발음이 지극히 어려운 코이산어의 흡착음(click)도 그것을 모국어로서 유아 때부터 그런 발음을 할 수 있도록 조음기관이 길들여져 있으면 화자는 무의식중에 발음할 수 있고, 프랑스어 화자가 [h]음이 발음하기 어려운 것도 마찬가지 이치다.

아프리카의 북소리언어

그런데 발화가 신체기법이라는 것은 특히 아프리카에서 언어 메시지를 전하는 한 수단으로서의 북소리언어에 대하여 배우고, 내 자신이 그것을 익히는 중에 절실히 납득한 것이다.

음성언어 언표의 운율적 특징을 주로 하는 구(句)의 면모를 악기음으로 표현하여 언어 메시지를 전하는 '이야기 북'(talking drum)은 운율적 특징이 의미를 전하는 데 중요한 음조언어가 대부분인 사하라이남(以南) 아프리카에서 널리 사용되어 왔다. 서아프리카의 이야기 북에도 네 종류의 것을 대별할 수 있다.[3] 모시왕국에서 정련되어 온 '벤들레'라는 한 아름이나 되는 구형 표주박 공명체의 상부를 잘라 염소의 가죽을 대고 막명의 중앙에 수지로 바른 조음풀(tuning paste)을 원형으로 발라 맨손으로 양쪽을 두드리는 북은 양손의 손바닥이나 손가락에서의 미묘한 타법이나 뮤트, 즉 위치 등에 의해 아날로그성이 높은 방식으로 언어메시지를 보낸다. 이것은 모시어와 같은 '계단식 음조 시스템'(terraced level tonal system)을 갖고 특히 언어의 발신에 적합한 이야기 북이라고 할 수 있다.

벤들레(북과 그 연주자가 함께 벤들레라는 이름으로 불린다)는 왕궁에서 근무하는 악사 중 가장 지위가 높고, 벤들레의 장長, 벤 나바는 왕의 의례 행사장에서 수백 명의 회중 앞에 두고 시조 이래 왕의 계보를 장중하게 울려 퍼지는 북소리언어로 '이야기하고', 그것을 지위가 낮은 악사의 한 사람이 한 절 늦게 모시어로 고쳐 큰 소리로 낭송한다. 계보 이야기의 '정본'은 어디까지나 북소리이며, 모시어에서의 낭송은 모조模造인 것이다. 벤들레에 의한 왕의 계보 이야기는 특정 가계 내의 남자에게 전수된다. 어렸을 때부터 작은 벤들레를 배정받아 오랫동안 철저한 눈동냥을 통한 수련에 의해 왕의 계보 이야기는 북을 치는 양손의 운동연쇄로서 벤들레 일족 남자의 신체에 강력하게 내장되어 전승된다.

벤들레의 누군가에게 자신의 북이 가까이에 없을 때 왕의 계

3_ 서아프리카의 '이야기 북'에는 통나무를 도려내어 바깥쪽의 일부를 혀로 만든 '갈라진 북'(협의의 북이 아니라 슬릿 공), 대소 한 쌍의 목동편면(木胴片面)북, 모래 시계형의 나무 허리의 양면에 막을 붙이고 가락을 조절하는 줄로 맨 것, 거기에 구형 표주박을 공명동으로 하는 벤들레형의 네 종류로 대별된다.

보를 이야기해달라고 부탁해도 지금 북이 없어서 안 된다고 한다. 그런데 일단 벤들레를 가져와 두드리기 시작하면 양손의 움직임에 따라 기억의 태엽이 풀리기라도 하듯이 말이 입을 따라 나온다. 북만 치고 있을 때에도 목소리로는 나오지 않고 입이 움직이고 있는 일도 있다. 나는 북소리언어라는 것은 발성 조음기관을 통하여 목소리가 되어 입에서 나오는 대신 양손의 운동을 통하여 북소리로서 나오는 언어가 아닐까 생각하게 되었다.

북을 치는 양손의 재빠른 움직임이 어릴 때부터의 수련에 의해 단련된 운동연쇄에 바탕을 둔 신체기법의 일종이라고 한다면 손에서가 아니라 입에서 나오는 언어도 발성 조음기관의 운동연쇄가 기저가 된 신체기법이라고 할 수 있을 것이다. 음성언어에서 노래처럼 운동연쇄와 관계되는 범위가 넓으면 일단 단련이 된 다음에는 일련의 타주를 재현하는 것이 보다 안정되고 용이해진다는 원리를 북이라는 악기 = 음구를 매개로 하여 실현한 시스템이 북소리언어라고 할 수 있지 않을까?

변별적 요소가 적은 북소리언어

그런데 동시에 북소리언어에는 정보전달 시스템에 있어서의 또 하나 지금 말한 원리와는 이율배반적으로 보이는 원리가 작용하고 있다. 북소리언어는 음높이를 정할 수 없는, 두드러지게 종류가 제한된 충격음인데 바탕이 되는 모시어의, 앞에서도 말한 것처럼 다양한 분절적 조합을 가진 언표를 재현하는 곤란을 굳이 무릅쓰는 것이다. 사운드 스펙트로그램을 쓴 분석의 결과에서는 아날로그성이 높은 벤들레라도 여섯 종류 정도의 충격음을 기본으로 장단, 대소 등의 변화로 전후의 맥락도 제시하면서 언어 메시지를 전하고 있다고 생각된다.[4] 통신에 쓰이는 변별적 요소가 적으면 그만큼 전달은 안정된다. 왕의 계보 이야기에서도 북소리 언어에 의한 '정본'이 모시어에 의한 번역 낭송보다도 안정도가 높다. 다른 기회에 녹음한 북소리언어의 '정본'은 항상 동일한데, 언어로 번역하면 같은 낭송자여도 기본적 의미가 같은 그때그때의 세부적 표현에 차이가 생기는 것이다. 전달에 쓰이는 요소의 종류가 적으면 요소가 쓰이는 쪽은 단순화되는데, 그것에 반비례하여 전달되는 의미의 애매함도 늘어다는 사실은 쉽게 이해할 수 있다. 그런데 의례적인 장소에서 북소리에 의한 '정본'의 번역과 낭송을 하는 자도 '정본'을 숙지한 벤들레 일족의 한 사람이므로 북소리로 발하는 메시지는 번역 낭송자에 있어 일종의 기억 환기 장치로서 작용하면 충분하다. 즉 벤들레에서 왕의 계보를 한 시간 가까이 타주하기 위하여 서로 관련을 갖는 팔이나 손의 여러 부분의 미묘한 움직임이라는 복잡한 신체운동의 연쇄가 통합되어 만들어진 극히 안정도가 높은 북소리 언어의 메시지는 동시에 기억 환기 장치의 신호체계로서는 두드러지게 단순화되어 있기 때문에 세대에서 세대로의 전승에 있어서도 안정되어 있다고 할 수 있는 것이다.

왕의 긴 즉위명

언어화된 계보 전승의 내용에 있어서도 특히 계보 전승의 주된

4_ 카셋트 북《사반나 소리의 세계》하쿠스이샤(白水社), 1998[원발표 1982], 테마3, 밴드 4, 해설서 135-148 참조.

내용을 이루는 역대의 왕명을 둘러싸고 길항하는 두 원리에 의해 전승이 안정되어 있다. 모시어에는 사람을 가리키는 고유명사가 어법상의 범주로서는 존재하지 않는다. 어떤 언어에서나 부시나 슈미트, 하라原나 오가와小川, 뒤퐁이나 하시모토橋本 등의 고유명사 자체는 의미 기능을 갖는 보통명사가 지시 기능을 특화시켜 생겨나는 일이 많은데, 일반적으로 '이것'이라든가 '그것'처럼 지시 기능이 두드러지게 큰 말은 의미 기능은 거기에 반비례하여 작아진다. 모시왕의 즉위명에서는 이름의 의미 기능을 두드러지게 증대시킴으로써 역으로 지시 기능이 높아진다. 즉 왕 한 사람의 즉위명으로 보통명사가 들어간 긴 구句를 씀으로써 '개체'의 지시성이 높아지기 때문이다.

즉위명은 왕위계승 싸움의 대립자를 향한 승리선언이나 잠재적 적대자에 대한 모멸감 등을 우의를 사용한 잠언 같은 형태로 나타낸 것이 많다. 측근으로부터 헌정 받는데, 왕이 스스로 붙이기도 한다. 왕 한 사람이 복수의 즉위명을 가지는 일이 많다. 예를 들면 '고아孤兒가 코끼리에 올라타면 적군은 분해하며 울고 아군은 기뻐 웃는다'라는 즉위명은 처음에 고립무원孤立無援이라고 생각되었던 후보(고아의 비유로 나타난다)가 결국 왕위에 오른다(코끼리에 올라탄다는 비유)는 왕위계승 싸움을 반영한 승리선언이다. 이 왕은 또 '쇠 부스러기를 아무리 모아도 쇠는 되지 않는다' 등, 이밖에도 여러 즉위명을 가지고 구句의 형태를 한 이름이나 역시 그 왕에 대한 우의로 나타난 서술의 전체가 그 왕을 개인으로서 지시하고 있는 것이다.

전문傳聞을 뒷받침하는 것은 무엇인가?

공통의 시조에서 시대를 내려옴에 따라 가지가 나뉘고, 분열

항쟁을 반복하여 온 모시 왕국에는 지방 왕조마다에 30대 전후의 조상의 계보 이야기가 있고, 현재 왕의 근본이 바르다는 것을 왕의 의례에서의 북과 음성으로 낭송함으로써 회중에게 널리 알리는 것이다. 이러한 계보 전승은 다른 지방 왕조와의 사이에 반복된 전쟁이나 병합의 결과, 일부 다른 왕조의 계보 전승도 포함한 합성물로서 권력의 뒷받침을 받아 현재에 계승된다. 여러 왕조에 공통의 건국신화에 해당하는 최초의 부분은 이야기로서 정리된 통합적(syntagmatique)인 전승이 아니라 조각조각이지만 전체가 계열적(paradigmatique)으로 건국의 유래를 보여주는 것으로 되어 있어, 북소리언어에 의한 구전문화와 문자문화의 접점에서 생긴 《고지키 古事記》에서 인정되는 것은 새삼 지적할 필요도 없다. 결국 '전문傳聞'을 문제로 삼을 때 문자 사회, 구전사회의 어느 것이나 누가 '전문'을 필요로 하고 무엇이 그것을 뒷받침해왔는지를 우선 따져봐야 한다.

이상 '전문'을 뒷받침하는 원리를 '전문'이 극히 중대한 의미를 갖는 아프리카의 구두전승 문화의 사례를 통해 보았다. 이들의 원리는 문자 사회라고 하는 것의 내부에도 두꺼운 층을 이루고 있는 무문자성과 관련하여 한층 고려되어야 할 것이다.

문자 없는 사회의 문학

1

문학을 '문'에 관련된 것에 한정한다고 하면, 무문자 사회의 문학이라는 제목을 붙이는 것 자체가 모순을 품게 된다. 그러나 언어의 기예로서 문학, 즉 언어 기예라면 문자를 쓰지 않았던 세계의 많은 사회에도 활발히 이루어져 왔다. 문자로 기록한 협의의 문학을 가진 사회에서도 문자가 쓰이지 않았던 이전부터 이와 같은 언어 기예는 있었음에 틀림없고 문자가 옛날부터 보급된 일본의 예에서도 분명하듯이 문자로 쓰는 문학과 병행하여 목소리로 이야기하는 언어 기예도 행해지는 것이 보통이다. 더욱이 문자로 쓰인 많은 문학은 그 대부분의 역사 속에서 문자를 읽지 못하는 청중 앞에서 소리를 내어 읊었으므로 인류의 문학 전체 중에는 문자보다는 소리에 관계되는 부분이 훨씬 큰 비중을 차지하여 왔다고 생각된다.

문자로 쓰인 것도 그것을 읊은 사람의 입에서 퍼져 구전되는 일도 있고, 구전으로 전해져 오다가 문자화되는 일도 많다. 《헤이케 모노가타리平家物語》 등은 구전과 서전의 상호변환을 살펴보는 데 있어 흥미로운 사례다.

이와 같이 문자 사회 중에도 무문자성이라도 할 만한 것은 존재하며, 음성과 문자가 상호 변환되는 것이라고 생각하면, 문학에서 문자성과 무문자성도 연속된 관계로 파악해야 할 것이다. 이 논문에서는 문자보다는 목소리에 중점을 두어 문자가 언어 기예에서 갖는 특징과 대비시키는 형태로 문자 사회의 안에 존재한다. '무문자 사회'의 문학에 대하여 두세 개의 특질을 논하려 한다.

2

음성을 이용한 언어 기예의 하나는 그것이 듣는 사람이 현전해 있거나 아니면 듣는 자도 포함한, 복수의 현재顯在적이며 잠재적 이야기꾼의 현전에 의해 성립하는 상황의존도가 높은 '자리座'

의 기예라는 것이다. 그러나 대부분의 경우 언어를 문자로 기록하는 것은 고독한 행위이며, 읊는 사람의 현전이 없거나 읊는 사람이 누구인지도 모른 채 거행된다. 따라서 읊는 자도 쓰는 자의 현전 없이 간접적으로 전해져 온 메시지를 일방적으로 수용하는 것이다.

음성의 언어 기예에서는 전혀 다르다. 내가 많은 음성 언어 기예를 채록한 무문자 사회, 서아프리카의 모시족(현 브루키나파소)의 예를 들어보자. 농한기의 저녁식사 후, 오륙 명에서 열 명 정도의 모임에서 누군가가 무심코 '타오 소레무데' (이야기 좀 던져봐)라고 하고, 그것에 응하는 사람이 있으면, 거기에서 이야기판이 벌어진다. 소레무데는 바로 언어 기예 전체를 가리키는 말로, 짧은 소레무데는 이른바 수수께끼 등의 언어유희, 긴 소레무데는 옛날이야기다. 그 자리에 있는 사람들에 의해 수수께끼나 언어유희를 한 차례 주고받으며 활기를 불어넣은 다음, 누군가가 이야기를 시작한다. 이것도 분명히 짧은 소레무데의 연장이며 오로지 한 사람이 이야기하는데 다른 사람은 아무 말도 않고 듣고만 있는 것이 아니라 활발히 맞장구를 치면서 말참견을 하거나 주석을 붙이거나 정정을 가하므로 이야기하는 사람이 이야기 진행을 제대로 못하는 일도 있다.

가정을 가진 연배의 남성은 그다지 참가를 하지 않는데 그 이외의 남녀노소가 모이는 모시족의 이러한 밤의 언어 기예 판에서는 이야기하는 한 사람이 모놀로그로서 이미 완성된 이야기를 들려주는 것이 아니라, 잠재적 이야기사이기도 한 청중들도 가세하여 배구의 내진패스처럼 협동하여 언술(discours)을 자아내가는 것이다.

이렇게까지 극단적이지는 않더라도 일본의 옛날이야기 판座에서도 청중의 맞장구나 개입, 코멘트, 그리고 때로는 청중의 한 사람이 역할을 바꾸어 이야기를 시작한 것이 언어 기예가 만들어지는 바탕이 되었다고 한다.

이야기사가 누군지, 어떤 식으로 이야기하는지 하는 점에서 보면, 이른바 옛날이야기와 전설이란 모시사회에서는 흥미로운 대조를 보이고 있다. 옛날이야기의 화자는 전술하였듯이 할머니부터 소녀에 이르는 여성과 젊은이에서 코흘리개에 이르는 남성인데, 전설은 연배의, 그 사회에서 책임 있는 지위에 있는 남성의 영역이었다.

이야기 방식에 있어서도 옛날이야기는 위와 같은 자리의 누구라도 '무책임하게' 해도 좋다. 단지 세부의 완곡한 표현의 재미가 결정적인 것이며 이야기의 전개방식도 이야기되는 구성요소의 A → B → C라는 계속 관계를 갑자기 A → C로 이야기하고 나중에 생각이 나서 B를 삽입하여도 전체로서 A · B · C가 타당한 관계로 이야기가 이루어져 있으면 된다고 한다. 즉 옛날이야기의 메시지는 통합적(syntagmatique)이라는 점에 의미가 있음에 비하여, 전설이 포함하는 메시지는 각 구성요소가 형태를 만드는 관계가 첫째로 중요한 계열적(paradigmatique)인 성격을 가지고 있다고 할 수 있다. 종래 옛날이야기와 전설의 차이에 대하여 이야기되어 온 진실성 운운이라는 언술의 내용에 관계되는 규준과는 달리, 언술의 양식이나 이야기하는 사람의 차이라는 면도 주목해야 할 것이다.

3

텍스트라는 점에서 소리와 문자 문학의 차이를 보면 소리의 문학은 원칙적으로 일회마다의 연기(performance)로서만 있으며

'정본'은 없다는 사실이 우선 지적되어야 한다. 무문자 사회의 목소리의 전승 중에도 내가 오랫동안 연구한 왕의 계보 이야기처럼, 일언반구도 틀리지 않고 낭송해야 하는 것도 있으며, 고故 핫세이 가쓰라 분라쿠八世桂文楽의 라쿠고落語처럼, 잘 다듬어 완성한 소수의 이야깃거리에 대해서는 몇 번을 구연하여도 세부까지 조금도 다르지 않은 것도 있다. 이들은 음성 언어기예 중에서도 문자 텍스트에 가까운 층을 이루고 있다고 할 수 있다. 다른 한편 우에다 아키나리 上田秋成의 《봄비 이야기》의 사본들처럼 문자로 기록된 텍스트라 하더라도 사토 미유키佐藤深雪가 지적한 것처럼 정본과 이본이 다른 것이 문제가 안 되는 형태도 있을 수 있다.

목소리의 연기(performance)에서는 호메로스에 대하여 알버트 로드가 고와카幸若4와 셋쿄説経5에 대하여 야마모토 기치조山本吉左右가 밝힌 것처럼, 이야기하는 사람의 머릿속에 저장된 다수의 상투문구(formula)를 상황에 따라 사용하는 구두적 구성법(oral composition)은 특히 이야기 전문가의 언어 기예로 널리 쓰이고 있다. 그러나 옛날이야기의 세부에 대하여 있을 수 있는 것처럼 상투문구조차 없이 자유로이 즉흥적으로 이야기를 만들어 갈 수도 있다.

---

4 주로 무로마치(室町)시대에 유행한 무곡(舞曲)。 모모노이 나오아키(桃井直詮)(어릴적 이름: 고와카마루(幸若丸))의 창시라고 한다. katari(이야기)를 주로 하여 줄부채 · 소고 · 피리 등의 음곡에 맞추어 춤을 춘다. 구세마이(曲舞)의 일종으로 곡절(曲節)은 쇼묘(声明) · 평곡(平曲) · 연곡(宴曲)을 융합한것. 군기(軍記)를 제재로 하여, 전국무장(戦国武将)이 애호하였다; 역주

5 katari(이야기)의 일종. 설경이 평속화, 음곡예능화된 것으로, 무로마치 말기에서 에도 초기에는 샤미센을 반주로 인형과 제휴하여 흥행하였다. 전성기는 1658-1672 무렵으로 1704-1715 무렵에는 기다유부시에 압도되어 쇠퇴하였다. 대표적인 곡을 고셋쿄(五説経)라고 한다. 연구상으로는 고조루리(古浄瑠璃)의 일종으로 취급된다. 셋쿄조루리(説経浄瑠璃)라고도 한다; 역주

문자로 적어두는 행위의 일회성에 대하여 목소리의 이야기는 구전의 과정에서 이미 반복을 전제로 하고 있다. 변화가 가능하며 자유롭게 보이는 음성 언어 기예는 그 집합적 성격, 시간에 따라 말이 쉴 새 없이 흘러나오는 성격 등에 의해 오히려 개성적인 계승의 면을 강하게 가지고 있다. 이것과 대조적으로 문자로 기록하는 행위는 그 결과는 고정되지만 기록하는 과정에서 탈시간적인 장에서의 언술의 의식화, 자기의 대상화, 어구의 선택 추고 등이 이루어질 수 있다. 그럼으로써 전해진 것을 결정적으로 바꾸어 개성의 표시를 각인하는 것을 문자는 가능하게 하는 것이다.

'노래한다' 는 것

1

루소를 언급하는 것으로부터 이 논문을 시작하는 것은 정열을 담아 루소를 사랑해왔던 에비사와 빈海老沢敏씨에게 바치는 문집에 기고한다는 이유에서만은 아니다. 에비사와와는 다른 쪽에서 소리의 문제를 가지고 루소에 대한 관심을 내 나름대로 계속 품어왔기 때문이며, '노래한다' 는 것을 둘러싼 이 논문은 루소 사후에 간행된 《언어의 기원에 대한 시론》[6]부터 시작하는 것이, 인간의 목소리 그것도 '노래하는' 것을 중시한 이 선구자에 대한 당연한 예의라고 생각하기 때문이다.

6_ J-J. Rousseau, *Essai sur l'origine des langues ou il est parlé de la mélodie et de l'imitation musicale*, Édition, introduction et notes par Charles Porset, Ducros, Bordeaux, 1970.

루소의 《언어의 기원에 대한 시론》(이하 《언어기원론》이라고 약기)
에는 기성 개념에 구애를 받지 않는 유연한 감성에서 솟아나온 가
설이 아로새겨져 있다. 남국 언어와 북국 언어의 차이에 대한 고찰
을 비롯하여 논증이 곤란하다고 생각되는 가설도 있기는 하지만 날
카로운 직감에 힘입은 루소의 뜨거운 논의에는 커뮤니케이션을 둘
러싼 오늘날의 지적 상황에 있어서 다시 검토해야할 점들이 많이
포함되어 있다. 하지만 루소의 《언어기원론》에 대하여 말하는 것이
이 논문의 목적은 아니다. 그것들이 시사하는 것 중, 나도 강하게
공감하는 것은 '언어'에 의한 소통의 근원적 동기에 이성보다는 정
념이라는 것, 산문적 표현을 쓴 개념화된 의미의 표출보다는 시적
언어에 의한 비유나 모방 표현을 우선적으로 생각하였다는 것, 리
드미컬한 신체운동을 기반으로 하여 거기에 표출되는 정념을 한층
강화하려고 목소리가 가세한다고 하여 목소리와 신체의 결합을 중
시한 점 등이다. 그래서 이 선구자가 200년쯤 전에 제기한 논점을
뒷받침하려고 '노래한다'는 행위가 포함하는 정형성과 즉흥성, 메
시지의 확산성과 자기회귀성이라는 전달 방향의 양극성에 대하여
개인적인 견해를 밝히고 싶다.

　'노래'의 정형성은 첫째로 운율적인 특징(경우에 따라 분절적인
특징)의 일정한 조합이나 규칙적인 반복에 의해 만들어진다. 운율
적, 리듬(협의의 박자meter만이 아니라, 강약이 없는 펄스pulse의 묶음이나
언어음의 음절이나 모라mora의 묶음도 포함하여)을 들 수 있다. 다절적
(strophic)인 '노래'에서는 이들 조합의 한 묶음을 단위로 한 반복이
음성언어의 메시지를 '상징하는' 것이다. 이와 같은 관점에서 일본
어의 정형시의 음수율, 7 음수율에 두운, 각운 등 분절적 특징의 규

칙적 반복을 가미한 프랑스어의 시법, 강세율에 두운, 각운 등을 가미한 영어의 시법, 음수율과 성조를 기초로 한 한시작법 등, 좁은 의미에서는 '더 이상 부르지 않게 된 노래'의 측면도 가진 '노래' **8** 도 포함한 시야로 '노래하는' 행위를 규정할 수 있다고 생각된다.

음높이에 관해서 말하면 '노래' 내지 양식화된 낭송과 자유로운 발화의 기본적인 차이는 전자에서는 쓰이는 음은 음정이 정해져 있다는 점에서 찾을 수 있지 않을까 하고 생각한다. 이에 비하여 자유로운 발화에서는 음정이 정해져 있지 않다. 이것은 피치 엑스트랙터나 소나그라프(사운드 스펙트로그래프)를 써서 음조언어로서 일상의 발화에서도 음성의 음역이 상당히 넓은(거의 80~140Hz) 서아프리카의 모시어(모레)에서 '노래'의 영역에 들어가는 여러 사람의 옛날이야기에 대한 노래적 부분과 그 바탕이 되는 이야기 부분을 비교하거나 양식화된 낭송을 분석하여 내린 결론인데, 어디까지 일반성이 있는가 하는 것은 금후의 검토 과제로 하고 싶다. 이 때 사용한자료에서는 '노래'가 일상발화보다 음역이 3도 정도 좁은 경우에도 '노래'의 목소리는 그 '노래'의 음정에 따르고 있어 피치 엑스트랙

7_ 일본어 정형시의 음수율에 대해서는 음성으로 나타낸 경우의 휴박도 포함하면 4 내지 8박을 기본으로 하는 형이 된다는 지적이 거의 같은 시기에 두 사람의 일본인 연구자에 의해 다른 입장에서 이루어지고 있다. 스게야 키쿠오(菅谷規矩雄)《시적 리듬, 음수율에 관한 노트》 다이와쇼보(大和書房), 1975, 동 《시적 리듬 속편》다이와 쇼보, 1978, 벳구 사다노리(別宮貞德)《일본어의 리듬 — 네 박자 문화론》고단샤(講談社) 현대신서, 1977.

8_ 후지이 사다카즈(藤井貞和)《〈おもいまつがね〉는 부르는 노래인가》신텐샤(新典社), 1990에서 후지이는 야마토 민족은 7세기에서 8세기에 걸쳐 모래를 일단 없앤 것이 아닐까 하고 서술하고 있다. 즉《고지키(古事記)》의 가요는 대부분 불려진 노래인 것 같은데《망요슈(萬葉集)》에서는 노래는 불려지지 않게 된다. 거기에는 부르는 노래에서 짓는 노래로의 이행이 있다는 것이다. 이 탁견의 꼬리에 붙여 말하면 문자의 도입이 매개가 되어 생긴 '부른다'는 행위의 이극 분화를 거기에서 볼 수 있지는 않을까 하고 생각하지 않을 수 없다.

터의 표시로도 음높이를 나타내는 점(dot)이 몇 개인가의 선택된 음높이에서 수평으로 연속된 선이 되는 데 대하여 일상 발화에서는 점(dot)은 '노래'의 경우보다 비록 음역으로서는 넓어도 대부분이 흩어진 점의 형태로 나타난다.[9]

이들 운율적 특징을 주로 하는 정형성에 나는 메시지 발신의 장이나 발신자의 자격, 메시지 전달의 양태를 덧붙여 '노래하는' 행위의 의미를 확인하고 싶은데,[10] 종래 '노래한다'는 것과 '이야기한다'는 것의 형식상의 차이나 분류를 둘러싸고 히라노 켄지 등, 일본 음악 연구자가 반복해온 논의의 많은 부분이 비교적 시각에서의 원리적 전망도 갖지 못하고, 미시적인 말초주의에 빠져 있다는 생각을 금할 수 없다.

특히 일본어에서 '노래한다'는 것과 '이야기한다'는 것에 특징을 부여하는 음수율에 있어서처럼 박자나 펄스, 음절, 모라의 묶음이 규칙적인 반복하여 만들어내는 음성언어의 양식감을 생각할 때 말의 장단으로서의 악기음의 반주 방식은 중요하다. 일상 회화에서도 일본어는 다소 긴 모놀로그(독화)로서 자립하기 어렵고 청중의 빈번한 맞장구를 필요로 한다. 노래나 이야기 등 양식감이 있는 언어 표현에서는 악기음의 반주가 맞장구의 역할을 담당하여 모놀로그를 성립시킨다. 일본에서 비파를 광범위하게 사용하거나, 근세 중기 이후 도입하여 개편된 샤미센이 단기간에 경이적으로 발달하고 보급된 것은 일본의 노래나 이야기에서 '맞장구 악기'로서의 발

9_ 가와다 준조(川田順造) 〈제2장 모놀로그의 성립〉《구두전승론》상권, 헤이본샤(平凡社) 라이브러리, 2001[가와데쇼보신샤(河出書房新社), 1992], 71 참조.

10_ 위와 같음. 특히 133, 자리 · 회중 · 대좌, '노래한다'는 행위 등.

현악기의 중요성을 말해주는 것일 것이다. 7 · 5조와 같은 모라의 통합으로 언술에 양식감을 부여하는 것이 이미 맞장구 없이 모놀로 그를 성립시키려는 수단인데 그것이 오히려 프로라는 인상을 주어 화롯가의 옛날이야기와 같은 가정적 분위기에서의 화자와 청자의 친밀감을 훼손하는 경우도 있을 것이다. 여러 언어에 의한 모놀로 그의 성립이 난이한 점, 발화에 대한 맞장구가 얼마나 필요한가 하는 따위는 반주악기 본연의 모습과 관련시켜 금후 비교적 관점에서 연구해야할 과제일 것이다.

이와 같이 '노래한다'는 행위는 언어음의 분절적인 특징 (segmental features)과 운율적 특징(prosodic features)(종종 부적절하게 초분절적 특징suprasegmental features, suprasegmentals과 '분절 특징 중심적'이라 불려왔다)[11]을 우열이 없는 관계로 묶어 음성언어의 메시지를 표출하는 행위이며, 이하에 서술하는 신체성과의 관계도 포함하면 언어(학)적 영역과 음악(학)적 영역이라는 역사 자체의 얕은 고정관념의 틀을 근본적으로 없애고 초월해야만 있는 그대로의 혹은 있어야 할 모습으로 파악할 수 있다고 볼 수 있다.

2

'노래한다'는 것은 이와 같이 말의 운율적 측면과 동시에 분절적 측면에 있어서도 '모방된' 표출 행위이며, 그 정형성 때문에

11_ 이것은 음높이가 의미전달을 하는 데 있어 중요한 역할을 한다. 소위 음조언어가 많은 비유럽 지역의 언어와 거기에 형성된 한자 등의 비알파벳 서기체계를 주변적 내지 후진적인 것으로 보는 알파벳 중심주의에 의한 인문, 사회과학에 종래 일반적이었던 경향의 하나라고 할 수 있다.

오히려 '모방'의 대극에 있는 즉흥성을 언어 표현에 허용하는 것이다. '모방'은 나중에 말하는 '노래하는' 행위의 신성성과 아울러 거기에 표출되는 언어를 '장식'하는 것인데 정형성에 의해 '장식되기' 때문에 발신자는 그것이 아니면 발신을 주저할 정도의 자유로운 언어 메시지를 즉흥적으로 던질 수 있는 것이다. 'yosoou'(장식하다) 즉 'yosohu'란 'yoso'(다른 곳)의 것이 되는 것이며, 발가벗은 몸에 뭔가를 칠하고 걸침으로써 나체가 아닌 자기, 자기 이외 자기가 되며, 그것에 의해 자기를 표출하는 이른바 자기이화와 자기동정이 겹쳐진 행위이다. 발가벗은 채로는 메시지의 수신자에게 노출되기가 꺼려지는 말이라도 '노래'로 장식을 함으로써 마음껏 사랑의 고백도 가능해지며, '노래'의 장식을 몸에 걸치지 않으면 수신자를 부득이 상처를 주게 되는 말이 마음 저 밑바닥에 도사린 실타래를 표백하는 예의바른 메시지도 될 수 있는 것이다.

연인의 창가에서 노래하는 세레나데나 연서를 써서 주고받는 연가도 노래의 정형성으로 장식하여 심정을 토로하는 말의 즉흥적 메시지인데, '노래하는' 행위의 위와 같은 양극성에 내가 '귀를 기울이게 된' 것은 문자를 쓰지 않는 서아프리카의 모시 사회에서 신체운동을 수반하여 정형화된 작업요作業謠나 춤곡이 운율로 장식하여 즉석에서 말을 던지는 퍼포먼스를 접하고서였다.[12]

달이 밝은 밤, 마을의 빈터에서 여자아이들이 둥글게 원을 만들어 서로 마주보는 두 사람이 손을 마주치며 스텝을 밟고 노래하

12_ 이하의 실제 예에 대한 라이브 녹음은 가와다 준조(川田順造)(현지 녹음·편집·해설) 《사반나 소리의 세계》레코드 앨범(도시바 EMI, 1982), 해설서 증보 카셋트 북판(하쿠스이샤(白水社), 1988, 1998)에 녹음되어 있다.

다가 원의 중앙에서 갑자기 방향을 바꾸어 엉덩이를 서로 부딪치고 나서 또 손을 마주치며 노래하면서 원 속의 원래의 위치로 돌아가는 '키구바'('엉덩이'의 복수형)라 불리는 춤에서는 정형화된 절에 즉흥 문구를 넣어 주위에서 지켜보는 마을의 젊은이들을 야유하거나 빈정대는 메시지로 쓴다. 기혼 여성 중에 아직 나이가 차지 않은 딸아이도 섞이는 이웃 여성들이 새 집의 안뜰의 흙을 밟아다지는 작업으로 땅밟기 막대를 일제히 찧는 리듬에 맞춘 작업요作業謠는 선창자와 그 일동(leader and chorus)의 정해진 형식에 맞추어 즉흥적이며 실재하는 인명이 들어가 모두 크게 웃게 된다. '개가 기뻐 달려다니네, 무엇이 그리도 기쁜 걸까요?'의 '개', '코끼리가 배고프다 말해도 거짓말이야'의 '코끼리'의 부분에 모두가 알고 있는 높은 사람의 이름을 넣어 노래하는 것이다.

　　방아타령을 듣고 여성의 고독한 작업요가 갖는 심정토로의 힘에 귀가 열렸다. 회전식 맷돌이 아닌, 찰흙의 토대에 끼워 넣은 안장鞍裝형태로 움푹 들어간 돌 위에 피 따위의 곡물 알갱이를 놓고 위에서 둥근 돌을 양손으로 눌러 양 어깨와 상체를 쭉 펴거나 빼는 동작을 반복하여 방아를 찧는다. 그 작업은 저녁식사의 주된 재료를 마련하려고 주부가 매일같이 어둡고 서늘한 방앗간 속에서 해야 되는 것이다. 한 시간이고 두 시간이고 계속되는 단조로우며 힘이 드는 신체동작의 반복 속에 마음이 어느새 가벼운 트랜스 상태가 되어 의식의 규제력이 약해지기라도 한 것처럼 가슴 속 깊이 얽혀 있었던 상념이 입을 따라 나와 가락에 실린 말이 된다.

　　이 경우 선율이나 펄스의 묶음에 정형성은 인정되지 않는데, 전체적으로 상당히 높은, 그러나 좁은 음역의 3음 정도를 써서 맷돌을 가는 만큼의 휴지를 빼고 6펄스 한 묶음을 기본으로 하는 경우가 많다. 남편에 대한 불만이나 이러한 곳에 시집을 보낸 친정아버지에 대한 갖은 원망 등이 일상의 발화와는 다른 운율적 특징으로 치장되어 방앗간의 밖에까지도 잘 들리도록 큰 소리로 부르는 것이다. 모시어에서 멋지게도 '이시루가', 글자 그대로 풀이하면 '돌아서 도달하는 노래', 즉 '빈정대는 노래'라 불리는 방아타령은 노래를 부르는 본인의 근심을 떨쳐버리려는 것도 있는데 노래하는 행위의 본질로 보아 그 메시지는 상대를 특정하지 않고 확산적으로 전해진다. 즉 집 주변의 어딘가에 있는 남편에게도 들리는 것인데 그 사실을 노래하는 사람은 은근히 바라고 있는 것이다. 남편도 '이시루가'를 들었다고 해도 안 들은 걸로 한다. 이 사회에는 나중에 그따위 말을 하다니 괘씸하다고 아내에게 화를 내서는 안 된다는 불문율이 있다. 방아타령의 메시지는 남편을 향한 것이 아니다. 그래서 '이시루가'이다.

모시 사회의 방아타령을 나는 여성에게는 '목소리의 아지르'라고 한 적이 있는데,[13] 아프리카의 방아타령을 비롯하여 유럽의 실잣기노래(베틀가), 동양의 다듬이노래, 어떤 종류의 자장가 등, 여성의 고독한 작업요에는 단조로우며 리드미컬한 신체동작의 반복 속에 일상적인 의식의 제어가 약해져 의식의 밑바닥에 얽혀있는 심정이 노래가 되어 토로된다는 성격이 보이는 것이 아닐까 생각한다. 칼 뷔허의 《노동과 리듬》(1897)[14]에는 아프리카의 안장형의 맷돌을

13_ 가와다(川田) 《구두전승론》상권, 60. 목소리의 아지르, 134, 261 등.

14_ Karl Bücher, *Arbeit und Rhythmus*, B.G. Teubner, Leipzig(1897)

사용하는 방아찧기 작업요도 많이 수록되어 있는데, 작업요는 노동의 리듬을 가다듬는 기능만이 아니라 역으로 일정 노동에 수반되는 신체동작이 노래를 유발하는 면도 있다는 것에 주의해야 할 것이다.

3

'노래'가 말을 본떠 치장하는 데서 생기는 정형성과 즉흥성의 양극을 아울러 갖는다는 것, 신체동작의 반복이 트랜스 상태를 낳아 의식 저변의 심정이 어떤 운율 특징을 갖춘 말이 되어 토로된다는 것 등에서 노래한다는 행위가 노래하는 소리를 발하는 인체의 생리와 관련하여 생겨나는 개인의 의도에 대한 일종의 자율성이라고도 해야 할지도 모른다. 분절적 언어를 소리로 내는 것이나 그것을 일정한 절로 만들어 노래하는 것도 인체의 발성기관과 조음기관을 사용한 신체기법, 즉 문화적 특성이 녹아있는 몸놀림 방식에 의해 표현된다.

말이나 노래도 신체를 떠나서는 있을 수 없다. 어떤 언어를 제1언어로 하는 화자는 그 언어의 조음기저(articulatory basis), 즉 대부분은 어릴 때부터 오랫동안 그 언어를 통한 발화의 반복에 의해 그 언어를 특징짓는 조음습관의 전체에 조음기관이 협조적으로 작용하도록 되어 있다. 노래하는 경우는 관여하는 발성 조음기관의 범위가 일상적인 발화보다 한층 넓으므로 한 번 굳어지면 관여하는 여러 조음기관 사이의 협조적인 반사적 운동연쇄에 의해 어느 정도 자동적인 반복이 보다 용이해진다. 일단 익힌 노래는 시간이 지나도 다시 노래를 시작하면 자동적으로 계속할 수 있고 구구단처럼 어떤 억양과 리듬을 붙여 어린 시절에 외워 계속해서 쓰면 평생 편하게 반복할 수 있다.

이처럼 몸에 밴 신체기법이라는 관점에서 일단 익힌 노래는 비록 말의 의미를 몰라도 노래는 한다는 사실도 이해할 수 있다. 나는 어린 시절 설날에 가족이 모여 불렀던 장가 《학과 거북》의 '달나라 궁전의 백의의 소매자락'으로 된 대목, 초등학교 저학년 무렵 들어서 익힌 'kankokukan[15]-mo mono narazu'[16]의 《하코네 하치리箱根八里》나 'tenkōsen-o munashu-suru koto nakare'[17]의 《고지마 타카노리児島高德》[18] 등을 오랫동안 가사의 의미도 모른 채 아무렇지도 않게 불렀었고, 중학교 3학년 때 음악 선생님의 취향으로 모차르트의 《아베 베름 코르푸스》를 라틴어로 외웠을 때도 마찬가지였다. 운율적인 특징 등에 의해 치장되지 않은 일상적 발화에서는 의미가 이해 안 되는 언술을 끝도 없이 혼자서 이야기하기란 극히 어렵다.

마찬가지로 '노래하는' 행위에는 언술의 자율성과 메시지 전달의 확산성, 그리고 어떤 자기회귀성, 즉 모놀로그(독화)로서 성립하면서 발신된 메시지를 발신자 자신이 향유한다는 측면이 있다. 그것은 달빛 아래 밤길을 혼자서 걷거나 혹은 목욕탕에 혼자서 기분 좋게 몸을 담그거나 쾌적한 경작업을 할 때처럼 누구에게 들려주기 위한 것이 아닌데도 오래도록 노래를 부를 수 있다는 사실로

15_ 函谷關: 중국 하남성 북서부에 있는 교통의 요지

16_ 함곡관도 소용없고; 역주

17_ kōsen은 중국 춘추전국시대의 월나라 왕인데 하늘은 kōsen의 사업을 쓸모없게 하지 않는다는 뜻; 역주

18_ 가마쿠라 말기의 비젠(備前)의 토호, 태평기에 의하면 고다이고(後醍醐) 천황의 오기하이류(隱岐配流) 때, 천황을 구하려고 하였음; 역주

보아도 알 수 있다. 이와 같은 노래가 갖는 메시지의 자기회귀성은 노래하는 행위가 평상의 발화의 경우보다도 밀도가 높은 신체성—폐나 발성기관의 보다 강도 높은 사용, 조음기관의 보다 넓고 복잡한 사용—을 필요로 하는 것과 관련되어 있을 것이다. 더 나아가 노래하는 자신의 목소리가 청각기관의 바깥쪽에서가 아니라 안쪽에서 바로 전해져 온다고 하는 전달의 무매개성과도 관련이 있을 것이다.

노래가 갖는 메시지의 자기회귀성이라기 보다 자신의 신체기관을 밀도 높게 사용함으로써 신체의 안쪽에서 메시지를 감지하는 것은 같은 노래라도 다른 사람이 부르는 노래를 듣는 것이 아니라, 자신이 노래함으로써 얻는 감동이 강하다는 사실로부터도 납득할 수 있다. 크리스찬이었던 장모님이 갑자기 돌아가신 후, 유족이 유체를 둘러싸고 목사의 선도로 하나님 곁으로 가는 즐거움을 노래한 찬미가(488장 '영생천국')를 불렀을 때에도 자신의 목소리로 노래함으로써 신체의 안쪽에서 우러나오는 예기치 못할 정도의 격한 슬픔에 사로잡혀 그 때까지는 나오지 않았던 눈물이 억누를 수 없이 쏟아졌던 경험이 있다.

미국 영화 《카사블랑카》에서 비시 정권 하의 '자유 프랑스'에 동정적인 릭(험프리 보가트)이 경영하는 술집에서 독일군 병사들의 방약무인한 고성방가를 견디지 못했던 폴 헨리드가 연기했던 잠복 중의 자유 프랑스의 활동가인 라즐로가 선창을 하는 《라 마르세에즈》를 술집에 같이 있었던 사람들이 합창하는 장면이 있다. 노래를 부르는 중에 모두 흥분하여 같은 애국정신으로 결합된 감동에 젖어 눈물을 흘리면서 노래하는 장면이 있는데, 단순히 노래를 듣는 것이 아니라 자신의 신체기관을 움직여 숨을 내쉬며 노래하는 신체적 자기촉발이 노래가 갖는 메시지의 자기회귀성을 낳아 레지스탕스의 기분을 고양시킨다고 볼 수 있지는 않을까?

4

'노래'가 발화로서 자율성을 가지며 모놀로그일 수 있는 것은 앞에서 든 방아타령도 그렇지만, 노래가 보내는 메시지 수신자의 불특정성, 즉 메시지의 확산 전달성으로 이어진다. 세레나데처럼 특정한 상대에게 은밀히 발신되는 것도 있는데, 서아프리카에서 발달한 글리오의 찬양가나 일본의 나가모치우타長持唄[19] 등과 같은 축의가는 찬양의 수신 상대가 정해져 있어도 거기에 우연히 함께 있는 사람들도 들음으로서 찬양의 사회적인 의미가 성립한다고 할 수 있다. 메시지 전달의 방향에서 보이는 이와 같은 특질은 아무도 없는 장소에서 두 사람만의 대화(dialogue)(언어의 치장은 없고, 상대로부터 돌아오는 메시지에 따라 이쪽으로부터의 다음 메시지가 생겨나는 식의 발화)의 대극에 언어 상호전달로서의 '노래'를 위치시킬 수 있게 한다.

동시에 '노래한다'는 것이 조음기관의 협동적 운동연쇄 등, 노래하는 사람의 신체 생리 깊은 곳에 직결되어 있기 때문에 의식된 제어나 일상적 배려를 떠난 부분에서 '노래'의 메시지가 생기고, 받는 사람을 특정하지 않는 '언어' 자체로서 방출되는 일종의 신성성을 띤 목소리가 될 수도 있을 것이다. '노래', 가요, cano, carmen 등의 말이 일본어, 한문, 유럽어의 각각이 갖는 어의나 의미장意味場도 꼭 개인의 자유의지에 속하지만은 않는 메시지를 나르

19_ 민요. 결혼식 행렬의 궤짝이나 옷장을 짊어진 사람들이 부르는 노래; 역주

는 목소리로서의 '노래'의 양식을 생각할 때 항상 단일하지 않으나 흥미 깊은 시사를 던져준다.

'노래'는 오오노 스스무大野晋 등에 의하면 'utagahi'(의심), 'utata'(사뭇, 매우) 등과 어근이 같으며, 자신의 기분을 똑바로 표현한다는 뜻인데,[20] 시라카와 시즈카白川静는 기도를 할 때의 특수한 발성을 가리키는 'utaki'(吼)와 관계하는 말일 것이라고 하고 있다.[21] 그 시라카와에 의하면 '노래'는 '呵', '訶' 등의 계열로서 축수의 그릇을 나뭇가지로 가책呵責하여 성취를 추구한다는 의미이며, 그 기도하는 목소리를 '呵', '訶'라고 하고, 그 성조가 노래라고 한다.[22] 다른 한편 오리구치 시노부折口信夫는 'utahu'(노래하다)와 'uttahu'(호소하다)의 의미장을 겹쳐서 생각하여 원래 'utahu'(노래하다)라는 형태에서 'uttahe'(호소할 수 있었)다고 하고 있다.[23] 나는 아프리카에서의 상술한 방아타령이나 이야기 속에서 이계異界와 인간계를 잇는 메신저로서 중요한 새와 개구리의 '노래' 등에 접한 체험에서 오랫동안 오리구치설에 공감하고 있었는데, 국어학적으로는 오리구치설은 지지받기 어려운 모양이다. 후지이 사다카즈藤井貞和는 1973년에 이미 엔도 요시모토遠藤嘉基의 연구에 의거하여 오리구치설을 부정함과 동시에 일종의 황홀상태, 오르기orgy[24]로서의

20_ 오오노 스스무(大野晋), 사타케 아키히로(佐竹昭広), 마에다 킨고로(前田金五郎) 편 《이와나미(岩波) 고어사전 보정판》이와나미(岩波) 서점 1990, 163.

21_ 시라카와 시즈카(白川静)《지쓰(字通)》도쿄, 헤이본샤(平凡社), 1996, 120.

22_ 위와 같음.

23_ 오리구치 시노부(折口信夫) 〈상대(上代)문학 — 문장사의 출발점〉《오리구치 시노부(折口信夫) 전집》, 제8권, 주오분코(中央文庫), 1976[1940], 168-169.

24_ 주연酒宴; 역주

'uta상태'라고도 해야 할 것에 'uta'의 원시 모습을 보려고 하고,[25] 그러한 주장을 최근에도 되풀이하고 있다.[26] 오오노 스스무大野晋 등은 'utahu'(訴), 'utahurukoto'(訟) 등의 용례에서 'u'의 오른쪽 밑에 주점朱點이 있어, 촉음이라는 것이 표시되어 있다고 한다.[27] '謠'는 시라카와白川에 의하면 가혹한 노역을 견딜 수 없어 도망하는 예농隸農이 발하는 저주詛呪의 뜻을 포함하는 용례 외에, 동요에서 무위적인 잠언의 의미가 있었다고 한다.[28]

프랑스어의 chanter, chant를 비롯하여, 로마어계의 '노래하다', '노래'를 의미하는 동사, 명사의 어원이 되어 있는 라틴어의 cano, carmen은 원래 어느 것이나 예언이나 주술적 언어에 관련되는 말이다. 프랑스어의 charmer(주술력으로 매료하다), 일본어에도 들어있는 영어의 charm, charming의 예에서 보는 것처럼, '노래'가 바탕이 되어 동계열의 의미를 가진 말을 파생시키고 있다.

노래가 갖는 이와 같은 일상적 인위를 초월한 초상성超常性은 많은 사회에서 지금까지 지적해온 노래하는 것의 신체성과도 결합되어 입회(initiation) 의례로 노래와 춤을 신입자에게 부과하는 관행을 낳아왔다. 현대의 일본 사회에서도 학교나 회사의 신입생, 신입사원 환영 모임 등에서 신참자가 노래를 하는 일이 많다. 이 때 신

25_ 후지이 사다카즈(藤井貞和)〈'uta' — 미개의 목소리〉《현대 단가 체계》제2권〈月報〉산이치 쇼보(三一書房), 1973, 5-8.

26_ 후지이 사다카즈(藤井貞和)〈시, 노래의 기원〉《단가 아사히(朝日)》, 아사히(朝日)신문사, 2001, 7-8월, 92-93.

27_ 오오노 스스무(大野晋) 외 편《이와나미(岩波) 고어사전 보정판》이와나미(岩波) 서점, 1990, 177쪽.

28_ 시라카와 시즈카(白川静)《지쓰(字通)》도쿄, 헤이본샤平凡社, 1996, 1571쪽.

참자에 요구되는 것은 노래를 잘 하는 것이 아니라, 모두의 앞에서 신체 제諸 기관을 써서 목소리를 내어 '노래한다'는 행위에 의해, 한 패에 끼는 것이다.

5

여기에서 다시 루소로 돌아가면 노래하는 목소리의 우월을 나타내는 실천으로서 루소가 창작한 멜로드라마 《피그말리온》에서는 운율적 특징은 낭송에서 억양 등, 언어의 분절적 특징에 의한 의미의 표출을 극히 표면적으로 보충만 하는 역할밖에 하고 있지 않다. 이것은 기본적으로는 프랑스어가 음조, 강함, 악센트, 모음의 장단 등 운율적 특징의 어느 쪽이나 의미의 표출에 있어서 관여적이 아닌, 특히 CV 구조의 음절이 많고, 자음의 중복 등에 의한 음성의 변화도 게르만계의 언어와 비교하여 부족한 언어인 것이 원인이라고 생각한다.[29]

'노래한다'는 행위의 신체적 기반은 아프리카의 춤, 즉 정형적으로 반복되는 신체운동과 노래의 정형성과의 불가분의 결합을 보아도 납득이 간다.

언어학자로 아프리카의 언어분류의 권위자로 알려진 미국의 조셉 그린버그는 아직 아프리카의 언어에 대하여 상세한 실지 연구

---

[29]_ 예를 들면 루소로부터 1세기 반 내려온 20세기 초두의 멜로드라마의 걸작 《달에 홀린 삐에로(Pierrot Lunaire)》에서도 쉔베르크는 벨기에의 시인 지로가 프랑스어로 쓴 원작시 독일어역을 독일어의 음성상징을 교묘하게 살린 작곡을 하고 있고, 헨체 작곡의 《엘 시마론(El Cimarron)》도 바르네에 의한 스페인어의 원작에 근거하여 엔첸스페르가가 독일어로 쓴 장시를 텍스트로 하고 있다. 이들에 대해서는 가와다 준조(川田順造) 《소리(聲)》치쿠마 가쿠게이(ちくま学芸)문고, 1998년[1988], pp.265-272에서 논했다.

가 불충분했던 단계(1960)에서 아랍의 영향을 받은 지역과 약간의 예외(에픽, 소말리아)를 제외하면 흑인 아프리카에는 압운, 운율 등, 시의 정형성이 인정되지 않는다고 하는데,[30] 현재의 지견으로는 이 것이 완전한 사실 오인이라는 것은 내가 《구두전승론》에서 들고 있 는 많은 사례에서도 분명하다.[31]

한편으로 일본어의 시가의 기본 시형인 음수율처럼, '불려지 지 않게 된' 시가의 휴박은 세지 않고, 가나문자로 표기할 수 있는 음성화되는 말의 모라만을 손가락으로 꼽을 것 같은 '문' 학적 감각 에서도 신체의 리드미컬한 약동과 함께 튀어나오는 말이 필연적으 로 운율상의 정형성을 띨수 있다고 하는 것은 이해하기 어려울지도 모른다.

특히 정형성을 갖지 않은 일상의 발화행위도 발성기관, 조음 기관이라는 명백한 신체의 운동 연쇄의 반복에 의한 습득되어 실현 되는 것을 생각하면 춤도 포함하는 넓은 신체성과의 결합에 있어 말을 한다고 하는 것, 노래하는 것을 이해하는 것은 루소로부터 200년 남짓 지난 현재의 학문적인 지견에 의해서도 극히 정당하며 필요한 것이라고 할 수 있다. 더욱이 문자를 필요로 하지 않았던 사 반나 사람들의 언어, 노래하는 행위를 알고 지내면서 인간의 전달 속에서 듣는 기쁨보다도 더 말하는 기쁨, 노래하는 기쁨이 크다는 사실에 '귀가 열렸' 던 것에 의해서도 '듣는 것으로서의 음악' 보다

30_ Joseph Greenberg, "A Survey of African Prosodic System", 1960, in S. Diamond(ed), *Culture in History : Essays in Honor of Paul Radin*, Octagon Press, New York, 1981, pp.925-950.

31_ 가와다 준조(川田順造) 《구두전승론》상권, 212-213.

는 보다 능동적으로 '음악하는 행위'에 중점을 두고 있었던 것으로 생각되는 루소를,[32] 나는 다시 생각하는 것이다.

'음악'을 벗어난 소리들을 쫓아

심미적인 측면으로 관심이 쏠린 근대 서양적인 '음악'의 개념을 벗어나가는 체형과 표정이 각양각색이며 생기 있고 수를 헤아릴 수 없는 소리들. 그러한 소리의 비옥한 토양의 훌륭함에 '귀가 열린' 것도 서아프리카의 사반나 숲에서 사는 사람들 속에서 오래 산 덕분이다. 내가 특히 자주 만났던 사반나 모시 사회의 사람들은 '음악'에 대응하는 개념을 가지고 있지 않다. 그것을 '결락'이라고 보는 것은 서양 중심적인 편향이라고 해야 할 것이다(생각하면 일본어의 '음악'이란 말도 일만—萬 어라고도 하는 메이지 시대의 서양식 개념의 번역어 중 하나로 만들어졌다고 한다). 일상에서 풍부한 소리의 세계를 만들어내면서 그 속에서 살고 있는 이 사반나의 사람들에게는 '음악'이라는 말은 필요하지 않았을지도 모른다. 모시의 사람들은 소리를 '코에가'(메시지로서의 소리)와 브레(의미가 없는 소리)로 나눈다. 사람의 목소리인지 악기음이 동물의 우는 소리인지 하는 발음체에 의한 구별을 하지 않고 단지 소리의 메시지성의 유무에 관심을 갖는 이 이분법은 현대 정보과학의 '시그널'과 '노이즈'의 대비와도 통하는 기본적인 것이다.

문자의 뒷받침이 없는 역사의식의 양태를 알고 싶어 북소리가

32_ 가와다 준조(川田順造) 〈소리 — 영광과 비참〉《음악가 장쟈크 루소》레코드 앨범 해설, 도시바 EMI, 1978. 가와다川田 《서풍, 남풍 — 문화론의 재편성을 위해》가와데 쇼보 신샤 (河出書房新社), 1992, 211-222에 재록, 을 참조.

언어 메시지를 전한다는 것을 알고 '북소리언어'의 사운드 스펙트로그램 분석에 10년 남짓한 시간을 써서 내 자신도 북을 치는 방법을 배우고 이 악기음에 의한 언어 메시지의 발신이 신체적인 기억과 깊이 결합되어 있었다는 것을 알았다. 모시의 사람들이 '코에가', 즉 소리의 메시지성이라고 할 때, 언어적인 의미만이 아니라, 그 소리로 춤출 수 있든지, 듣는 사람의 신체에 약동을 불어넣는지도 문제가 되고 있다. '리듬'에 해당하는 개념은 '나 켄도레', 말 그대로 번역하면 '발, 걸음' 내지는 '발, 심판'이라고 한다. 이와 같이 신체성을 둘러싼 소리의 세계는 거기에서 사는 사람들 모두의 주체적인 작용 속에서 숨 쉬고 있다. '음악'에 대응하는 개념을 갖지 않는 한편, 모시의 사람들은 한 자리의 사람들과 소리나 춤의 지극한 기쁨을 공유하는 행위를 가리키는 '데무'라는 말을 가지고 있다. 고대 일본인 중에도 있었을지도 모를 이와 같이 총합적인 소리의 향유 방식을 후지이 사다카즈藤井貞和는 'uta jōtai(노래하는 상태)'라고 하고 'utage'(연회)라는 개념과 관련지어 생각하고 있다.

1970년대부터 나는 일본과 외국에서 '소리문화'(sound culture, culture sonore)라는 개념을 제창하고 이 개념을 써서 아프리카만이 아니라 일본이나 유럽도 대상으로 하여 연구하고, 성과를 발표해왔다. '소리문화'의 연구는 인공음(언어음, 비언어음, 악기음)도 자연음(조수나 곤충의 소리, 천둥, 바람이나 비나 파도의 소리 등)만이 아니라 청각 이외의 시각, 후각, 미각, 촉각 등으로 감지되는 감각, 신체의 율동 등의 상호관계를 사회 문화적 맥락 속에 놓고 이해하려는 것으로 정치권력과의 관계, 직업인의 태도, 역사의식이나 그 표상, 음구 복합의 지역적인 특성과 음구의 전파 수용 등에 주목한다.

이와 같이 하여 파악된 '소리문화'는 그것을 받쳐주는 문화 전체의 성격을 문화내적(이미크)으로 해명하는 중요한 돌파구가 되기도 할 것이다. 그리고 문화 내적으로 연구된 '소리문화'는 문화 간적(에티크)인 '소리문화'(복수)의 비교를 통하여, 아니면 인지되지 않은 채일지도 모르는 문화의 심층에 있는 어떤 측면을 밝히는 데 공헌하는 것이 아닐까 생각한다.

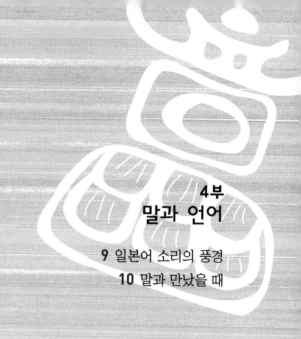

集 日本書紀 神武 仁德 圖像 示唆 書取 書取り 書き取り かき取り
カキトリ 異音 同字 同義 造字 指事 古音 吳音 漢音 唐音 下ぶくれ
書 古事記 万葉集 日本書紀 神武 仁德 圖像 示唆 書取 書取り 書き取り
り かきとり カキトリ 異音 同字 同義 造字 指事 古音 吳音 漢音
聲 象形 舞 書 古事記 万葉集 日本書紀 神武 仁德 圖像 示唆 書取 書
書きとり かき取り がきとり カキトリ 異音 同字 同義 造字 指事 古
唐音 下ぶくれ 聲 象形 舞 書 kaku utterance enonce kiwadataseru
binary opposition paradigmatic oshokujiken kichin-to bareru
symbol be similar to its object kaku utterance enonce kiwadataseru

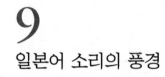

9
일본어 소리의 풍경

언어에서의 정보란 무엇인가?

1

정보는 모든 감각을 통하여 전달할 수 있다. 시각, 청각, 촉각, 후각, 미각 등. 이 중 시각은 많은 요소를 명확하게 식별할 수 있다는 점에서 단연 우세하다. 인간의 조상은 포유동물로서는 드물게 오랜 기간의 수상 생활과 나무와 나무를 건너뛰는 운동을 하며 앞쪽을 향하여 평면에 나란히 있는 두 눈에 의해 비교적 근거리의 것을 명확히 식별하는 능력을 얻었다. 이것은 인간의 가장 오래된 친구인 개의 후각이나 청각의 예민함과 비교해보면 알 수 있다. 개가 인류생활의 반려로서 가장 오래될 뿐 아니라 지구상의 모든 인간 집단에 길러져, 소중히 여겨진다는 사실도 이 동물이 인간의 정보 인지 능력의 마이너스 면을 보완하는 감각의 힘을 가지고 있다는 것과 무관하지 않을 것이다. 시각에 의해 정보를 전하는 유력한 수

단인 한자를 보더라도 현재 일본의 당용한자라는 것도 1850자, 보통 워드프로세서에서 쓰이는 한자는 제1수준, 제2수준에서 각각 3000자 전후인데, 이토록 다른 종류의 요소가 다른 정보를 담당하여 식별하는 것은 시각 이외의 감각에서는 불가능할 것이다.

그리고 시각 다음으로 청각이 뛰어난 원인은 감각에 의해 받아들여진 것을 분절적으로 식별하고, 구성 요소가 다른 조합에 의해 다른 정보를 인지할 수 있기 때문이다. 후각이나 미각에서는 감각을 통한 정보인지는 시각이나 청각에 비하여 현저히 비분절적이며 주관이나 상황에 좌우되는 정도가 크다. 그러나 그 반면 이 비분절성, 주관성, 상황성 때문에 후각이나 미각은 종합적이며 정서적이어서 굉장한 전달력, 특히 연상 환기에 의한 정보전달력을 가지고 있다고 할 수 있다. 어떤 것의 냄새를 맡고, 어떤 것의 맛을 보는 일이 얼마나 강하면서도 깊은 영향력을 가지고 인간의 정서에 작용하는지는 우리들의 경험에 비추어 보더라도 분명하다. 인간의 기억이나 체험, 그리고 시간의 문제를 탐구한 프루스트의 《잃어버린 시간을 찾아서》에서도 주인공이 홍차에 적신 마들렌 과자를 입에 넣은 순간의 미각, 후각에서 장대한 기억의 세계가 재현되어 간다.

후각이나 미각, 혹은 촉각이 지성을 매개로 하지 않고, 인간 생리의 깊숙한 부분에 직접 작용을 하는 힘을 가지고 있는 데 대하여 시각이나 청각 작용은 훨씬 지적이다. 그리고 시각은 청각에 비해서 더 한층 주체적, 능동적인 방법으로 외계의 정보를 인지한다.

시각, 청각 이외의 감각은 분절적이고 정서적이기는 한데, 아니 오히려 그러기 때문에 시각을 통한 전달을 보강하는 역할을 가지고 널리 쓰여 왔다. 향수나 향기나 꽃 등의 냄새에 담긴 메시지,

맛의 선물이나 공동의 음식, 혹은 신체를 서로 접촉하는 것이 시청각 전달의 주력인 문자나 음성언어의 커뮤니케이션을 얼마나 보강하는 힘을 갖는지는 새삼 지적할 필요도 없다. 그런데 종래 시청각에 의한 전달에 관심이 기울여져 온 것치고는 커뮤니케이션에서 미각이나 후각, 촉각이 하는 역할에 대한 연구, 개발이 늦어있다는 사실도 부정할 수 없다.

2

시청각 중 시각이 수신에서 식별 능력이 크다고는 해도 발신에 관하여 수신자의 청각에 작용하는 소리와 목소리를 쓰는 것이 손쉽고 효과적이다. 특히 목소리는 정의情意 쌍방의 면에서 총합적인 전달을 하는 매체로서 지극히 중요하다. 인간이 내는 소리는 생물로서의 이종 간 커뮤니케이션도 가능한 '외침'과 비슷한 것이므로 이중분절성, 즉 소리의 단위(음소)와 의미의 단위(의미소)를 조합함으로써 개념화된 의미를 통한 복잡한 내용의 메시지를 자유로이 써서 적확하게 전달할 수 있는 음성언어까지 여러 가지를 포함하고 있다. 그 사이에는 언어음 이외의 음을 언어음(혹은 언어로 쓰이는 소리)으로 모방하여 전달을 하는 의성어(표음어)나 청각 이외의 시각, 후각, 촉각 등등의 인상을 그 언어 문화의 약속에 따라 언어음으로 나타내는 의용어(표용어), 그리고 전적인 약속에 따라 어떤 언어음의 한 연쇄가 있는 개념과 대응되어 의미를 나타내는 말(일본어에서 'uma'(馬)라는 언어음의 한 연쇄는 'yama'(山)와도 'usi'(牛)와도 각각의 언어로 대응하고 있으며, 영어, 불어, 독어에서 horse, cheval, Pferd 등, 각각 전혀 다른 음의 한 연쇄가 각각의 언어로 대응되는 것과 거의 대응하는 개념을 나타내는 것처럼)까지 음성과 의미의 결합의 여러 관계에 입각하여 전달을 한다.

3

이와 같은 음성과 의미의 이중 분절성 위에 성립하는 음성언어는 현재까지 알려져 있는 한, 모든 생물 중에서 인류에게만 있으며 또 모든 인류가 쓰고 있는 전달수단이다. 그런데 음성언어의 작용에는 기본적으로 세 측면을 볼 수 있다.

첫째는 정보 전달성으로 이 측면에 관해서는 발화자(발신자)는 누구라도 좋은데, 언술의 내용의 진위, 신구가 중요하다. 또 발신의 방법이 좋은지 서툰지는 특별히 문제가 되지 않는다. 이런 종류의 발화는 뉴스, 학회 발표 등에 전형적으로 보인다.

두 번째는 행위 수행성으로 이 측면에 관해서는 발화자가 누구인지, 어떠한 상황에서 발화되는지, 바꾸어 말하면 발화자의 자격과 발화의 시간, 장소의 적절성이 특히 문제가 된다. 발화 내용의 진위는 굳이 문제시 되지 않고 그 내용은 첫 번째 경우와 달라, 정보로서 새롭지 않은 것이 보통이다. 적격자에 의해 적절한 일정의 언술이 소리로 발화되는 것이 중요하므로 발화를 잘하고 못하는 것은—잘 한다면 그보다 더 좋은 것은 없겠지만—주요한 조건은 되지 않는다. 많은 의례 언어(입춘 전날의 '복은 안으로 귀신은 밖으로', 지진제의 신관의 축문, 스포츠 대회에서 선수 대표의 선서 등)는 이 측면을 강하게 가지고 있다.

세 번째는 연희성이라고도 불러야 할 것으로 능력만 있으면 발화자의 자격도 한정되지 않고, 발화 내용의 진위는 아예 문제가 되지 않고 그 언술을 구성하는 여러 요소가 언술 내에서의 정합적인가 아닌가 만이 관심사가 된다. 발화 내용의 신구도 중요하지 않다. 거기에서 문제가 되는 것은 그 언술이 얼마나 잘 발화가 되고, 얼마나 청자(수신자)를 매료하는가 하는 점이다. 엔터테인먼트로서의 이야기술의 많은 부분은 발화의 이러한 측면을 나타낸다. 고전 라쿠고落語나 예로부터 전해 내려오는 이야기 등, 듣는 사람이 내용을 훤히 알고 있어도 이야기하는 사람(발화자)의 발화가 솜씨 있으면 같은 말을 몇 번이나 들어도 듣는 사람은 만족하는 것이다.

이와 같은 발화의 세 측면은 실제의 발화 속에 여러 정도로 혼재하여 있는 것으로 어느 쪽인가 하나만이 어떤 발화 속에 인정되는 것은 아니다. 단지 첫 번째 정보전달성만은 어쨌든 내용의 바름과 새로움이 문제가 되어 형식은 개의치 않는 커뮤니케이션의 면이 있는데 대하여, 두 번째, 세 번째는 다소라도 자세를 바로잡거나 인심을 쓰는 배려가 중요하다. 이하 이 세 측면을 염두에 두면서 언어에 있어 정보란 무엇인가를 생각해보자.

4

첫 번째 정보전달성이 중시되는 발화에서는 정보가 적확하게 전달되는 것이 중요하며, 정보의 혼란을 피하기 위하여 불필요한, 특히 다른 것과의 혼동의 염려가 있는 요소는 되도록이면 생략한, 필요 충분한 커뮤니케이션이 바람직하다. 비근한 예로 쓸데없이 혼동을 일으키기 쉬운 메시지일 거라고 생각하는 것은(이것은 음성 언어와 문자의 양방에서 행해지고 있는 이중으로 헛된 전달인데), 도쿄 모노레일의 하네다선 정차역의 방송과 표시다. '하네다 정비장' 이라는 역이 있고 다음이 하네다로 되어 있기 때문에 하네다 공항으로 비행기를 타러 가는 승객은 당황스럽다. 이것은 각 역명을 '정비장'과 '(하네다) 공항'으로 하면 해결되므로 하네다 정비장 역에 일부러 '공항은 다음입니다'라는 쓸데없는 표시를 할 필요도 없고, 승객에게 정확한 정보를 줄 수 있다. 이 노선 역의 명명命名은 다른 점에서도 부적절하며, 'ōi keibajō mae'(오오이 경마장 앞)만 시설명에 'mae'(앞)라는 말을 붙였다. 이런 식으로 하면 '유통센터 앞', '하네다 정비장 앞'이라고 해야 하는데, 그럴 필요는 없으니까 'ōi keibajō mae'(오오이 경마장 앞)에서도 'mae'(앞)를 떼어버리면 된다. 도쿄의 지하철 방송에서 자주 하는 '××선에 도착하는 전차는 ○○행 전차입니다'라는 이상한 일본어의 메시지도 전차 외에 버스나 비행기가 올 가능성이라도 있다면 모르지만 전차밖에 오지 않는 것은 대전제이므로 '○○행 전차입니다'라는 것만으로 충분하며, 일본어로서도 그렇게 하는 것이 군더더기가 없이 깔끔하다. 반대로 감탄을 자아내는 예로는 야마노테山手선의 몇 역에서 내측 순환선과 외측 순환선 전차의 도착을 남성과 여성의 목소리로 나누어 알리는 방송이 있다. 이것은 말의 내용만이 아니라 목소리의 음색 면에서 정보내용을 나누어 듣고 식별하기 쉽게 하는 목소리의 능숙한 사용법이다.

그런데 정보전달에 쓰이는 언어는 전달이 용이하면 할수록 좋은 것은 아니다. 그것은 전달하는 사람과의 관계, 더 나아가 전달되어야 할 정보의 내용과 질의 관계에서 문제가 되어가는 것이다. 개인적인 일이지만 하나의 극한적인 체험으로서 생각나는 것은 20년 정도 전에 서아프리카 내륙의 작은 나라 브루키나파소(당시의 명칭으로 오트볼타)에 문화인류학 연구를 위해 3년 반 아내와 둘이서 살았을 때의 언어 생활에 관한 것이다. 당시 이 나라에는 일본인 거주자는 아내와 나 두 사람으로 외무성의 업무로 이 나라를 겸해서 관할하고 있는 일본 대사관은 남쪽의 인근국인 수도 아비쟝에 있었다. 브루키나파소는 구 프랑스 식민지로 공화국으로 독립한 후에도 공용어는 프랑스어이고 내 연구를 위해 체재했던 모시족의 지역에서의 사람들의 현지어는 모시어였기 때문에 그 지방 사람들과 이야기할 때에는 프랑스어나 모시어로, 우리 부부의 3년 반의 대부분의 시간, 일본어의 화자로서는 둘만이 살았다.

부부인데다가 둘만이 3년 반 일본어를 하고 있으면 말로서는 아주 잘 통하고, 아니 그보다는 너무 잘 통해서 새삼 많은 말을 할 필요가 없어졌다. 게다가 외출할 때에도 대개는 함께여서 두 사람의 매일 매일의 경험이나 견문도 같았다. 일본에서의 생활이라면 부부라도 낮에는 떨어져 각자의 일을 하는 사이의 체험이나 견문을 저녁에 서로 이야기하는 일도 있는데, 시종일관 함께 생활을 하면 동일한 경험에 대한 의견이나 감상의 차이를 서로 이야기하는 일은 있을지언정 언어를 통해 교환해야할 서로에게 있어서 새로운 정보라는 것이 점점 없어져 간다.

이러한 상황 속에서 내가 절실하게 깨닫게 된 것은 말이라는 것은 너무 잘 통하면 기능이 쇠퇴한다는 것이었다. 두 사람 사이에 주고받은 일본어는 더 이상 통한다고 할 수 없을 정도로 잘 통하지만 언어로서는 기형화하고, 어느 정도 수의 어휘를 일본어로서의 형식으로 쓸 필요가 없어져 쇠퇴해간다는 것을 잘 알 수 있었다. 그것은 가끔 아비쟝의 일본 대사관 사람이 우리가 있는 곳에 오든지 우리가 아비쟝에 가서 우리의 '부부어'가 아닌 일본어로 우리 두 사람 이외의 사람과 이야기할 필요가 있을 때 통감하게 되었다. 일본어를 잊은 것은 아닌데 두 사람 이외의 사람에게 통하게 하는 것이 대단히 번거롭다고 생각되었던 것이다.

5

둘만의 화자가 전달해야할 정보도 거의 같고, 정보나 그것을 전달하는 매체로서의 언어도 동질화하여 쇠미하는 커뮤니케이션 체험을 하는 한편, 아내 이외의 사람으로 그 지방 모시족의 사람들과는 서로 소통해야할 경험이나 지식의 내용에 있어서도 너무나 이질적이어서 소통 매체로서의 어어도 전해지기 어렵다는 커뮤니케이션 체험을 하였다. 특히 내가 주로 연구해 왔던 구 모시 왕국의 역사전승에서는 언어로서 이미 고풍이어서 난해한 언술을 북소리 언어라는 보통의 사람에게는 한층 더 난해한 전달 수단으로 변환하여 의례적 장에서 발신하는, 일부러 이해하기 어렵게 한 커뮤니케이션이 있었다. 정보 내용으로서의 역사전승은 동일할 터인데 그것을 전하는 매체가 몇 층이나 되어 이해와 불이해, 전달가능성과 불가능성의 사이를 이어주고 있다는 사실에서 배운 것은 의미전달에는 몇 개의 층위가 있어, 어떤 매체가 어떤 정보를 담당하고 있으니까 그것이 반드시 100% 상대에게 전해진다고는 할 수 없다는 것, 첫째 어떤 매체를 통해서 밖에 알 수 없는, 그 매체가 담당하고 있을 어떤 정보의 실체 자체가 그 매체와의 관계에서 결코 일의적으로 명확하다고 할 수 없다는, 정보를 둘러싼 일종의 부정확성 원리라고 해야 할 것이었다.

더 나아가 북소리언어를 비롯한 의례 언어에서 굳이 정보를 전하기 어려운 것이 전달에 있어서 갖는 적극적인 의미(경전이나 축문이 모두 구어로 옮겨져 단조롭고 명확하게 서술된다고 하면 그것을 복창하는 목소리 양식의 상실과 아울러 의례언어로서의 가치는 크게 잃어버릴 것이다), 수백 가지의 옛날이야기를 밤에 둘러 앉아 도란도란 이야기를 나누는 곳에서 라이브 녹음을 하며 실감한, 언술의 연희성이 갖는 의의 등에 대한 언어 체험을 통하여 나는 언어의 정보 및 정보의 언어에 대하여 이러한 사항들을 생각하지 않을 수 없다.

　　정보가 갖는 의미는 일의적으로 정해진 것이 아니며, 특히 그 의미의 전달 방식은 전달 매체가 되는 언어와의 관계에서 몇 층이나 되어 끊임없이 흔들린다. 정보도 그것을 전달하는 언어도 과도하게 동질화하는 것이 아니라, 어떤 이질성과 상호전달 가능성 사이의 길항하는 긴장 관계가 전달 매체로서의 언어를 활성화하기 위해서는 불가결하다. 그것도 언어는 정보 전달을 위해서만 있는 것이 아니라 앞에서 본 제2, 제3의 측면도 중요한 언어 활동의 일부분을 이루고 있다는 것을 인식해야 한다.

　　뒤돌아보아 현재의 일본의 언어와 정보가 놓인 상황은 일부러 언어로 해서 전달하지 않아도 되는 정보가 형식화하여 긴장감을 잃은 언어에 부과되어 지나치게 어지러이 난무한다. 많은 가정의 거실에서 틀어놓는 텔레비전에서 끝도 없이 흘러나오는 진부한 말이나 퀴즈, 가요, 드라마, 요리 프로그램 등에 접하면 엄청난 기세로 유입되는 외래어의 범람도 가세하여 일본어가 참으로 전할 만한 가치가 있는 정보와의 관계를 잃어버리고 피상적이며 언어로서의 모서리도 없앤 채 쇠약해지고 있다는 것을 느낀다. 정보와의 길항 관계를 가진 음성의 주변에 엄격한 침묵을 두른 듯한 육중한 언어의 복권을 원하는 것은 나쁜일까? 또 한편으로는 컴퓨터 언어로 대표되는 이치논리의 제로 원 시스템에 의해 극도로 빈약하고 메마른 정보 관념이 횡행하는 가운데에서 시각, 청각 이외의 감각을 통한 커뮤니케이션의 가능성 연구와 개발이 좀 더 활발해져도 좋지 않을까 하고 생각한다.

'이야기'가 문자가 될 때

〈야마토日出國 신문〉연재에서 미완의 《시오하라 타스케鹽原多助 후일담》을 읽고, 슌요도春陽堂판 《엔쵸円朝전집》에 수록된 〈엔쵸 유고 円朝遺稿 긴마다이코金馬代講〉의 말미의 괴담조의 부분도 포함하는 《시오하라 타스케鹽原多助 후일담》을 읽으면 목소리와 문자, 이야기에 있어서의 역사적 사실과 허구, 'hanasi'와 'katari', 이야기의 전승 등등을 둘러싸고 논하고 싶은 마음이 골짜기에 피어오르는 안개처럼 밀려온다. 그런데 이들에 대하여 발언하고 싶어 하는 사람들의 수도 엄청날 것임에 틀림없고, 나에게 주어진 지면은 극히 한정되어 있으므로 여기에서는 표제에 초점을 맞추어 목소리의 예술에 대하여 지금까지 생각해온 점과 겹쳐 생각나는 것을 약술해보고 싶다.

유고로 발표된 이 연재물이 엔쵸円朝의 구연口演속기든지 서두에 있는 것처럼 엔쵸 자신이 썼는지는 확실치 않은 듯하다. 그렇다고는 하지만 엔쵸는 자작한 하나시噺를 고자高座[1]에 내놓기 전에 상

1_ 요세 등에서 연예를 하는 사람을 위하여 설치한 한 층 높은 자리; 역주

당히 뚜렷하게 필기했다고 하며, 요세寄席[2] 은퇴 후 메이지 28년의 〈주오中央신문〉에 연재한 모파상의 소설 《부모 살해》의 번안인 《명인 조지長二》는 자신이 집필했다고 한다. 수많은 자작 구연 속기도 간행된 후의 엔쵸에게는 '말하는 듯이 쓰는' 것도 그다지 어려운 것은 아니지 않았을까? 엔쵸의 구연 속기를 참고하면서 언문일치로 쓰인 일본 최초의 소설이라고 하는 후타바테 시메二葉亭四迷의 《뜬구름》을 발표(메이지 20~22년)하고 몇 년 후에 엔쵸 자신도 매력적으로 완성된 언문일치체의 문학 작품을 발표한 것이다.

내가 흥미를 느끼는 것은 엔쵸는 어떻게 하여 '말하듯이 쓰는' 것이, 혹은 전제가 되는 '쓰듯이 말하는' 것이 가능했는가 하는 것이다. 그것은 즉 '말하는' 것이 그대로 문장이 되는 어떤 양식을 가질 수 있었다고 하는 것이기도 할 것이다. 나는 여기에서 '말한다 (hanasu)'고 하는 것에 주의를 기울여본다. '말한다(hanasu)'는 말은 무로마치室町 시대 무렵부터 쓰이게 되었던 듯하다. '말하는 대중' 등처럼 '말(hanasi)'에 의한 이야기를 직업으로 하는 사람이 출현한 시대부터 도쿠가와 시대의 도시 사회에서 젯코舌耕 문예의 개화를 거쳐 바쿠마쓰幕末에서 메이지에 걸쳐 엔쵸 등의 산다이바나시 三題噺[3], 시바이바나시芝居噺[4], 닌죠바나시人情噺[5]에서 보는 'hanasi'

2_ ('요세세키', '요세바'의 약어)라쿠고(落語)·고단(講談)·로교쿠(浪曲)·기다유(義太夫)·마술·온교쿠(音曲) 등의 대중예능을 흥행하는 오락장. 에도에 상설석이 생긴 것은 1747으로 어린이 무용, 흉내내기가 중심이었다 ; 역주

3_ 손님이 낸 세 개의 제목을 즉좌에서 일석의 라쿠고로 묶어 연기하는 것. 또 그 이야기. 초대 산쇼테 카라쿠(三笑亭可楽)에서 비롯되었다고 하며, 바쿠마쓰(幕末)에 성행하였다. '시바하마 (芝浜)', '가지카자와(鰍沢)' 등은 산다이바나시를 가다듬어 완성했다고 한다; 역주

4_ 라쿠고에서 연극조로 연기를 하거나 연극하는 흉내를 내는 부분; 역주

의 융성을 맞이하였던 것이다.

또 '말한다(hanasu)'는 발화 행위를 '이야기하는(kataru)' 것과
대비하여 생각해본다. 'kataru(이야기하다)'는 'katadoru(본뜬다)'와
어근이 같고 언어 이전의 것이든 일단 언어로 표현되는 것이든 이
미 있는 것을 본뜨거나 아니면 그것을 흉내내어 발화하는 것을 말
한다. 이보다 언어로서 역사가 훨씬 새로운 'hanasu'는 국어학자
의 지지를 받을 수 있을지 어떨지는 별도로 하고 'hana(放)su'와 어
근이 같으며 거기에는 밑바탕이나 본이 없는 자유로운 발화라는 의
미가 담겨있다고 생각한다. 일본한자인 'hanasi(噺)', 한자에 일본
어로 의미를 덧붙인 'hanasi(咄)', 그밖에 '話, 談, 譚' 등의 한자를
적용한 것을 보아도 그 분위기가 파악된다.

이야기 예술로서 라쿠고落語의 특징의 하나는 등장인물이 일인
칭 직접화법을 다용한다는 데 있다. 이야기사라는 단일의 화자가
'상하를 가르는' 동작으로 얼굴의 방향을 조금 좌우로 바꾸고 음색
도 바꾸어 복수 인물이 '말(hanasi)'을 주고받는 상황을 직접화법으
로 나누어 연기를 한다. 종종 장면의 이동이나 정경묘사, 심리묘사
조차 등장인물이 직접화법의 혼자말로 표현한다. 닌조바나시人情噺
에서는 줄거리의 진행이나 정경묘사 등, '지문' 부분이 많다고는
해도 일인칭의 대화에 의해 묘출된 '장면'이 흥취의 핵심이며, 그
유대가 줄거리를 이끌어 간다. 라쿠고에서 일인칭 '말(hanasi)'의
독립성과 그 비중의 크기는 조루리浄瑠璃나 고샤쿠講釋**6** 등, 일인칭의

5_ 라쿠고에서 해학으로 세상의 인정을 이야기하는 데 중심을 둔 하나시(噺). 옛날에는 최상
급의 라쿠고가는 반드시 연기해야 했다; 역주

6_ '고단(講談)'의 에도시대의 명칭; 역주

대화를 포함하면서도 확실한 내력이 있는 대본을 받들어 '이야기하고(kataru)', 혹은 형식적으로도 받침대에 펼쳐진 대본을 '읽는(yomu)', 발화의 텍스트성과 연기자의 삼인칭적 시점의 일관성이 강한 다른 음성의 기예와 비교하여 보면 분명하다(초기의 라쿠고에서는 받침대도 사용했다고 하는데).

문자로 쓴다고 하면 등장인물의 일인칭 '말(hanasi)'은 언문일치가 되지 않을 수 없다. 그래도 문학성이 강한 사이카쿠西鶴[7]의 작품 등에서는 등장인물의 회화도 지문에 이끌려 간접화법조가 되어 구어도 문어풍이 되기 쉽다. 현대 만화의 선구라고 할 만한 기뵤시黄表紙[8]처럼 그림의 비중이 크고, 인물의 '말(hanasi)'이 테두리로 묶어 표시되는 것도 있는데 해학소설滑稽本[9], 인정소설人情本[10] 등, 회화가 많다고는 해도 역시 스토리의 진행이 주류가 된다. 그 점에서 라쿠고는 퍼포먼스로서의 발화 전체가 기본적으로 '말(hanasi)'일 뿐만 아니라 그 전개가 일인칭을 주체로 성립한다고 하는 이른바 '말(hanasi)'의 이중구조를 가지고 있다.

하지만 엔쵸가 지은 닌죠바나시는 엔쵸의 고상高尚 = 고증考證[11]

7_ 이하라 사이카쿠(井原西鶴 1642~1693), 에도의 우키요조시(浮世草子) · 조루리의 작가. 하이쿠 시인. 우키요조시는 아속(雅俗)을 절충한 문체로 욕망, 의리, 인정 등을 테마로 한 걸작을 남겼다; 역주

8_ 구사조시(草双紙)의 하나. 에도 후기 1772년 무렵부터 1818년 무렵까지 에도에서 유행한 노란 표지의 그림책; 역주

9_ 에도후기 소설의 하나. 에도를 중심으로 유행한 해학을 주로 하는 소설. 1804~1830에 융성. 서민의 일상생활을 제재로 하여 많은 대화문으로 되어 있다; 역주

10_ 1818-1830 무렵부터 메이지 초기까지 유행한 풍속소설의 하나. 정적(情的) 공감을 중시하고, 남녀의 연애를 중심으로 그린 것이 많다; 역주

11_ 이 두 단어는 일본어로는 'kōshō'로 동음이의어다; 역주

취향도 있어서인지 원전이 없는 《시오하라 타스케鹽原多助 일대기》에서는 엔쵸가 스스로 다스케多助(실명 太助)의 고향인 죠슈 누마다上州沼田까지 가서 조사한 뒤에 《후일담》의 서두에서도 밝혔듯이 '이 이야기는 견강부회의 지어낸 이야기가 아니라 실화입니다', '순차적으로 실화를 탐색하여 붓을 들게 되었습니다'라고 한다. 이 점에서 보면 엔쵸의 닌죠바나시는 많은 부분이 원전이나 역사적 사실을, 적으나마 작자가 의도적으로 '본뜨려고' 하고 있다는 점에서 '이야기(katari)'의 성격이 강하다고 해야 할지도 모른다. 그럼에도 《일대기》에서 청자를 매료한 것은 엔쵸가 짓고 음성 기예의 묘기로 들려준 '푸른 이별'이 나오는 대목이었다는 것은 동시대 증언으로부터도 분명하며, 후세에까지 이 장면이 가장 유명하다. 출생이나 성장을 통하여 골수까지도 '이야기'를 위한 사람이었던 엔쵸에게 있어 만년의 모리 오가이森鴎外[12]의 역사물처럼 '서술하지만 짓지는 않는다'는 태도와는 무관지 않았을까?

그런데 부정형不定型이며 새로운 발화라는 점에 특색이 있을 터인 '말(hanasi)'이 어떠한 계기와 과정에 의해 일정 양식을 띠고 '문'으로의 이행 가능성을 획득한 것일까? 나는 화자가 모여 짓는 '장場' 및 구연이라는 라이브 퍼포먼스로 화자가 청자와 만드는 '장'에서 그 계기가 마련되지 않았나 싶다. 화자와 청자가 만드는 '장'에 대해서는 내가 예전에 공중, 회중, 좌, 대좌 등으로 나누어

12_모리 오가이(森鴎外, 1862~1922): 소설가, 극작가, 평론가, 번역가, 군의. 이와미노쿠니 쓰와노(石見国津和野) 출생. 도쿄대 의학부 졸업. 일본 위생학의 개척자. 육군군의이면서 〈시카라미조시(しからみ草紙)〉 등을 간행하여 다채로운 문학 활동을 전개하였고 의학면에서도 봉건성 불식을 목표로 논전을 전개하였다. 만년에는 역사소설, 역사전기 등의 방면으로 나아갔다. 소설 〈무희〉, 〈청년〉, 〈기러기〉, 〈아베 일족〉, 〈섭강추재(渋江抽斎)〉, 번역 〈추억 속의 모습〉, 〈즉흥시인〉 등 다수; 역주

발화의 종류를 브로드캐스팅, 신로그, 다이알로그, 모놀로그 등으로 나누어 양자의 관계를 생각한 적이 있다.[13]

화자에 대해서는 엔쵸의 경우, 산다이바나시 재흥의 모음집이었던 '스이쿄렌粹狂連 —교겐 작자 세가와 죠코瀬川如皐, 삼 대째 가와타케 신치河竹新七(모쿠아미黙阿弥), 희극 작자 가나가키 로분仮名垣魯文, 삼 대째 다테카와 단시立川談志, 이 대째 류테이 타네히코柳亭種彦 등 바쿠마쓰幕末의 쟁쟁한 문인으로 삼 대째 슌푸테이 류기春風亭柳技, 이대째 슌푸테이 사라쿠春風亭左楽, 젊은 시절의 엔쵸, 네 명이 가세하였다?에서 'hanasi'를 만들어 연기하는 수련을 쌓은 것이 《가지카자와鰍沢》,《다이부쓰모찌大仏餅》 등 산다이바나시의 명작을 낳는 바탕이 되었을 뿐 아니라, 음성 예술을 더욱 갈고 닦았다는 것은 상상하기 어렵지 않다. 청자에 대해서는 엔쵸를 들으러 오는 단골손님, 특히 15석 도오시 교겐通し狂言[14]의 닌죠바나시 등의 경우는 재치있는 청자(거기에는 장래 이야기기사가 될 가능성을 가진, 즉 잠재적인 화자이기도 '덴구렌天狗連'도 섞여 있다)가 화자와 함께 '이야기 공동체'를 형성하고 있었던 것일 것이다. 원래 '스이쿄렌粹狂連'이라는 '단체' 속에서 연마된 '말(hanasi)'이 역시 거의 '단체 예술'이라고도 할 수 있을 '이야기 공동체'에서의 라이브 퍼포먼스를 거듭함으로써 생각지도 않게 어떤 양식을 띠었던 것은 아닐까?

그렇게 하여 획득된 양식은 팔 대째 가쓰라분라쿠의 30에도 차지 않는다고 하는 소재의, 구연의 '장'에 나오기 전에 화자의 고

13_《구두전승론》, 가와데쇼보신샤(河出書房新社), 1992, 헤이본샤(平凡社) 라이브러리, 2001

14_하나의 시바이 교겐(芝居狂言)을 처음부터 끝까지 상연하는 것, 또는 그 교겐(狂言); 역주

독한 조탁에 의해 빈틈없이 연마되고 그 후에는 몇 번 극장에 올려도 말의 억양까지도 바뀌지 않았던, 즉 화자 쪽에서의 모놀로그처럼, 이른바 '음성 텍스트'가 된 발화의 정형성과는 별도의 것임에는 틀림없다. 이야기 예술에서의 양식과 정형의 문제는 엔쵸의 닌죠바나시에 대해서도 앞에서 말한 초대 산유테이 긴바三遊亭金馬(2대째 산유테이 고엔쵸三遊亭小円朝), 역시 직계 제자인 4대째 다치바나야 엔쿄橘家円喬(엔쵸 닌죠바나시의 속기록은 아직 보지 못함), 엔쿄의 제자의 제자를 자칭했던 5대째 고콘테이 신쇼古今亭志ん生, 그리고 말할 것도 없이 6대째 산유테이 엔쇼三遊亭円生, 8대째 하야시야 쇼조林家正蔵의 것 등, 신쇼志ん生 이후는 녹음도 남아있고, 금후의 연구 과제로 하고 싶다. 그와 같은 탐색은 문자(예전에는 식자자가 음독하여 들려주는, 즉 음성으로의 변환매체이기도 했다)로 직접 기록되는 '문'학 작품에서 '독'자론에 있어서도 흥미로운 단면이 될 거라 생각한다.

엔쵸는 앞에서 든 산다이바나시나 《황금떡黃金餅》, 《마음의 눈》 등, 1회 공연용 명작도 남겼는데, 그것들이 빛이 나는 것은 일인칭 회화 진행의 묘미, 거기에 담긴 인간 마음의 통찰의 예리함, 줄거리나 익살스러운 끝맺음의 재미 때문은 아니다. 장편의 닌죠바나시에 대해서도 같은 이야기를 할 수 있다. 심한 말이라는 것을 염두에 두고 말을 하면 엔쵸가 그 정도로 원전이나 실록에 신경을 쓴 것도 9대째 이치카와 단쥬로市川団十郎의 활극물이 인기를 누린 것도 마찬가지의 유신 시대의 풍조였을지도 모르고, 국정의 요직에 있는 인사나 문인들과도 교류한 엔쵸의 고상高尚 = 고증考證 취미에 의한 것인지도 모르지만, 분방한 줄거리의 구조보다는 인정의 기미를 꿰뚫은 장면 장면의 직접화법에서의 전개의 교묘함에 엔쵸의 재능은 개화했던 것은 아닐까?

단지 라쿠고의 기법에 의한 일인칭 회화체의 표현에는 동시에 그려낼 수 있는 것은 보통 두 사람, 기껏해야 세 사람 정도라는 제약이 따른다. 즉 가는 선의 흐름, 그 접합으로서 줄거리가 전개되는데, 이와 같은 화법에서의 화자의 역점, 청자의 흥미의 초점은 장면마다의 정취에 놓이기 쉽다. 엔쵸의 구연속기 외에 시키테 삼바式亭三馬 등에도 희작자의 문체도 참고로 했다고 하고, 역시 직접화법의 회화 부분이 중요한 위치를 차지하는 《뜬 구름》이 내용면에서 작자가 모범으로 한 19세기 러시아의 리얼리즘 문학처럼은 사회성을 담을 수 없었던 것은 다른 이유와 함께 표현기법의 제약에 의한 점도 있었던 것은 아닐까? 그런데 선적으로 그려지는 '도쵸道中'[15], '즈쿠시', '메구리', '에마키絵巻'[16] 풍의 흥취를 중시하는 것은 일본의 행락이나 예능 전통의 하나일 것이다. 엔쵸와 직접 관계는 없지만 메이지明治(1868~1912)에서 쇼와昭和(1926~1989) 전기에 걸친 근대 일본어의 산문의 명수라 일컫는 나쓰메 소세키夏目漱石, 나가이 카후永井荷風, 시가 나오야志賀直哉, 다니자키 준이치로谷崎潤一郎 등이 모두 요세예술, 특히 라쿠고 전문이었다는 사실도 흥미롭다.

도쿠가와 시대 이후의 도시 사회, 특히 삼도三都에서 왜

15_ 오이란 도쵸(花魁道中)의 줄임말. 에도 시대에 유곽에서 오이란이 신조(新造)・가부로禿 등을 따라 히키테쟈야(引手茶屋)까지 손님을 맞이하러 간 것. 또 에도 요시와라(吉原)에서 정월이나 8월 1일, 교토 시마바라(島原)에서 4월 21일 등에 유녀가 성장하고 유곽 안을 줄지어 행진한 것; 역주

16_ 문장과 그것에 대응하는 그림이 번갈아 가며 쓰인다. 왼손으로 펼치고 오른 손으로 말면서 감상한다. 헤이안(平安)・가마쿠라(鎌倉) 시대에 활발히 제작되었다. 내용은 경전을 그림으로 풀이하거나 이야기나 일기를 회화화한 것, 설화나 절의 유래 혹은 고승의 전기 등을 기린 것이 있다; 역주

'hanasi' 기예가 흥성했는지에 대한 고찰과 함께 역사적으로는 이 'hanasi'의 문자화가 일본 문학에 있어서 두 번째의 중요한 문자화의 대목이었다는 것이 첫 번째의 것과의 대비에서 또 일본 이외의 사회와의 대비에서 고찰되어야 할 것이다. 첫 번째의 문자화, 즉 일본 '문'학의 성립을 논한 후루하시 노부타카古橋信孝는 문자화의 전제로서의 문체(더 넓게 '언어 표현의 양식'이라고 바꾸어 말하여도 좋을 것이다)의 형성을 문제시하고 '노래'에 언어 양식의 근간根幹을 보고 있다. '노래의 주변에 산문을 끌어들이는 형태로 이야기를 쓰는 것이 비롯되었다'(《이야기 문학의 탄생-만요슈万葉集로부터의 문학사》, 가도카와角川 총서, 2000). 이 후루하시의 탁견을 두 번째의 대목에 적용한다고 한다면 '하나시의 주변에 산문을 불러들이는 형태로 소설을 쓰는 것이 비롯되었다'고 할 수 있을지도 모르겠다.

이마무라 노부오今村信雄, 《라쿠고落語의 세계》를 둘러싸고

이러한 책을 쓰는 사람은 두 번 다시 세상에 나오지 않을 것이다. 이 책에 그려져 있는 이야기사들도 그들을 뒷받침해온 세상도 두 번 다시 나오는 일은 없을 것이다. 재치라고는 할 수 없어도 풍미가 가득하다. 자연스럽고 그윽함과 깊이가 있다. 저자의 라쿠고에 대한 애착과 라쿠고계를 뒷받침하는 것이 모든 것이었던 인생역정 속에서 꼭 세상에 나와야 하는 상황에서 나온 책이다. 분명 불요불급의 책인데, 그 때문이라고 해야 할까 걸작도 고전이라고 하며 추앙을 받는 책도 아니지만 지워버리고 싶지 않은 책이다. 헤이본샤平凡社 라이브러리의 편자의 견식에 경탄한다.

내가 저자와 친척으로 라쿠고를 좋아하게 되었다는 사실이 편자에게 알려져 권말에 뭔가를 쓰도록 권유를 받았다. 이런 운치 있는 책에 없느니만 못한 졸렬한 문장을 첨가한다는 것이 멋쩍은 일이라는 것을 알면서도, 무엇보다도 선약한 집필 계획이 산더미처럼 쌓여 원고 의뢰를 수락할 만한 상태가 아니면서도 전화를 받고 두말도 없이 승낙하고 말았다. 게다가 쓰는 내용까지 그 자리에서 말했다. 마치 예전부터 이 원고를 쓰기로 예기하고라도(그럴 운명이기라도 했다는 듯이?) 있었다는 듯이.

이마무라 노부오今村信雄(1894~1959). 라쿠고 속기의 개척자로 라쿠고 연구회의 창시자였던 이마무라 지로今村次郎의 아들로서 메이지 27년 5월 1일에 도쿄 하마마치浜町에서 태어났다. 학력은 불명이지만 대학 혹은 전문학교 정도는 가지 않았지 않았을까? 이른 나이부터 아버지 좋은 협력자이며, 아버지가 돌아가신 후에는 그 유지遺志를 받들어 전후의 제4차까지 라쿠고 연구회를 유지하였다.

이 책 속에서도 여기저기에 언급되어 있는 라쿠고 연구회는 러일전쟁 2년째인 메이지 38년 3월에 이마무라 지로가 극작가 오카키 타로岡鬼太郎 등과 힘을 합하여 초대 산유테 엔사三遊亭円左, 4대째 다치바나야 엔쿄橘家円喬, 3대 야나기야 쇼柳家小라는 당시의 쟁쟁한 명인, 대스승을 결집하여 탄생하였다. 후 시대부터 보아 제1차가 되는 이 연구회는 러일 전쟁 중의 요세寄席의 불경기에 따르는 라쿠고의 편의주의, 자풀이적 퇴폐에 위기감을 느낀 뜻 있는 사람들의 모임이었는데 일반 라쿠고 애호가들에게 널리 뜨거운 지지를 받았던 것 같다.

이렇게 하여 출발한 라쿠고 연구회, 이야기사들이 미리 상연 목록을 결정하여 공표하고 격식을 차린 옷차림으로 연기를 하는 나중의 홀 라쿠고의 원형이 되기도 한 일종의 작품중심주의, 라쿠고의 '정통'에 대한 탐구 운동이 메이지 말에서 쇼와 말에 걸쳐 그 공과의 평가는 제쳐두고 라쿠고의 고전화古典化를 위해 해냈던 역할은 크다. 그리고 전후의 황폐로부터 재기한 제3차, 제4차까지 이 라쿠고 연구회를 일관되게 꾸려간 사람이 이마무라 지로, 노부오 부자였다.

노부오는 부친과 마찬가지로 스스로 라쿠고의 속기도 하는 한편, 《시음試飮》 등의 신작도 남겼다. 이야기사의 뒷바라지도 착실히 하였으며, 아무튼 철저한 '현장주의자'였다. 그 점이 서재에서만 평론하는 평론가와는 완전히 다르다. 그는 작은 체구에 피부는 하얀편이고 과묵하였으며 구식의 검은 테 안경을 끼고 옷차림에는 신경을 쓰지 않았다. 언제나 고개를 약간 기울이고 '세상 사람들은 무엇이 그렇게 재미있을까' 하는 표정을 짓고 있었다. 동작이 경쾌하고, 남 돌봐주기를 좋아하며, 술도 좋아하고, 초연무욕하여 머릿속에 라쿠고에 대한 생각밖에 없는 사람이었다. 1959년도 며칠 남지 않은 12월 29일, 지바현 이치카와 시의 자택에서 뇌출혈로 갑자기 유명을 달리하였는데 그 때가 65세였다. 선조 대대의 보다이지菩提寺, 신쥬쿠 스미요시쵸新宿住吉町의 정토종 안요지安養寺에 묻혔다.

그 아들은 아버지의 업을 계승하지 않고 이미 이 세상을 떠났다. 관동 대지진의 조금 전에 결혼한 여덟 살 연하의 아내 기요喜代는 세키테이席亭의 딸로 무사武士댁 안주인 풍의 솔직한 성격이었다. 교양이 풍부하고 만사에 까다로웠던 시어머니 지로 부인에게 단단히 시달렸던 듯하다. 전쟁 때와 전후戰後의 노부오가 곤궁했던 시대에는 바느질로 가계를 꾸렸다고 하는데, 화려한 것을 좋아하여 노부오의 사후, 아들 부부나 손자들과 같이 살면서도 자유로운 라이프 스타일을 유지하다가 92세인 1994년에 타계하였다.

이마무라가今村家와 우리집의 관계는 1982년에 돌아가신 어머니에게 예전에 들은 적이 있는데 깡그리 잊어버렸다. 지금은 정확하게 가르쳐주는 사람이 한 사람도 없다. 어쨌거나 청일, 러일 전쟁 간의 시대에 외할머니가 가와고에 신가시川越新河岸의 장작과 숯 도매상 시마무라가島村家에 후카가와 오나기가와深川小名木변의 쌀 도매상 가와다가川田家로, 신가시가와新河岸川에서 스미다가와隅田川를 배로 내려와 시집올 때 하마마치의 이마무라가에서 머물렀다가 왔다는 이야기는 내가 대학생 시절에 어머니에게서 들은 이야기를 적어둔 노트에 쓰여 있다. 시마무라가島村家와 이마무라 지로 부인의 친정이 인척이었으므로 그렇게 되었다는 이야기도 어머니께 들었다. 어쨌거나 이마무라가今村家와 가와다가川田家는 아주 먼 인척에 지나지 않았지만 할아버지나 아버지가 기록으로 남겨놓은 오래된 축의금 장부를 보면 친척으로 교류하는 두세 집 가운데 이마무라 지로씨나 대를 바꾸어 노부오씨도 언제나 이름이 쓰여져 있고, 그밖에도 여러 형태로 접촉이 있었다.

도쿄에서 살던 때의 집도 스미다가와를 사이에 두고 아주 가까웠으며 데릴사위를 맞이한 딸이었던 어머니의 두 번째 여동생은 신오오하시新大橋의 옷감 가게로 시집가기 전에 도쿄대지진 후 하마마치에서 야나기바시柳橋로 이사온 이마무라저邸에서 지로 부인에 꽃꽂이를 배우고 있었다. 지금은 고인이 된 이 이모가 나에게 들려준 이야기를 기억하고 있는데, 이마무라씨의 집은 언제나 이야기사나 예능인이 많이 모여 있어 대단히 북적거렸다고 한다. 피부가 하

얇고 눈이 부리부리하여 명랑하고 왈가닥 기질의 서민층 여자아이의 표본과도 같았던 이모는 예능인들에게도 귀여움을 받았던 것 같으며 여러 이야기사에 대한 이야기를 나에게 해주었는데 누구와 누구의 이야기가 있었는지 기억은 하지 못한다. 이마무라 댁에 자주 드나들었던 만화가 미야오 시게오宮尾しげを가 이모의 얼굴을 그려주었다고 한다.

미야오 시게오 화백은 이마무라 노부오가 편집한 소진샤판의 《명작 라쿠고 전집》에 마에카와 치호 등과 삽화를 그렸는데, 말할 것도 없이 서민 사회 풍속을 비롯하여 민속 연구가이기도 했다. 마에카와 치호前川千帆 화백이 고마가타駒形의 장어구이 가게 '마에카와'의 '방탕한 아들'이었던 것은 아닐까 하는 것은 나의 착각에서 우러나온 믿음인지는 모르겠으나 어쨌든 야나기바시의 이마무라 댁은 라쿠고만이 아니라 당시 도쿄의 서민 문화가 교류하는 살롱이었던 모양으로 그러한 자유분방한 공기가 새로운 시대의 '쇼와昭和의 고전 라쿠고'의 명수들, 수차에 걸친 라쿠고 연구회의 각 단계에서의 중추를 이루고도 있었던 4대째 쇼小씨, 5대째 신쇼志ん生, 8대째 분라쿠文樂, 6대째 엔쇼円生 등등을 배출시키는 데 힘이 있었던 것이 아닐까 생각한다.

이 무렵의 이마무라 저邸에 갔던 일이 있는 나의 큰 형 이야기로도 정원이 연못이 있는 넓은 저택은 언제나 사람들의 출입이 빈번하여 활기에 차 있었다고 했다. 또 큰 형의 이야기로는 지로 부인이 후카가와의 우리집에 찾아오면 언제나 시키는 마쓰바松葉 초밥이 아니라 기요스미쵸清澄町의 가토리香取 초밥집(지금도 있다)에서 특별 주문한 생선 초밥을 시켰다고 한다. 이모의 꽂꽂이 선생님이라는 것만이 아닌, 뭔가 명예로운 긴장감이, 문화의 볼티지가 높은 이 손님을 맞이한 가와다가에도 일순 넘쳤을 것이다. 이러한 세세한 에피소드에도 나는 새로운 문화의 흐름이 창출될 때의 때와 장소의 공기와 같은 분위기를 느꼈다.

그런데 이마무라 노부오(나는 이마무라 삼촌이라고 불렀다)와 나의 교류는 두 집이 그것도 하필이면 같은 이치카와로 이사하고부터의 일이다. 도쿠가와 시대 중엽인 호레키宝暦(1751~1764) 무렵, 죠슈 누마다上州沼田의 가와다무라川田村에서 선조가 에도로 나온 이래 대대로 살았던 집인 후카가와를 떠나 우리는 태평양 전쟁이 시작된 이듬해인 1942년 4월에 이치카와시의 스게노菅野라는 곳으로 이사를 했다. 이마무라 일가는 그보다 전에 이치카와로 이사했었는데 삼간 정도의 단층집에 명목뿐인 정원이 딸린 보통의 검소한 집에서 살았다. 나중에 누나에게서 들은 이야기로는 야나기바시柳橋의 커다란 저택을 다른 사람에게 속아 아무래도 처분하지 않을 수 없게 되었다고 한다. 그랬기 때문에 금전상으로도 쪼들렸던 듯하며 전시중이라 라쿠고 일도 그다지 없어 처음에 우리가 이사했던 집은 이마무라의 집에서는 걷거나 게세이京成 전차를 타고서 30분은 걸리는 곳에 있었는데 그래도 자주 이마무라 삼촌 혼자서 오시곤 했던 이유는 돈 마련에 대한 상담 때문이었는지도 모른다.

이 스게노의 집에 있었던 것은 내가 초등학교(당시의 초등학교) 2학년과 3학년 때였는데, 이 집에 이마무라 삼촌이 자주 왔다는 기억이 나는 이유는 내가 라디오로 들었던 라쿠고가 좋아져 스스로 라쿠고(비슷한 것)를 지어 이마무라 삼촌에게 보여준 일이 있기 때문이다. 어떤 이야기를 썼는지는 확실히 기억하지 못하지만 《소코쓰

나가야(粗忽長屋)¹⁷와 같은 편성의 이야기였을지도 모른다.

써서 건넨 일이 있다는 것이 확실한 것은 몇 년 후, 패전 직후의 초등학교 5학년 때에 이마무라 삼촌이 데리고 가준 도호東宝 명인기예의 분장실에서 긴바(3대째) 스승이나 야나기야 켄타로(초대) 스승에게 "이 아이는 라쿠고를 짓는대요"하고 소개한 것을 부끄러워 숨고 싶은 심정으로 들었던 일을 기억하고 있기 때문이다. 그 무렵 '야나기야 켄타로도 일개의 아티스트다'는 식의 외래어를 섞어 말하는 독특한 화법이 인기를 끌어 도호東宝 명인 기예에서도 최고의 연기자로 활약했던 켄타로 스승이 "그래, 스쿨보이가 라쿠고를 짓는 거야?"하고 큰 소리로 말하여 스승들이 웃었던 것을 귓속까지 빨개져 가며 들었던 기억이 있다.

어떠한 계기로 라쿠고에 흥미를 가지게 되었는지는 모르지만 요세에 따라간 것은 전후였기 때문에 이마무라 삼촌의 영향이 아닌 것은 분명하며, 내가 쓴 것을 보여준 것은 어머니가 누군가로부터 이마무라씨가 라쿠고 일을 하고 있다고 들었기 때문이다.

처음에 스게노의 집에 살 때 아직 미군의 공습이 심해지지 않았을 무렵인데 라디오의 밤 프로그램에 '전선으로 보내는 밤'이라는 것이 있어 신문의 프로그램 란에 검은 바탕의 동그라미에 하얀 글자의 산수용 숫자로 1, 2, 3이라는 번호가 들어가 있고 그 안에 반드시 하나나 두 개의 라쿠고를 방송했었는데 나는 그 시간을 몹

17_ 고전 라쿠고의 연기 목록. 왕래의 시체를 보고 자기의 친구라고 확신한 남자와 아직 살고 있는 그 친구 본인이 야기하는 기묘한 소동을 해학적으로 그린 희곡. 5대째 고콘테이 신쇼(古今亭志ん生), 7대째 다테가와 단시(立川談志), 5대째 야나기야 쇼(柳家小) 등의 18번; 역주

시도 기다리며 애가 탔다.

　프로그램이 시작할무렵 나오는 멜로디를 지금도 선명하게 기억하고 있는데, 바이올린 '한케스의 세레나데'(라는 곡이라고 왜 생각했는지는 모르지만 하이켄스였는지도 모른다)가 밤 휴식시간 한 때의 막을 여는 것처럼 흐른다. 이 프로그램의 꽃은 7대째 하야시야 쇼조林家正藏이며, 친 아들 하야시야 산페이林家三平에게도 계승된 '정말 죄송합니다' 라는 대사와 정수리를 관통하는 듯한 높은 소리, 어리광스러운 말씨가 인기였다. 《아마추어 장어잡이》로 손에서 미끌미끌 빠져나가는 장어를 '햐, 햐' 하면서 과장된 기성을 지르면서 잡으려고 하는(이 부분은 나중에 내가 들은 8대째 가쓰라 분라쿠 등은 실로 절제한 거의 몸짓만으로 연기를 했는데), 그 나름대로 명랑하고 귀여웠다는 인상이 남아있다.

　'전선으로 보내는 밤' 은 나와 동세대든지 조금 상하의 사람도 포함하여 상당한 사람이 추억을 가지고 있어 의외로 반향이 좋았던 명名 프로그램이 아니었나 생각한다. 언젠가 작곡가 고故 다케미쓰 도오루武満徹씨가 우리 집에 오셔서 함께 저녁을 했을 때(물론 이것은 훨씬 나중의 다케미쓰 도오루武満徹 씨와 내가 《소리 · 언어 · 인간》이라는 제목으로 왕복 서간을 이와나미岩波 서점의 월간지 《세계》에 연재하기 직전의 1977, 8년 무렵의 일이다), 내가 〈전선으로 보내는 밤〉을 자주 들었다는 이야기를 하자, 다케미쓰씨는 곧장 큰 소리로 '탓탓타, 탓탓타, 탓타탓타 타타' 하고 테마 음악의 세레나데를 노래하며 "나도 그 프로그램을 자주 들었다"고 하셨다. 다케미쓰씨도 라쿠고를 좋아하셨다.

　미군의 본토 공습이 심해진 1945년 1월에 우리집은 스게노에서, 같은 이치카와 시내로 이마무라씨의 집과는 작은 길을 사이에

둔 옆집의 옆집으로 이사를 갔다. 거기에서 3월 10일 새벽, B29의 대공습 때 내 고향 도쿄 서민가가 불꽃과 연기로 하늘을 울리며 타오르는 광경을 보았다. 이번에는 이마무라 씨의 집이 가까웠으므로 곧 바로 핑크 크로스 장정의 소진샤판 《명작 라쿠고 전집》12권을 한 권씩 빌려와 열심히 읽었다. 테마별로 분책이 되어 있는 가운데 《연애인정편》이라는 권이 있고, 내가 연애라는 말을 '고이아이'로 읽었을 때 어머니가 '렝아이'로 읽으라고 가르쳐준 것을 기억한다. 그런 상황이었기 때문에 유곽에 관한 것을 알 리가 없었는데 탐욕스럽게 전권을 통독하여 점점 더 라쿠고가 좋아졌다.

분명 히로시마広島에 원자폭탄이 투하되었던 이듬해였는데 이마무라 삼촌이 우리 집에 언제나처럼 홀연히 찾아와 이번 폭탄은 일본에서도 만들어지며 아무거나 넣는데 아직 다 완성이 안 되었다고 한다고 라쿠고의 나가야바나시長屋噺이기라도 한 듯한 이야기를 아주 진지한 어조로 부모에게 말한 것을 기억한다.

패전과 함께 이마무라 삼촌은 활동을 재개하였고 10월에는 타다 남은 유라쿠쵸有楽町의 도호東宝 명인회가 시작되었고, 나를 분장실로 데려가 스승들에게도 만나게 해주었다는 이야기는 앞에서도 했다. 그 무렵은 고구마가 많이 든 도시락을 가지고 라쿠고를 들으러 갔다. 걸을 때는 성급한 이마무라 삼촌이 지팡이를 흔들면서 앞장서서 조금 한 쪽으로 기운 듯한 걸음걸이로 가는 뒷모습이 지금도 떠오른다. 이 무렵 이마무라 삼촌은 만자이漫才의 대본도 쓰고 있어 옆방에서 부업으로 바느질을 하고 있던 아내 기요씨가 "쓰면서 자기가 웃지 뭐예요"라는 식의 말을 했다.

2개월 정도로 도호 극장이 진주군에 접수되어 '아니 파일 극장' 이라고 명칭을 변경하였으므로 명인회는 니치게키日劇 소극장을 옮겼는데 나는 여기에도 이마무라 삼촌을 따라 고구마가 든 도시락을 가지고 자주 드나들었다. 도호 명인회에서 자주 듣는 것은 앞에서 이름을 든 긴바金馬, 겐타로権太樓 외에 전화 라쿠고나 시바이바나시의 2대째 산유테이 엔카三遊亭円歌, 《바둑광》의 6대째 슌푸테이 류쿄春風亭柳橋, 2대째 가쓰라 우메스케桂右女助(나중의 6대째 미마스야 고카쓰三升屋小勝), 《해골》이 좋았던 8대째 슌푸테이 류시春風亭柳枝, 《협력자》가 장기였던 말린 오징어 같은 맛의 9대째 오키나야 산바翁家さん馬(나중의 9대째 가쓰라 분지桂文治) 등등. 지금의 4대째 긴바는 아직 고킨바小金馬로 어린 이인자로 '아이구 경사스러워라, 경사스러워' 하며 생기발랄하게 연기를 했던 것이 지금도 눈에 선하다.

이듬해 1946년 6월 결성되고 얼마 지나지 않아 제3차 라쿠고 연구회(회장 구보타 만타로, 주사 이마무라 노부오)의 월례 공연에도 데리고 가 주었다. 회장은 마루노우치丸の內 부근의 보험회사인지 뭔지 하는 강당이었다고 생각하는데, 살풍경한 곳이지만 4대째 야나기야 쇼 씨 등 호화 출연자로 이때 가쓰라 분라쿠桂文楽가 구두로 8대째 산쇼테이 가라쿠三笑亭可楽의 습명피로襲名披露가 있었고 가라쿠는 그 뒤부터 그의 단골 메뉴인 《한곤코反魂香》를 연기했다. 인기프로는 분라쿠에서 《꿈의 술》이었다.

잊을 수 없는 것은 이때 단 한 번 들은 4대째 쇼 씨의 명인다움이다. 처음에 무대에 앉아 몸집에 비해 작은 얼굴의 입술을 오물오물하면서 뭔가를 말한다. 나는 가장 앞자리에 진을 치고 있었는데 이래 가지고는 안 들리겠구나 하고 생각하는 사이에 곧장 회장에 있는 손님 전원의 청각이 일제히 쇼 씨의 입에 빨려 들어가기라도 하는 듯이 담담한 그러나 경묘한 그 쇼 씨의 말(hanasi)이 훌륭하고 선명하게 들려왔다. 《하품 훈수》에서가 아니었을까 생각한다. 나는 명인이란 이런 것인가 하고 단지 감탄만 할 뿐이었는데 초등학교 6학년 때 그러한 생의 체험을 할 수 있었던 것은 평생의 행복이었다고 지금도 생각한다. 4대째는 그 이듬해 돌아가셔서 나는 일생일대에 그때만의 무대에서만 4대째를 들었다.

중학교에 들어가자 이치카와의 자택에서 구단九段의 교세이曉星 중학교까지 전차 통학을 했기 때문에 시간적 여유도 없어지고 쇼의 공연을 들을 기회도 적어졌다. 대학에 들어가고 나서는 라쿠고 이전, 전쟁 전의 그야말로 철이 들기 전부터 시바이를 좋아했던 양친과 함께 보러갔던 가부키歌舞伎에 새삼 관심을 가지게 되었다. 가부키좌나 신바시 연무장이나 젊은 층 가부키의 도요코東橫 홀 등이 자주 드나들었는데 영어 쪽은 스즈키鈴木나 스에히로테이末広亭나 미쓰코시三越 명인회 등에 가끔 가는 정도로 뜸해졌다.

그 후 프랑스 유학이나 장기 아프리카 조사 등의 후에 구두전승, 이야기의 연희성이라는 관점에서 아프리카에서 몇 백개나 채록한 역사전승이나 민화의 이야기와 같은 시야로 라쿠고도 포함하여 생각하게 되었다. 해외 생활이 많아졌는데, 일본에 있을 때에는 가장 만년의 신쇼志ん生, 6대째 엔쇼円生, 8대째 하야시야 쇼조林家正蔵(히코로쿠彦六), 아직 젊었던 5대째 쇼 씨 등등의 무대를 접한 것 외에는 고인의 명연기를 단지 카세트로 반복하여 들을 뿐이었다. 라쿠고는 계속하여 사랑했는데 이마무라 삼촌과는 결국 소원해졌다. 내가 아직 프랑스에 유학하기 전 도쿄대학 대학원생 이었을때, 삼촌은 돌아가셨다.

라쿠고는 가부키와 함께 내 어린 시절부터의 '교양'의 기본이다. 그뿐만 아니라 졸저 《구두 전승론》(가와데 쇼보 신샤河出書房新社, 1992, 나중에 헤이본샤平凡社 라이브러리에서 상하 2권으로 재간)에 수록된 논문에서도 밝혔듯이 내 연구 대상의 중요한 일부를 이루고 있다. 그 라쿠고와의 만남의 시기에 이마무라 삼촌의 안내를 받아 쇼와昭和 라쿠고의 어떤 한 시대를 엿볼 수 있었던 것은 행운이었다. 지금 그 이마무라 삼촌 구저를 복간하는 기회에 극히 미미한 것에 불과하지만 동시대 증언의 몇 개를 써 둘 수 있었던 것은 아무래도 성실하며 남 돌보기를 좋아했던 고인이 안내해준 것만 같은 생각이 든다.

말소리의 힘

우리는 귀중한 결정을 할 때 구두 약속만으로는 미덥지 못하여 '글로 써주세요'라고 한다. 음성으로 나온 말은 그 자리에서 없어져 버리는데, 글로 쓴 문자는 나중까지 남으므로 그것을 보존하여 증거로 삼으려는 것이다.

그런데 물론 아무리 문자로 써 놓았어도 그것을 뒷받침하는 인간의 성의가 없으면 글로 쓴 것은 문자 그대로 '아무 의미도 없는 문'이 되며 쓰레기나 마찬가지의 휴지에 지나지 않는다. 예로부터 문자가 이토록 보급되어 있는 일본에서도 구두 약속, 즉 음성언어의 힘은 극히 크다. 구미였으면 당연히 계약서에 사인을 하는 식의 계약이 많은데 일본 사회에서는 구두 약속만으로도 쌍방이 의심하는 일 없이, 사실 아무런 지장 없이 얼마나 많은 일이 진행되는가? 책의 집필과 출판의 계약, 대학의 시간강사의 의뢰 등은 나와 같은 일을 하는 사람에게 있어 구두 약속은 일상적으로 빈번하게 경험한다. 어느 쪽이나 문서로 하는 계약이나 의뢰가 나중에 이루어지는 일도 있는데, 쓰기 이전에 구두 특히 종종 전화로 이야기가 오간 후에 집필이나 강의가 시작되는 것이 보통이다.

한편 비록 문자로 쓰여 있어도 그것을 살아있는 인간이 소리로 내어 발음을 해야하는 영역도 상당히 많다. 재판의 판결은 판결문을 복사하여 나누어주면 그걸로 되는 것은 아니다. 글로 쓴 것을 소리 내어 읽기만 한다고 해도 판결이 유효하게 되기 위해서는 그 자격을 가진 재판장이 법정이라는 자리에서 소리를 내어 언도를 할 필요가 있는 것이다.

선서, 독경, 축사 — 모두 음성의 힘이 문자를 능가하고 있다. 석가나 공자도 예수나 마호메트도 위대한 예언자, 교시자敎示者는 음성의 힘으로 듣는 사람의 영혼을 바꾸었다. 음성에 의한 가르침을 문자로 써 놓은 것은 제자들이다.

음성은 이성을 초월하여 인간 생리의 가장 깊은 층에까지 직접 닿는 힘이 있다. 말귀를 잘 알아듣고, 귀 기울여 들으며 그건 잘 안 들린다는 등의 표현에도 나타나 있듯이 '듣는' 다는 행위에는 목소리로 나오는 지시에 복종한다는 의미가 담겨있다. 문자로 쓰인 말을 눈으로 주체적, 의지적으로 길을 따라가 필요가 있으면 도중에서 읽기를 그만두고 마음이 내키는 대로 시간을 들여 생각을 하면서 이성에 따라 이해하는 행위란 인간의 대뇌나 신경 생리의 메커니즘으로서도 상당히 다른 행위일 것이다. 우리는 언어라는 것을 매개로 하여 음성언어와 문자언어를 연속된 것처럼 생각하기 쉽다. 그리고 그것은 알파벳 등 표음성이 큰 문자체계에 대해서는 상당 정도 들어맞는다. 그런데 한자 등 표의성, 도형기호성이 큰 문자에 대해서는 음성으로 말하고 듣는 신경 작용과 문자로 쓰고 읽는 작용이 다른 계통의 것이라는 것이 최근의 뇌신경 생리학의 실험 연구에서도 밝혀지고 있다. 음성언어에 의한 커뮤니케이션이 안 되는 실어증 환자라도 한자를 알고 있으면 읽고 쓰는 것에 의한 커뮤니케이션이 가능한 것이다.

*

문자는 호모 사피엔스의 그것도 인류 전체의 역사에서 보면 극히 일부분이 사용되고 있는 데 지나지 않지만 음성언어는 인류에게 보편적이며, 분절의 정도는 다양하지만 음성에 의한 커뮤니케이션은 인간 이외의 개구리나 귀뚜라미에 이르는 동물에게도 있다. 그만큼 음성은 인간만의 것은 아닌, 동물적이라기보다 생물적인 기반을 가진 커뮤니케이션의 매체일 것이다. 그리고 음성은 공리성이나 전달상의 의미 등을 도외시하고 좀 더 충동적으로 생생하게 '나오는' 것이기도 하다. 응원에 열중하여 내는 외침 소리, 기분 좋게 목욕을 하거나 밤바람을 쏘이며 혼자서 걸을 때 곧장 나오는 노래. 단말마의 외침, 성적 흥분의 절정감 속에서 내는 소리, 종교적 황홀감에서 솟아나오는 그릇소리라아. 이들 소리는 상당히 동물적인 차원의 것으로 볼 수 있다.

*

역으로 본능적인 것 같으면서도 의외로 문화에 의해 틀이 정해진다고 생각되는 소리에 구호□號가 있다. 이것은 일본이나 아시아의 일부 사회에서 무도, 예능, 그리고 서양 도래의 스포츠에 이르기까지의 신체 행동에 수반하여 나는데, 구미나 아프리카 등 다른 많은 인간 사회에는 없다.

일본 사회는 특히 기합소리에 차 있다. 일본 문화를 '구호口號 문화'라고 해도 좋을 정도다. 서거나 앉거나 할 때에도 '어영차'라고 한다. 야구나 테니스의 연습에서도 언어라고는 볼 수 없는 외침 소리를 모두가 서로 내고 있다. 운동부의 달리기에서도 리더가 한 톤 높이 "하이토!"하고 외치면 일동이 그 말을 받아 달리는 리듬에 맞추어 "하이토 하이, 하이토 하이"라고 한다. 이런 것들도 '파이팅 스피리트', 즉 투지를 의미하는 영어에서 유래하는 '하이토'라는 일본어인데 원래의 영어권 나라에서는 나도 흥미를 가지고 물어보았는데 이러한 현상은 없다고 한다.

제례 때 가마를 짊어지면서 행진 때까지 쓰이는 '왓쇼이'. 무도 각종의 구호口號의 중요함은 말할 것도 없는데, 예능에 있어서도 노能나 가부키歌舞伎의 장단, 기다유의 샤미센이나 로쿄쿠浪曲 악사의 추임새, 기다유 등은 샤미센과 미묘하게 어긋나게 하여 배의 안쪽에서 짜내듯이 하여 이야기를 하므로 심술궂은 샤미센에 타이밍이 안 맞는 간격으로 엄청난 기합을 넣다가 장이 꼬인 다유도 있었다고 한다.

일본 사회에 이토록 구호口號가 만연해 있는 이유는 무엇일까? 일본인은 '긴장 민족'이라고들 하며 분명히 릴렉스하는 데 서투르며 긴장과 진지함에 커다란 가치를 부여하고는 있는데, 그것만으로 설명이 충분할까? 소리의 문화에 관심을 갖는 나에게 있어서도 금후 연구 과제의 하나다.

극심한 긴장감의 표출인 구호口號뿐 아니라 무심코 던지는 소리 높여 하는 인사말도 일본인에게 가득 차 있다. 한 가족이 다 모인 식탁에서 어린이들이 힘차게 '잘 먹겠습니다' 하며 입을 모아 말하고 앞 다투어 젓가락을 집는다. 이것은 인사말이라기보다는 이 말을 한 사람은 먹기 시작해도 좋다는 일종의 격려의 소리다. 식사를 다 마쳤을 때의 '잘 먹었습니다!' 하는 소리도 이 말을 한 사람은 식탁을 떠나 놀러 가도 좋다는 선언과도 비슷한 소리라고 할 수 있다. '다녀 오겠습니다', '다녀 왔습니다' 도 '잘 다녀와', '어서 와' 하고 반드시 짝이 되는 말을 요구하지는 않는 무심코 던지는 소리다. 인사말은 인간관계가 미묘한 사회일수록 서로 뒤얽혀 발달하는 것이 일반적으로 인정되는데, 그 한편에서 일본 사회는 긴장감에 찬 구호口號를 필요로 하는 사회일 것이다. 일본에서는 인사와 구호口號가 연속되어 있으며 그것도 현대의 젊은이들이 빈번히 쓰는 것은 남녀를 불문하고 고교나 대학의 운동 부원이 학교를 오고 가는 노상에서 만났을 때 내는 선배와 후배의 구별을 확실히 한, 그 특이한 구호口號 = 인사말을 통해 알 수 있다.

*

원래 소리를 내는 것을 좋아하는 일본인 사회에서 최근 공해의 양상을 띠는 무한반복하는 테이프를 사용한 상인이나 역 등의 시끄러운 방송이 있다. 상인의 소리도 육성으로 기세 좋게 '네 돈을 받았습니다' 하면 결코 귀에 거슬리지 않고 오히려 풍류이기까지 하는데 스피커를 통하면 소음성이 커지는데다가 아무런 양식도 멋도 없이 '댁에서 필요 없어진 헌 신문, 헌 잡지……' 하고 거침없이 방송을 해대면 소음의 불법 가택 침입으로 규탄하고 싶어진다. 역의 스피커도 너무 성가시게 하고 말을 너무 많이 하여 신경이 피곤하다. 일본의 역무원은 많이 이야기하는 것이 서비스라고 생각이라도 하는 것일까? 필요 충분한 만큼의 정보를 효과적으로 제공하고 나머지는 여객을 조용히 쉬게 하는 유럽 역의, 그 어른스런 분위기와 비교하면 일본인은 12세라고 한 맥아더의 말도 꼭 부당하다고만은 할 수 없어진다.

구호口號

대학의 내 연구실은 그라운드를 마주보는 건물의 6층에 있다. 책상을 마주하고 있으면 햇살이 따스하게 비치는 오후 같은 때에는 자주 아래쪽에서 기묘하게 커졌다 작아졌다하는 소리의 무리가 파동하면서 올라온다. 선동하며 위협하는 욕 같기도 하고 야만족들이 싸울 때 내는 함성 같기도 하다. 십 년 전 이 연구실에 막 왔을 때 그 소리의 정체를 몰랐던 나는 창문을 통해 밑을 보고 그것이 테니스부의 연습으로 코트를 둘러싼 부원들이 동료들이 볼을 치는 것을 지켜보며 발하는 구호라는 것을 알고서 이상하기도 하고 아 그렇구나 하며 납득하기도 하였다.

기묘한 억양으로 내는 말은 잠시 듣고 있는 동안에 "화이트, 화이트으, 화이트으"라고 하는줄 알았다. 단지 다른 기회에 들었을 때에는 이것과 다른 '오라, 오라, 오라야'와 같은 개념화된 의미를 완전히 결여한 민족음악학자 등이 자주 'vocable'이라고 하는 종류의 음성이었다. 그러고 보니 운동부 여자의 조깅에서 '하이트'라는 리더의 선창을 받아 '하이트 하이, 하이트 하이'라고 일제히 소리를 지르면서 달리는 것도 우리 학교의 그라운드에서도 가두에서도 볼 수 있었다.

구호口號는 정도의 차이도 있고 문화이기도 하겠지만 일본 문화만큼 구호를 좋아하는 문화도 드물지 않을까? 서거나 앉을 때의 'dokkoisho(어영차)'에서 무도, 타악기나 샤미센의 흥을 돋우는 소리, 축제 때 가마를 들거나 데모 때 'wasshoi'(어기영차)에 이르기까지 생각해보면 우리의 생활은 구호로 가득 차 있다. 가부키의 거친 역할을 할 때 'yattokototcha, untokoná' **18**처럼 구호가 양식화되어 그 자체가 연기의 중요한 부분이 되는 일도 있다. 그것을 보는 관객이 또 'naritayá'(됐구나야)나 'nipponichi(최고야!)' 따위의 구호를 외친다.

'wasshoi(어기영차)'는 한국어의 '신령님이 오셨다'는 말에서 유래한다는 망설妄說이 있는데, 한국에서 온 일본어 학자에 한국에서는 학생은 데모 때 구호는 외치지 않느냐고 하니까 유행가의 가사를 바꾸어 큰 소리로 노래하면서 행진한다는 것이다. 이 학자는 이전에 일본어의 'kakegoe(구호)'라는 말을 한국어로 번역할 수 없어 난감했다고 말해주었다. 내가 7년 정도 산 프랑스에서도 데모는 여기저기서 슈프레히콜을 외치거나 노래를 부르거나 하면서 밝고 흥겹게 거리 가득히 퍼져 걷는다. 일본의 지그재그 데모**19**의 'wasshoi(어기영차)'의 비장감, 긴박감은 어디에도 없다. 무도의 연습 때는 물론이고 일본에서는 테니스, 야구 등 서양 도래의 스포츠도 연습이나 시합에서 구호를 서로 외치면서 정신을 가다듬는다. 구미에서는 스포츠의 연습 때 구호를 외치지는 않는다고 한다.

18_ 힘참을 나타내는 구호; 역주
19_ 길 위를 번개형으로 달리는 격렬한 데모, 역주

구호, 특히 일본의 구호에는 긴장감이 넘친다. 이러한 구호를 좋아하는 일본인은 상당한 긴장 민족일 것이다. 그것은 운동부원에서 기업전사에 이르기까지 정신 제일주의로 노력과 인내를 존중하는 에토스와 표리를 이루고 있는 것일 것이다. 'gambare!' (힘내라!)라는 말은 우리 아이도 일본어 습득 초기의 단계에서 익혀 쓰고 있는데, 이것에 해당하는 말을 외국어에서 찾아내기란 어렵다. 시합에 임하는 선수를 격려하는 말은 일본어라면 'gambare!(힘내라!)', 'sikkari yareyo!(정신차려 해봐!)' 인데, 영어나 프랑스어라면 'Good luck!' 이나 'Bonne chance!' 일 것이다. 즉 일본에서는 시합의 결과를 선수의 '노력'에 달려있다고 하여 선수의 긴장을 종용하는 데 대하여 영불 등에서는 '운'을 강조하여 긴장을 풀어주려고 하는 것이다. 프랑스어에서 그러한 경우, 'Faites de votre mieux!(최선을 다 해라!)' 라고 하면 어떻게 되겠느냐고 어떤 고명한 문화 인류학자에게 물었더니 그 사람은 이상하다는 듯 웃으며 그것은 '어차피 지는 것은 기정사실이지만 그래도 노력은 해봐라' 라는 의미로 받아들여진다고 했다.

언젠가 내가 뼈를 다쳐 수술 후에 쇠붙이를 제거하는 재수술을 받기위해 침대차에 누워 수술실로 실려 갈 때 같은 병실의 사람이 "힘내세요!"라고 해서 "나는 지금부터 전신마취가 되니까 힘을 낼 수가 없네요. 그 말은 수술하시는 의사선생님께 하세요"라고 하니까 "그러고 보니 그렇네요"하며 웃던 일이 떠오른다. 이 일본에서의 경험과 대조적으로 떠오르는 것은 아프리카에서 현기증으로 쓰러져 얼굴을 다쳐 아래턱을 베었을 때 의사를 불러주었던 미국인 친구들이 얼굴이 피투성이가 되어 쓰러져 있는 나에게 "Take it easy!"라고 하며 돌아갔던 일이다. 나는 그 표현을 처음으로 들어서 약간 놀랐는데 미국 생활을 오래 한 사람에게 물었더니 그것은 일본에서라면 'gambare!(힘내라!)' 라는 상황에서 쓰이는 상투어구라는 것이었다.

'K' 라고 하는 해외에서도 평판이 좋은 일본의 파캇숀 그룹의 공연에서 훈도시 하나에 머리띠를 두른 젊은이가 시종일관 굉장한 소리를 내면서 냉엄한 표정으로 직선적으로 북을 치는 것을 보고 나중에 그룹 관계자가 감상을 물었을 때 나름대로 훌륭하지만 어쨌거나 텐션 뮤직(tension music)의 극치라고 대답한 적이 있다. 그날 밤은 내가 오랫동안 관계를 맺었던 아프리카 흑인의 폴리리듬의 드러밍에 관한 이야기도 나누었는데 아프리카의 드러머가 소리 같은 것은 내지 않고 전신이 다차원적 곡선을 그리듯 움직이면서 육체에서 리듬을 분출시키듯이 치는 것은 같은 파캇숀이더라도 바탕에 흐르는 것이 왜 이리도 다른 것일까 하는 생각을 했다. 일본에서는 전통음악을 배우는 데 '냉수 훈련' 이라는 것이 있어 손을 냉수에 담가 일부러 얼게 한 뒤 쟁箏을 켜는 일도 있다고 아프리카의 뮤지션에게 말하면 필시 눈을 똥그랗게 뜰 것이다.

켄켄데이!

다른 문화에 들어갔을 때 우선 먼저 익히는 것은 인사말일 것이다. 그럼에도 일상생활 속에서 인사를 주고받을 때, 장소, 상대와의 관계에서 적절히 주고받기란 상당히 어렵다. 그것이 무리 없이 잘 되면 그 문화가 충분히 몸에 배었다고 해도 괜찮을 것이다. 인사

는 이른바 문화의 문턱에 있으며 동시에 그 문화의 깊은 '심장부'
에도 이어지고 있다.

그런데 내가 오랫동안 생활을 같이 한 서아프리카 사회에는
'안녕하세요', '안녕히 가세요', '고맙습니다'에 해당하는 말이 없
다. 이 말은 우리의 감각에서 보면 가장 기본적인 인사말로 모르는
사회에 들어갔을 때, 적어도 이 셋은 익히지 않으면, 사람과의 교제
가 안 된다. 모시 사회에서도 그대로인데, 즉 그들의 사회에는 이러
한 간편한 정형구가 없을 뿐이라는 이야기이다. '안녕하세요?'는
사람과 사람이 만났을 때의 가장 간략화된 인사인데 모시 사회에서
는 어떠한 사람이 언제 어떤 상황에서 만났는지에 따라 여러 가지
로 다른 인사를 해야 한다. '안녕히 가세요'에 대해서도 같은 말을
할 수 있다.

'고맙습니다'는 아라비아어에서 도입한 '바루카'라는 원래
'신의 은총'을 의미한 말이 일상적으로 가볍고 편하게 잘 쓰인다.
그러나 이슬람 문화의 영향과 함께 들어온 외래어이며, 일본어라면
'상큐'[20] 따위에 해당할 것이다. 여기에 모시어의 '많이'를 의미하
는 '우스고'나 '절하다'라는 말에서 나온 존경어 '푸스'라는 말을
붙여 '바루카 우스고(대단히 감사합니다)'나 '푸스 바루가(감사합니다)'
따위로 말하는 경우도 많다. 그런데 사람이 어느 정도 깍듯이 예의
를 차려 말할 때에는 이러한 간편한 말을 피하여 그때그때의 상황에
따라 무엇이 어떻게 고마운지를 성심성의껏 말하는 것이 옳다. 이것
은 일본어에서도 같으며 단지 생활이 바빠지고 허례허식을 없애자

20_ thank you를 이렇게 발음한다; 역주

는 풍조가 강해졌기 때문에 '죄송합니다' 나 '정말 (고맙습니다, 죄송합니다)' 같은 말의 남용과 함께 간편한 인사가 퍼진 것일 것이다.

더욱이 간략화되어 미국인의 친한 사이에서처럼 지나치는 사람에게 '하이' 라고 하며 가볍게 손을 들어올리기만 해도 되는 능률주의는 모시사회에는 통용이 안 된다. 다른 많은 아프리카 사회와 마찬가지로 인사는 말이 길게 이어지는 캐치볼이며, 한 번만 주고받는 것은 왠지 미흡하다. 우리 사회에서도 얼마 전까지는 길거리에서 만난 부인 두 사람이 혹은 집에 초대받은 손님과 주인이 서로 머리를 조아리며 장황하게 인사말을 주고받았었다.

몇 년 전 브라질 북서부의 내륙에 멸종 직전의 수렵 채집민 난비크와라라는 소집단을 찾아갔을 때 내가 그들 사이에 인사말이 없다는 사실이 인상깊었다. 그들은 극히 적은 물질적 장비로 수십 명이 언제나 함께 살고 있다. 이러한 집단 내에서는 사람과 만나거나 헤어질 때의 인사도 필요 없고 다른 사람이 뭔가를 해주어 기쁘면 웃고, 마음에 들지 않으면 화를 내는 희로애락의 직접 표현만으로도 충분할 것이다. 그 위에 더 무엇을 일부러 말로 하여 감사나 슬픔을 표현할 필요가 있을 것인가? 이것은 모시 사회처럼 왕이 있거나 하여 사회관계가 복잡하고, 감정이 굴절된 사회에서 간단한 인사말이 없다는 것은 정반대의 상황으로 생각되었다.

그런데 '잘 먹겠습니다', '잘 먹었습니다' 도 '다녀오겠습니다' 도 '다녀왔습니다' 도 없는 프랑스 사회에서 생활할 때 가끔 궁색하게 느껴졌던 것은 '수고하셨습니다' 나 '애쓰셨습니다' 라는 노고를 치하하는 인사말이 없는 것이었다. 모시어에는 물론 있다. 그리고 모시에 있고 일본어에는 없는데 좋은 인사말이구나 하고 생각하는 것은 사람이 짐을 머리에 이고 길을 걸어갈 때 밭 같은 데에 있는 사람이 큰 소리로 힘을 돋우어 주는 '켄켄데이!'라는 말이다. 의미를 번역하면 '걸어 걸어'로 그야말로 너무 노골적인데 염천에 끙끙거리며 걷고 있을 때 생각지도 않게 멀리서 '켄켄데이!'라는 소리가 들려오면 참으로 힘이 난다.

녹색의 의미장

《트랑 베르train vert》는 프랑스어로 '녹색 열차'라는 의미다. 녹색 차를 연상하여 붙여진 잡지명인가 하고 생각했는데, 그렇지도 않은 것 같다. 그린 차란 명칭은 당시 일본어로서 귀에 설다고 하여 가와바타 야스나리川端康成를 비롯하여 반대가 많았다. ·

그린 차라는 명칭의 유래는 무엇일까? 타 보아도 좌석을 비롯해 아무 데도 녹색은 없다. 'midori'이라는 일본어도 생기가 있고 매끄러워 아름다운 말이라고 생각하는데 그린도 차와 따로 떼어 놓으면 그 나름대로 소리로서 빛(반짝거림?)과 속도감이 있어 열차에 대한 명명(naming)으로는 나쁘지 않다.

영어에서 gl-의 음은 glare(번쩍번쩍 빛나다), gleam(번득임), glide(미끌어지다), glimmer(빤짝빤짝 빛나다), glint(번쩍 빛나다), glitter(반짝반짝 빛나다), gloss(광택) 등등, 빛과 매끄러움의 느낌과의 결합이 강하다. gr-에는 이런 종류의 소리상징성은 특별히 없는 것 같은데 일본어에서는 l과 r의 구별이 없으므로 gl-의 어감이 green쪽으로도 가서 가세되는 것인지도 모른다.

일본어의 'midori'는 초목의 새싹을 가리키는 말에서 왔다고 한다. 'midorigo(갓난아이)', 'midori-no kurogami(윤기 흐르는 검은 머리)' 등 색상의 이름을 떠나 싱싱한 생명력을 나타내는 미칭으로서도 쓰인다. 영어의 green도 grow, grass 등 생육이나 풀과 어근이 같은 말인 것 같다. 프랑스어의 vert도 라틴어의 viridis에서 유래하고, 역시 젊음이나 생명력과 연결이 된다.

내가 아프리카에서 오랫동안 사귀어 온 사반나의 농경민 모시족의 말에도 녹색을 가리키는 데에는 신선한 녹색 새의 털빛을 한 아이콘 '키엔가'나 우기가 시작될 무렵에 그야말로 윤기가 자르르한 푸른 신록이 나오는 바오밥의 싹을 가리키는 '트웨네가' 등의 말을 쓰고 있다. 'aonisai'(풋내기) 등의 일본말과 마찬가지로 젊음과 동시에 미숙, 어리숙함의 의미로도 쓴다.

재미있는 것은 녹색은 초목의 새싹을 나타내는 색상으로서 인간의 생활권에 극히 넓게 발견되는 색인데, 위에서 본 예에서 알 수 있듯이 인간의 색상 인지 시스템 속에서는 기본색은 아니라는 것이다. 기본색으로 상당히 보편적이라고 생각되는 것은 빨강, 하양, 검정으로 이것은 인류 '문화의 삼원색'이라고 해도 좋다. 야마토어에서도 '아카(빨강)', '시로(하양)', '구로(검정)'가 색채의 기본 어휘로 붉은 기를 띤다. 'massiro(새하얀)', 'kuroppoi(거무스름하다)' 등의 파생어도 많다. 색을 나타내는 문화적 의미에서도 홍백, 흑백, 백무구 등이 사회생활 속에서 얼마나 중요한지는 새삼 말할 필요도 없다. 가리키는 범위가 상당히 애매한 'ao'(靑)도 여기에 들어갈 것이다.

아프리카의 많은 사회에서도 적백흑은 문화의 삼원색이다. 흥미로운 것은 하늘이 'akaramu(불그레해지다)', 'siramu(밝아지다)',

'kuraku naru(어두워지다)' 등의 표현에도 분명하듯이 적백흑이 어느 것이나 색상에가 아니라 명도에 관계된다는 것이다.

적백흑에 남藍은 인공의 염료, 도료로서도 예부터 가장 잘 만들어져 왔던 색이다. 이것에 대하여 녹색은 자연에 그토록 넘쳐흐르는 색이면서도 인공적으로 만들기란 극히 어렵다. 이른바 '녹색'은 인간의 문화 측에서가 아니라 자연의 측에서 젊음, 생명력, 미숙 등의 의미를 수반하여, 인간의 생활을 채색하는지도 모른다.

10
말과 만났을 때

'이해한다'는 것

나는 문화인류학이라는 다른 문화의 이해를 연구하는 학문 분야에서 20여년 남짓 아프리카 연구를 해왔다. 아프리카에서의 조사 생활도 통산하여 7년이다. 그것도 서아프리카 특히 그 내륙에 옛날부터 왕국을 만들어 왔던 모시족이라는 한정된 대상을 연구해왔다. 그러나 나는 아직도 아프리카에 대해서는 물론이고 모시족에 대해서도 이해했다는 실감을 하지 못 하고 있다.

확실히 20년 전부터 보면 내 나름대로 지식이나 경험은 풍부해졌다. 처음에는 제로에서 출발했으니까 무엇인가를 알면 그것을 얻었다는 플러스 의식이 강했다. '모시족은……' 이라든가 '아프리카에서는……' 따위로 득의양양하게 다른 사람들에게 말하고도 싶어졌다. 그러던 것이 어떤 단계를 지나면서부터는 자신이 얼마나 모르는지, 얼마나 이해가 부족한지와 같은 마이너스 자각이 강해졌다. 한 부족에 대하여 이렇게 긴 세월에 걸쳐 역사, 기술, 사회, 신앙, 언어, 음악 등 여러 측면을 조사해온 것도 실은 처음부터 어떤 방침이 있어 그렇게 한 것이 아니고, 어떤 문제에서 다음 문제로, 모르는 것, 알고 싶은 것이 늘어나 그만두려고 해도 그만두지 못했다는 게 솔직한 심정이다.

그렇다면 얼마만큼 연구를 계속해야 완전한 이해의 경지에 도달한단 말인가? 아마 영원히 도달하지 못할지도 모르겠다. 아프리카에서 모시족으로 다시 태어나기라도 한다면 모를까. 그런데 거기에서 태어나 자란다고 해도 모든 것을 접한다고 할 수는 없고, 우선 그렇다면 문화가 익숙해져 살기는 살아도 그 문화를 '이해한다'고 하는 의미 자체가 사라져 버린다. 결국 모시족에게는 내가 이방인이어서 불충분하기는 하면서도 나에게 보이는 면도 나오는 것일 것이다. 오히려 일본의 어떤 시대 어떤 부분의 문화를 가진 나라는, 자각한 이방인의 눈을 계속해서 가지는 쪽이 중요할 지도 모른다.

서양인에게는 노能는 이해가 안 될 거라든가, 일본인에게는 어차피 바하는 이해가 안 된다든가 하는 식의 논의가 나는 싫다. 그렇다면 지금의 일본인들은 노를 정말로 아는가, 현대 독일인들은 바하는……하고 되짚어 질문을 해보면 '이해한다'고 하는 것에는 언제나 여러 정도나 층위를 생각해야 한다는 것을 알 것이다. 같은 시대에 살아 같은 일본어를 말하는 사람끼리도 서로 상대라는 것이 완전하게 '알고 있다'고는 할 수 없다. 중요한 것은 알 리가 없다고 정하지 않는 것, 자신과는 다른 것을 알려고 하는 의지를 계속해서 가지는 것, 동시에 자신은 상대를 전부 알고 있는 아닐까 하는 겸허함을 잃지 않는 태도가 아닐까?

왜 일본인인데 아프리카의 공부를 하게 되었는지 자주 질문을 받는다. 첫째 이유는 일본인과는 마치 다른 것처럼 보이는 사람들이 있는 곳에 가보고 싶었기 때문이다. 그리고 정말로 전혀 다른지 아니면 파고 들어가면 표면상의 차이를 넘어 인류의 문화에는 서로 통하는 점이 있는지 알고 싶다고 생각했기 때문이다.

결과는 어떠했을까? 지금의 나로서는 뭐라 말은 할 수 없다. 나는 분명히 외견이 전혀 다른 아프리카 오지의 흑인들과 어울려보고 그들과 일본인 사이에 여러 공동성을 발견하기는 했다. 인사의 중요성, 인간관계의 번거로움, 의성(의태)어의 풍부함 등등. 그런데 그러한 유사점을 열거해보아도 재미없을 뿐이다. 먼저 '아프리카의 흑인'이며 '모시족'이었던 그들은 깊이 사귀어감에 따라 나에게는 사와도고 씨라든가 왕그레 씨라는 개인이 되었다. 그리고 나는 그때 그 사람과 함께 무심코 웃거나 재회를 기뻐하거나 아무런 득도 되지 않는 이렇다 할 의미도 없는 순간, 그런 식으로 지나치며 우연히 마음이 서로 통하던 중에, 오히려 인간으로서의 깊은 유대를 느꼈다. 그러한 때 상대가 흑인이라든가 모시어를 쓴다고 하는 것은 더 이상 내 의식 속에 떠오르지 않는다.

책과 만나다

문자에 대한 굶주림 속에서

나는 1934년 출생으로 책에 친근감을 느꼈을 무렵에는 일본은 이미 '비상시'로 통제경제에 들어가 있어 책의 발행부수도 한정되어 있었다.

그래도 하쓰야마 시게루初山滋의 꿈꾸는 듯한 삽화가 들어간 대형판 어린이용 잡지 《어린이 나라》 등은 분명히 내가 유치원에 들어가기 전 해인 1939년까지는 신간으로 나와 있었다고 생각한다. 기시베岸辺 유치원의 원장으로 어린이 대상의 '이야기사'로서도 유명했던 기시베 후쿠오岸辺福雄의 《세계 만유기》(다케이 타케오武井武雄의 그림)도 신간으로 부모님이 사주셨던 것을 애독한 기억이 난다. 하와이의 수족관에서 기시베 선생이 물고기에게 '굿바이'라고 하면 물고기가 '플리즈 컴 어게인이라고 말했어요'라는 식으로 당시의 말로 제법 하이칼라의 느낌이 나는 그림이 든 책이었다. 딱딱한 종이의 표지로 잘 장정된 유아잡지 《킨더 북》도 내가 읽었던 것은 형제들이 보고 남겨놓은 책이었다고 생각한다.

어쨌거나 내가 책을 접하기 시작한 4, 5세부터 11세(초등학교, 당시의 국민학교 5학년생)에 맞이한 일본의 패전의 이듬해 정도까지의 '사치는 적이다', '가지고 싶어 하지 않겠습니다, 이길 때까지는' 세대의 일본인이 아마도 모두 그러했듯이 나는 지극히 제한된 신간서와 형제들의 헌 책, 친구들 집에 있는 역시 헌 책 등, 몇 권 안 되는 책을 되풀이 되풀이하며 읽고 또 읽으며 자랐다. 나는 훗날 '무문자 문화'라는 것에 관심을 가지고 문자를 가진 사회에서도 그 중에서 중요한 부분으로 치는 '무문자성'을 연구하게 되었는데 나의 유소년기는 일본이라는 문자 편중의 나라에 있으면서 일시적으로 사회 전체의 문자 문화가 물질의 결핍에 한정되어 답보 상태에서의 문자와의 교류시대였다고 할 수 있다. 그것은 올해 열네 살(중2)이 되는 딸이 초등학생 무렵부터 계속해서 나오는 신간서를 읽고, 근처의 도서관에서도 끊임없이 빌려와 새로운 책을 독파해 가는 것을 보고 있으면 책과 인간과의 질과 양에 있어서의 관계방식의 차이로서 더욱 분명히 느껴진다.

나중에 읽은 전몰학생의 수기 《들어라, 해신의 소리를》 속에서 어떤 학도병이 문자에 굶주린 병영생활에서 화장실 안에서 은단의 효능서인가 뭔가의 종이쪽지를 되풀이하여 읽었다는 대목에 감명을 받았는데 우리들 전시 하의 '소少국민'도 그 정도는 아니었다 해도 문자의 결핍감, 쓰여진 것에 대한 기아감 속에서 자랐다.

이러한 상황은 그러나 한정된 문자를 반복하여 정독할 것을 우리에게 강요한 셈으로 좋아하는 책은 몇 번이나 읽어 세부의 언어 용법까지 외워버리는, 성인이 되고 나서도 지금껏 계속되는 버릇은 이 때 형성된듯 싶다. 홍수처럼 발매되는 신간서에서 얼마든지 고를 수 있는 내 딸의 독서를 보고 있어도 초등학생 무렵부터의 미야자와 겐지宮沢源治, 미하엘 엔데, 하이타니 켄지로灰谷健次郎, 그 밖의 몇 작가의 몇 작품은 반복하여 읽고 있는데, 나의 유소년기처럼 같은 책을 몇 번이나 읽어도 남아있는 페이지가 점점 적어지는 것이 아쉬워 견딜 수 없는 그 굶주림은 책을 읽고 버리는 현 세대(하기야 딸은 잡지 이외에는 읽은 책을 버리거나 하지는 않는다)에게는 실감이 나지 않을 거라 생각한다.

그림책, 만화책류에서 내가 만나고, 애독한 것 중, 동시대의 책에서는 우선 다케이 타케오武井武雄의 《빨강 키다리 파랑 키다리》가 생각난다. 이것은 1934년 아사히신문에 연재되었던 것이 같은 해 스즈키 닌세이도鈴木仁成堂에서 삼색 인쇄로 간행되었다고 하므로 내가 태어난 해에 초판이 나왔다는 말이 된다. 어머니가 나를 위해 샀는지, 세 살 위인 누나에게 사준 것을 나도 읽은 것인지 확실치는 않으나 모모타로의 자손이 오니가시마의 촌장인 빨간 도깨비와 파란 도깨비를 일본에 불러 초등학교에 입학시킨다는 설정도 탁월하며 무엇보다도 그림이 의연하고 즐겁다. 지금 말하는 홈스테이의 일본 유학에서 천진난만한 두 도깨비의 체험을 통하여 당시의 일본인의 생활이 어떤 의미에서 차분한 눈으로 유머러스하게 그려져 있다. 작자가 그것을 의도한 것인지 어떤지는 어떻든 몽테스키외의 《페르시아인의 편지》를 비롯하여 이문화에서 온 타자의 눈을 통하여 자문화를 비판적으로 보는 문화인류학의 시점과도 서로 겹치는 부분이 있으며 1982년에 슈에이샤集英社에서 나온 작자 자신에 의한 재묘再描 4색 인쇄의 개정판을 아버지의 유년시절의 애독서로서 당시 초등학생이었던 딸에게 주었는데 지금 다시 읽어보아도 신선함을 잃지 않는다.

그밖에 동시대의 만화책으로서 잊을 수 없는 것은 전쟁이 격심해진 1942년에 나오고 나서 바로 어머니를 졸라 사달라고 한 아사히타로旭太郎 글, 샤카 본타로謝花凡太郎 그림 《용사 일리야》(나카무라中村 서점)다. 글도 그림도 격조 높은 훌륭한 책으로 이 책을 읽고 반세기가 지난 지금도 몇몇 화면이나 대사는 확실히 기억하고 있다. 이 러시아의 서사시를 뛰어난 만화책으로 애독한 것이 그 곧 4,5년 후부터 처음에 톨스토이 다음에 푸쉬킨, 고골리, 제홉, 그리고 나서 레르몬토프, 트루게네프, 도스토옙스키 등등, 19세기 러시아 문학작품을 남독하고 특히 고골리가 좋아진, 자신도 의식하지 못하는 바탕을 만들었는지도 모른다고 지금 이 글을 쓰면서 생각한다.

그리고 나서 십 수 년이 더 지난 뒤, 서아프리카에서 14세기를 정점으로 하여 번성한 말리 제국의 시조 슨쟈타 대왕의 영웅서사시를 읽고(이것도 원래는 러시아의 뷔리나와 마찬가지로 전승된 것인데) 성장해서도 다리가 약해 걷지도 못했던 슨샤타가 어느 때 일어서 괴력을 보이며 무적의 용사가 된다는 내용으로 성인이 되어서도 신체가 부자유하여 나중에 초인적인 힘을 얻는 일리야 무로메츠에 관한 것을 지하수가 생각지도 못했던 곳에서 분출하듯이 생각해내었다. 올해 들어 나카무라 요시카즈中村喜和 에게 받은 《러시아 영웅 서사시 뷔리나》의 후기後記에 의하면 이 만화본 《용사 일리야》라는 글을 쓴 아사히타로旭太郎라는 이름은 시인 고쿠마 히데오小熊秀雄(1901~1940)의 별명으로 이것을 쓴 직후에 세상을 떠났다는 것이다.

그림을 그리는 샤카 본타로謝花凡太郎는 내가 유년시절에 활약하던 만화가로 단행본에서는 이밖에도 일본의 대륙 진출을 구가하는 당시의 풍조에 맞춘 《대륙 합창대合唱隊》(합소대(合笑隊)였을까?)[1]라는 만화를 가지고 있었는데 이쪽은 《용사 일리야》에 비해 인상이 약하다. 그렇다고는 해도 1932년이라는 태평양 전쟁이 슬슬 패전으로 바뀌고 물자도 한층 결핍되어 갔던 해에 러시아 민중 서정시의, 이렇게 내용이 충실한 만화책이 일본에서 간행되었다는 것은 기념할 만한 일이다.

만화라고 하기보다도 극화라고 해야겠지만 12세 위 형의 헌책으로 집에 전권 갖추고 있어 잊을 수 없는 것은 가바시마 가쓰이치樺島勝―(1888~1965)가 그림을 그린 《쇼正군의 모험》[2]이다. 과연 다이

1_ 일본어에서는 합창대(合唱隊)와 합소대(合笑隊)의 둘 다 발음이 'gasshotai'로 같다; 역주

2_ 쇼(正)군이 다람쥐를 데리고 동화의 나라로 여행하는 이 만화는 모던한 그림과 일본에서는 처음으로 '대사 테두리'를 쓴 당시로서는 참신한 스타일로 일세를 풍미하고 일본 만화사에 커다란 영향을 끼쳤다; 역주

쇼大正(1912~1926)말년의 것인 듯 두껍고 튼튼한 종이의 가로가 긴 제본으로 상하 2열로 그림의 문양이 늘어서 있고 옆에 문자 나레이션이 있으며, 짧은 대사도 가끔씩 붙어 있다. 전체적으로 어두운 중간색의 색조로, 딱딱한 터치의 선으로 그려져 있다는 인상을 받았다. 쇼군 모자帽子로 유명해졌는데, 위에 공 모양의 털실이 딸린 모자를 쓴 소년 쇼군이 다람쥐를 데리고 기괴한 타향을 찾아다니는데 심산의 온천장에서 근처의 나무에 몰려 있는 텐구天狗3의 얼굴들이 하나하나 공중을 날아와서 사람의 어깨를 무는 이야기, 호랑이에게 제물이 된 사람의 이야기, 쥬라기 괴수의 대결장면에 빠져 들어가는 이야기 등, 모두 환상적이며 괴기 무드의 기괴한 아름다움을 찬양한 만화였다.

전쟁 중 생가가 몇 번이나 이사를 하는 중에 부피가 커서 처분해버린 모양인데 지금은 대단한 희귀본인 듯해서 아깝다. 다시 한 번 어디에선가 만나고 싶다. 《쇼군의 모험》이 나온 지 10년 가까이 지나서 고골리의 《죽은 혼, 또는 치치코프의 편력》을 히라이 하지메平井肇 특유의 명번역과 어둡고 치졸한 분위기를 가진 판화의 삽화가 그려진 이와나미岩波 문고의 구판으로 애독했던 일, 또 그 10년 후에는 결국 내 자신이 현대의 쇼正군이나 치치코프가 되어 타국의 탐방에 뜻을 두게 된 것도 가바시마 가쓰이치樺島勝一의 만화가 어린 시절 내 의식의 감성에 배여 어떤 영향력을 발휘한 것인지 아니면 내 자신에게 다른 세계의 편력 지향이 있어 그러한 책에 이끌렸던

---

3 하늘을 자유로이 날고 깊은 산에 살며 신통력이 있다는 얼굴이 붉고 코가 큰 상상의 괴물; 역주

것일까? 어쨌거나 일생을 통해 여러 시기에 만난 책과 자신의 삶의 방식에 대한 선택 사이에는 나중에 돌이켜 보면 뭔가 인과관계라는 인연 같은 것이 있지 않았나 생각하는 일이 있다.

　재작년 프랑스에서 복각한 크리스토프의 《프누이야르 일가의 모험》(초판 1893년)을 우연한 기회에 손에 넣었을 때 나는 곧 《쇼군의 모험》을 떠올렸다. 대사에 테두리를 하지는 않았지만 두 줄로 된 사각형 그림 밑에 문자의 나레이션을 넣은 구성도 그렇고 딱딱한 선과 엷은 색채를 쓴 그림의 느낌도 그렇고 타향 편력의 테마도 그렇고 《쇼군의 모험》을 방불케 하는 점이 있다. 그리고 크리스토프가 일련의 극화본을 낸 것은 1889년에서 1899년 사이로 일본의 연호로 메이지 22년에서 32년의 사이다. 《쇼군의 모험》이 아사히신문의 스즈키 분시로鈴木文史朗의 원안, 오다 노부쓰네織田信恒의 문장, 가바시마 쇼이치樺島勝一, 東風人의 그림으로 처음에 《아사히클럽》, 다음에 아사히신문에 연재된 것은 1922~1923년이라고 하므로 상당한 연수의 간격이 있다. 그리고 말할 것도 없이 쇼군과 다람쥐라는 주인공도 그들이 찾아다니는 세계도 세 작자의 독창성으로 이루어진 것이다. 그러나 지금 든 것과 같은 점에서 두 책은 너무 서로 통하는 바가 많으므로 만약 작자들이 크리스토프의 책을 본 것이 《쇼군의 모험》을 낳은 계기가 된 것이 아닐까 하는 상상력을 동원해보고도 싶어진다. 원안 작자인 스즈키는 제1차 대전 후에 찾아간 미국에서 만화의 중요성을 인식했다고 하는데, 프랑스에서도 평판이 좋아 많은 추종자를 낸 크리스토프 만화의 영향은 세계에도 널리 파급되어 《쇼군의 모험》은 그 먼 반향의 하나였을지도 모른다.

　어쨌거나 우리 세대에서의 가바시마 가쓰이치樺島勝 는 무엇보다도 당시의 베스트셀러로 나도 형의 헌책으로 애독한 야마나카 미네타로山中峯太郎의 《적중 횡단 삼백리》(대일본 웅변회 고단샤 간행)의 삽화를 비롯하여 《소년 클럽》에도 연호처럼 등장하는 정밀한 전쟁화(특히 군함이나 해전을 그린 음영이 극명하며 입체적인 그림이 어린이의 마음에 인상적이었다)의 명수여서 옛 세대는 제쳐두고 우리 같은 세대에 있어서는 가바시마 가쓰이치樺島勝一가 옛날에는 《쇼군의 모험》과 같은 평면적이며 엷은 색채의 만화를 그렸다는 것은 믿기 어려운 추억이었다.

이문화를 번역하는 문자, 목소리의 매체로서의 문자

전쟁 중에 신간서가 극히 한정되어 있어 형의 헌책이나 친구에게서 빌려온 책을 닳고 닳도록 되풀이하여 읽었던 독서 환경에서 책과 만났다는 것은 앞에서 이야기 했다. 이와 같은 문자에 대한 기아감 속에서 문자에 절실한 애착을 가졌던 체험이 나중에 문자에 의한 전달이라는 것을 역으로 무문자 사회의 시점에서 상대화하여 나로 하여금 안쪽에서 바라보는 작업을 하게 한 의식의 밑바탕에 흐르는 힘으로 작용하고 있었던 것일까?

나는 어려서부터 문자를 읽는 것이나 문자를 써서 문장을 쓰는 것을 모두 좋아했다. 내가 아직 도쿄에 있었을 때이니까 초등학교(당시 초등학교) 1학년이었을 터인데 어린이용의 책으로 버네트의 《소공녀》를 읽은 것이 자극이 되어 비슷한 이야기를 만들어 삽화도 그려 책처럼 만들어 그때의 등장인물의 이름(지금도 기억하고 있는데 엉터리 가타카나 명이었다)이 이상하다고 형들에게 조롱을 당하여 자신이 글을 써서 사람에게 읽히는 것은 부끄러운 일이라는 의식이 깊숙이 박힌 기억이 있다. 그때 읽은 것은 출판사는 기억하지 못하지만 '철가면'이나 '아아 무정', '삼총사', '암굴왕' 등과 같은 시리즈에 들어가 있었던 것이었는데 4학년 때 동급생이 형의 헌책으로서 가지고 있다가 나에게 빌려준 것이 이른바 엔본円本[4]의 시조라고 하는 가이조샤改造社판 《현대 일본문학 전집》제33편 《소년문학전집》에 들어 있었던 와카마쓰 시즈코若松賤子역 '~안했다'라는 말이 들어간 독특한 문체의 〈소공자〉였다. 나는 이 섬세한 명역의 매력에 포로가 되어버렸는데 앞에서도 든 히라이 하지메平井肇의 고골리라든가 쓰보우치 쇼요坪内逍遙의 셰익스피어 등도 내가 소년시대에 읽은, 고풍스러울지도 모르지만 개성적이며 매력적인 문체의 '번역 예술'이라고 불러 마땅한 것 때문이었다.

성인이 되고 나서 내 자신이 레비 스트로스의 《슬픈 열대》(상하, 주오고론샤中央公論社) 등 몇 개인가 번역을 하며 통감한 것인데 번역의 성패는 70% 이상이 일본어의 표현력에 달려 있다고 생각한다. 외국어의 원본을 정확히 읽을 수 있다는 것은 공통의 대전제이므로. 와카마쓰若松역의 〈소공자〉를 읽고 나서 5년 후에 나는 영어로 이 소설을 통독하고 원문의 평이하고 기품이 있는 문체는 상당히 이질적이며 공을 들인 세련된 일본어의 문장을 통하여 와카마쓰 시즈코가 원저의 숨결이나 분위기를 훌륭하게 재현한 '작품'을 만들었다는 것을 알고 어린 마음에 와카마쓰 역에 새삼스럽게 외경의 염을 품었던 일이 생각난다. 와카마쓰 역은 비록 세드릭에게 '白茶{しらちゃ}

4_ 쇼와(昭和) 초기 한 권에 1엔에 발매된 전집물. 1926년 가이조샤(改造社)판 《현대 일본 문학 전집》에서 시작되었다. 그 질에 비하여 값이 쌌기 때문에 이상하리만치 잘 팔려, 각 사의 기획에 속출하여 문에 출판계의 대중화에 한 획을 긋게 되었다; 역주

フラネルの餘所行の着物に´華な兵児帯を締めさせて’ **5** 등, 묘사된 것의 이미지를 일본풍의 것으로 요소요소에 대단히 자유롭게 옮기고 있는데, 그래서 독선의 묘한 의역으로 떨어지는 것이 아니라, 이국의 정경을 실로 리얼하게 독자에 전하고 있다. 이 이문화를 일본어로 묘사한다는 것이 제기하는 근본적인 딜레마는 나중에 내가 문화인류학자로서 일본어의 어감이나 개념에는 전혀 맞지 않는 것투성이인 아프리카의 풍물이나 사람들의 생활, 심정을 일본어로 서술할 때 봉착한, 어떤 의미에서 해결불능의 난문에 지금도 의미 깊은 시사점을 부여해준다.

와카마쓰 역 〈소공자〉를 읽은 지 30년이 지나서 나는 도쿄 외국어대학에서 일하게 되어 대학 옆에 소메이染井 영원靈園에 와카마쓰 시즈코 여사의 묘가 있다는 것을 알고, 그녀의 간소하며 은근한 묘지 앞에서 그리움과 어떤 감사의 마음으로 서성거렸다.

이 《소년문학집》에는 그밖에도 이와야 사자나미嚴谷小波의 ‘황금호こがね丸’, 아쿠다가와 류노스케芥川龍之介의 《도시순杜子春》을 비롯하여 기타하라 하쿠슈北原白秋, 고다 로한幸田露伴, 오가와 미메이小川未明, 우노 코지宇野浩二, 도요시마 요시오豊島与志雄, 사토 하루오佐藤春夫 등등, 좋은 작가의 훌륭한 작품들이 수록되어 있어 나는 이 크로스 장정, 삼단 편성으로 글자를 가득 메운 한 권의 책을 얼마나 반복하여 읽었는지 모른다. 이 책은 결국 내가 너무나 좋아하여 돌려주지 못하는 사이에 빌려준 친구가 갑자기 전학을 가고 말아 현재까지 가지고 있다가 몇 년 전부터는 딸의 책꽂이에 놓여있다. 책이라는

5_ 담갈색 플란넬의 외출복에 화려한 원단의 허리띠를 두르고; 역주

것은 묘하여 빌려놓고 있어도 그다지 죄책감이 들지 않는다. 하지만 나도 빌린 책의 대부분은 돌려주었는데 이 《소년문학집》외에도 영문학자인 오쿠이 기요시奧井潔 씨로부터 내가 대학생 시절에 빌린 채로 안 돌려준 문인화의 책이라든가, 대학 교양과정에서 생물학 코스를 같이 들은 인연으로 사귄 짱뚱어의 하타 마사노리畑正憲에게서 빌리고 안 돌려준 고골리의 초기 단편집이라든가(이쪽은 그 후 하타 씨에게 이 이야기를 했더니 그 책을 주겠다는 말을 해주었으므로 소유권이 내게로 왔다), 빌리고 안 돌려준 책이 몇 권 있으나 어떤 책인지는 기억하고 있다. 마찬가지로 내가 다른 사람에게 빌려주고 못 받은 책도 내가 기억하는 한 상당히 있다. 11살이었던 어느 날 원래 그다지 친하지 않아 이제는 이름조차 기억 못하는 동급생의 집에 가서 우연히 빌려온, 그 친구의 형이 보던 헌 책 한 권이 수중에 남아 보잘것 없는 내 인생에 영향을 끼쳤고, 40년이란 시간이 지나서도 이러한 우연이 아니었더라면 전혀 알지도 못했을 내 딸까지 와카마쓰 시즈코 역 〈소공자〉를 읽을 가능성까지 생기다니 '책과 만난다'는 것은 얼마나 재미있고 영묘한 일인가?

문자로 쓰인 책을 읽거나 문자로 문장을 쓰는 일은 소리로서의 언어를 귀로 듣거나 입으로 발화한다는 것과는 차원을 달리하는 행위로, 그런 점에서 문자는 결코 음성언어의 단순한 편의상의 매개물은 아니지만, 문자가 음성의 임시 거주지이기라도 한 듯한 책도 있다. 그것은 속기술 이후 보급된 라쿠고落語, 고단講談의 속기본이다. 내가 어렸을 때 애독했고 지금 생각해보면 그 후 내가 선택한 학문의 방향에도 커다란 영향을 끼친 이런 종류의 책에 소진샤騷人社 판의 《명작 라쿠고落語 전집》 12권이 있다.

에도江戸 중기부터 꾸려온 서민가의 상가에서 나고 자란 나에게 '시바이芝居', '요세寄席', '온교쿠音曲'의 세계는 공기와 같은 존재로 있었다. 하지만 전쟁이 시작되어 우리 가족은 정든 도쿄 후카가와深川를 떠나 교외의 이치가와市川로 이사를 해버렸기 때문에 도쿄에는 내가 만 8세까지 밖에 살지 않았고, 1940년경부터의 전시하의 도쿄 서민가는 여러 면에서 더 이상 그 이전의 에도와 연결끈을 가지지 않게 되기는 했지만 나는 철이 들까말까 한 무렵부터 일본 연극을 좋아하는 부모님을 따라 가부키歌舞伎좌의 사각형 관람석에서 꿈결처럼 육 대째 기쿠고로菊五郎나 15세世 우자에몽羽左衛門의 최고의 기예를 보면서 자랐고, 어머니는 나에게 이른바 옛날이야기를 들려주지는 않았지만 가게 뒷켠의 어둑한 객실에서 샤미센을 끼고 누나에게 가르치던 'nagauta(長唄)'는 '쓰나다테綱舘', '아즈마핫케吾妻八景', '고카지야小鍛冶' 등등, 일본 구전의 세계, 즉 문자를 매개로 하지 않고 목소리와 귀로 전해지는 전승문화의, 가슴 설레는 상상의 세계로 나의 감성을 열어주었다. 가부키歌舞伎나 기다유義太夫가 내 마음 속에 각인시켜준 것도 역사와 노래가 교차하는 야릇한 아름다움을 띤 일본 전승문화의 우주다. 그리고 어른이 되고부터는 아프리카 무문자 사회의 음성문화와 거기에서 사는 사람들이 과거에 대한 상상력이 빚어내는 역사와 노래의 교차 탐구에 열중하고 있다.

요세寄席만 하더라도 후카가와의 내 생가 가까이에도 몇 채나 음곡 공연장이나 고샤쿠講釈 공연장이 생겼다 없어졌다 하고 있었는데, 내가 철이 들 무렵의 '비상시'에는 아쉽게도 이웃의 요세寄席는 폐업을 하거나 전업을 하여 내 자신이 들으러 갔던 기억은 없다. 단지 라쿠고에 대해서는 이마무라 지로今村次郎, 노부오信雄 부자라는 라쿠고의 속기와 텍스트화의 원조로 작품 중심주의의 라쿠고 연구회의 조직자로 메이지 이후의 라쿠고 역사에 내 의견으로는 공과功過가 엇갈리는 역할을 한 사람인데 우연히 나와 먼 친척이었다는 인연도 있어 나는 전시 중에 오히려 속기본을 통하여 라쿠고를 알게 되었다.

이마무라가今村家도 원래는 하마마치浜町에 있었는데, 전쟁 중에 이치카와市川로 이사해 와서, 우리가 이치카와에서 두 번째 살던 집에 이마무라가의 아주 가까이 있어 그 집에 가면 라쿠고의 책이 산더미처럼 쌓여 있었다. 체질이 허약했던 나는 여름방학의 피로가 나타나는 2학기에는 항상 학교를 장기 결석했는데 이마무라 가의 서가에서 때 묻은 핑크 표지의 소형본으로 삽화가 든 《명작 라쿠고落語 전집》을 빌려와 탐독했던 것은 우리가 이마무라 가의 가까이로 이사했던 때였으니까 초등학교 4학년 가을이었을 것이다. 그러나 그 전에 살던 집의 기억과 또렷이 연결이 되는데, 라디오를 통하여 라쿠고를 자주 듣고 있어(하이켄스의 세레나데가 테마 음악의 '전선으로 보내는 저녁'에서 자주 라쿠고를 하므로, 이 프로가 낙이었다), 내 자신도 라쿠고를 지어 원고용지에 써서 신작 라쿠고도 만들었던 이마무라 삼촌(노부오)이 집에 놀러 오셨을 때 보여드린 일을 기억하는 것을 보면 그 속기본과의 만남 이전에 라쿠고 열이 싹터 있었다고 생각한다. 패전 직후, 내가 초등학교 5학년생으로 아직 고구마가 든 도시락을 가지고 라쿠고를 들으러 갔을 무렵, 진주군에게 넘겨져 아니파일 극장이 되기 전의 도호東宝 극장의 '도호 명인 기예'(넘겨진 후에는 니치게키日劇 소극장으로 이전됐다)에 이마무라 삼촌이 자주 데리고 가서 분장실에서 당시 거기 있던 고故 야나기야 켄타로柳家権太楼나 슌푸테이 류쿄春風亭柳橋 선생님 등에게 "이 아이는 자기가 라쿠고를 짓는대요" 하며 소개를 하여 선생님들과 쭈뼛쭈뼛 이야기한 일을 기억한다.

소진샤騒人社 판의 전집은 분명 이마무라 노부오今村信雄의 편집으로 '연애 인정편' 등의 테마별로 나뉘어(당시 나는 '연애恋愛'라는 글자를 읽지 못하여 어머니에게 '고이아이라고 읽어?' 하고 묻자 '렝아이'라고 읽는다고 가르쳐 준 기억이 있다), 오카모토 잇페이岡本一平, 마에카와 치호前川千帆, 미야오 시게오宮尾しげを 등의 화려한 삽화가 들어있었다.

라디오 등을 통해 조금 접했다고는 해도 이《명작 라쿠고落語전집》과의 만남은 문자를 통하여 나를 구전 예술의 세계로 이끌어 주고, '언어'라는 것에 대한 감수성 그 자체를 변화시켜 주는 식의 의미를 가졌으며 라쿠고의 세계는 현재까지 나에게 있어서 귀중한 교양의 부분이며, 라쿠고를 바탕으로 한 은유가 통하는 사람에게는 그것만으로도 무조건 친밀함과 신뢰를 느껴버리는 것이다.

그 밖에 이 무렵 이것은 헌책이 아니라 신간서로 읽고 빠져들었던 책에 매미 박사로 유명했던 가토 마사요加藤正世의《곤충의 생활연구》,《곤충이 되어보면》 등의 곤충 이야기가 있다. 라쿠고에 대한 열중과는 모순되는 이야기이지만 이치카와市川에서 처음 살았던 스게노菅野라는 당시 아직 잡초가 무성했던 그 지역은 도쿄의 상업지대 태생의 나에게는 아찔할 정도의 신천지로 이사하여 처음으로 맞이하는 여름은 이웃 친구와 왕잠자리를 잡고, 가재를 낚으며 딱정벌레를 잡는 일에 매일 그야말로 제정신을 잃었다. 나중에 대학에서는 생물학을 전공하려고 이과 2류에 들어갔고, 아프리카에 가서도 동식물에 관한 것을 조사하는 것을 아주 좋아하는 성벽은 가토 선생님의 매력 넘치는 책에 의해 길러진 바가 크다.

'자아'와 '문화'의 사이에서

'책과 만난다'는 테마로 지면을 할애 받은 3회 중, 전 2회는 유년기라고도 할 수 없는 유년기의 연장과 같은 소년기의 일본 전체의 책 결핍 상태 속에서의 책과의 만남에 대한 추억을 쓰는 데 소비해버렸다. 이번에는 패전 직후 조잡한 종이지만 언론의 자유와 함께 뭔가 터무니없는 미래에 대한 희망에 차 신간서가 나오기 시작하여(의기왕성한 소책자, 고분도弘文堂의 '아테네 문고'가 눈부셨다), 이치카와 역 앞의 노천 시장의 일각에서 몇 년 전에는 가건물이었던 시장의 일부에 자리 잡은 책방에서 용돈을 털어 사서 읽는 것이 즐거움이었던 중학생 무렵이나 그 후 대학에 들어가기까지의 누구나 소년기에는 겪는 남독濫讀 시대는 건너뛰고 대학에서의 2, 3년에 장래 자기가 나아갈 길을 결정하게 해준 책과의 만남과 그 주변에 대하여 쓰고 싶다.

생물을 좋아하기는 하지만 자신의 장래에 대한 아무런 전망도 없었던 풋내기로서 내가 도쿄대학 이과 2류(생물계)에 입학한 후에 교양학과에 신설된 문화인류학 과정에 망설이던 끝에 진학했을 무렵은 후루시쵸프의 스탈린 비판, 일본 공산당의 육전협六全協6에서의 자기비판, 자유화를 추구한 헝가리로의 소련의 군사개입 등에

6_ 1955년 7월, 일본 공산당은 육전협(六全協, 제6회 전국협의회)를 열어 그때까지의 무장투쟁 방침을 '극좌 모험주의'였다고 하여 자기비판하고 갑자기 온건한 노선으로 전향하였다; 역주

이어지는 전후 일본 좌익운동의 전환기에 해당하였다. 시바타 쇼柴
田翔의 《하지만 우리들의 시대》에 그려져 있는 것 같은 좌절감이라
기보다 사상 상의 허탈 상태가 아직 이상주의를 잃지 않은 대학생
사이에도 퍼져 있었다. 순수라는 이름의 착각을 짊어진 개인의 당
혹감, 그런 것과는 무관계한 곳에서 나오는 힘으로 작용하는 '정치
적인 것'에의 불신감, 이 두 가지가 빚어내는 알력(그 알력에의 조바심
과 환멸 속에서 당시 발표된 나카노 시게하루中野重治의 《오장육부》(고단샤講談
社)나 《노래의 갈림길》(신초사新潮社)이 많은 청년들과 마찬가지로 나에
게도 선명한 감동을 주었다. 《나카노 시게하루 시집》이나 〈마을의
집〉 등을 되풀이하여 읽은 것도 추상화된 사상보다도 살아있는 개
인의 윤리성의 확실한 반응을 나카노 시게하루라는 작가에게서 찾
으려고 했었는지도 모른다.

　　나카노 시게하루와 어떤 의미에서 공통되고 어떤 의미에서는
대극에 있는 시가 나오야志賀直哉[7]의 작품에도 이 시기의 나는 강하게
이끌렸었다. 세상 사람들에게 완벽하다는 평을 받는 그의 문장에도
되풀이하여 숙독하는 중에 내 나름대로 느낄 수 있었던 결점을 어떤
작품의 어느 부분이라고 지적할 수 있을 정도로 시가 나오야의 작품
은 정독했다. 영문학자 오쿠이 키요시奧井潔나 오다지마 유시小田島雄志
등이 활동하던 문학 서클에 나도 가담하여 거기에서 나의 〈시가 나
오야志賀直哉론〉을 발표한 적도 있다. 중학생 시절의 은사였던 프랑스

7_ 시가 나오야(志賀直哉, 1883-1971): 소설가. 미야기(宮城)현 출생. 도쿄대 중퇴. 무샤노코지
사네아쓰(武者小路実篤) 등과 '시라가바(白樺)'를 창간. 아버지와의 불화에 의해 강인하면서도
순수한 자아의식과 명석한 문체로 독창적인 리얼리즘 문학을 수립했다. 대표작에 《오오쓰 준기
치(大津順吉)》, 《기노사키에서(城の崎にて)》, 《화해(和解)》, 《암야행로(暗夜行路)》; 역주

문학의 고故 우메하라 세이시梅原成四 선생님의 소개장을 가지고 이즈야마伊豆山에 시가 나오야 를 찾아가 그 강렬한 '개성'의 존재감에 감명을 받았다. 그런데 내 스스로도 이상했던 것은 살아있는 시가 나오야의 매력에 접한 뒤에는 그의 작품은 뭐랄까 부차적인 것으로 느껴졌다. 시가 나오야가 하나의 전형이 된다고 생각되는 작자와 작품에 대한 이 체험은 그 후 30년 남짓 지난 지금도 역시 문화인류학의 장에서의 내 연구과제인 '초상의 문제'에 대한 관심의 원점이 되어 있다. 나는 나카노 시게하루를 존경하고 있어도 그와 직접 만나고 싶다는 생각을 한 적은 한 번도 없었다. 그것도 시가 나오야와 대비해보면 흥미로운 일이다. 이 두 작가는 역시 청년 시절 전기의 내가 숙독한 모리 오가이森鴎外의 '서술은 하되 만들지는 않는다' 는 역사소설과 함께 자기와 타자의 관계의 서술이라는 문화인류학에 있어 기본적인 문제와 내 안에 연결되어 있다.

그 무렵 간행이 끝난 《오리구치 시노부折口信夫 전집》(주오고론샤中央公論社)은 별세계에의 계시처럼 생각되었다. 조금 늦게 나는 야나기타 구니오柳田国男[8]도 읽게 되어 문화인류학 과정에 진학하고 나서는 주임교수 고 이시다 에이이치로石田英一郎 선생님을 따라 세이죠成城 당시 아직 해방 전이었던 민속학 연구소에서 이야기를 듣거나 연구소의 해산 (그 직후의 계기는 이시다 선생님의 일본 민속학 비판에 있었는데) 후에는 마쓰오카 에이큐松岡映丘의 야마토에大和絵가 벽에 걸려 있는 자택의 객실에

8_ 야나기타 구니오(柳田国男, 1875~1962)민속학자. 효고(兵庫)현 출생. 도쿄대 졸업. 농상무성을 거쳐 귀족원 서기관장을 역임. 퇴관 후 민속학 연구에 전념, 민속학의 모든 분야에서 많은 뛰어난 업적을 남겼다. 저서 《엔야(遠野) 이야기》《모모타로(桃太郎)의 탄생》《달팽이 고(考)》《해상의 길》 등; 역주

몇 번인가 찾아뵈었는데 민속학에의 내 관심의 싹은 16세 때의 1년간 내 자신 산촌에서의 생활 체험과 오리구치 시노부의 독서에 있었다.

허약 체질을 고치고 싶어 자신의 의지로 고교에 가지 않고 가즈사上総의 지인 댁에 맡겨진 1년간의 산촌에서의 체험과 듣고 적기를 도회 출신의 나는 호기심에서 노트 몇 권에 자세히 기록했다. 고교에 가지 않았던 2년간(중3 때 병으로 휴학했으므로 나는 중학교 졸업 후 2년 만에 대학에 들어갔다), 중학교에서의 사회과의 은사로 당시 호세이 대학 철학과 조수로서 계셨던 루소 연구가 하세가와 가쓰히코長谷川克彦 선생님의 소개로 이치카와의 우리 집에서 자전거로 10분 정도의 거리에 사셨던 호세이法政 대학의 철학 신예 교수 세가와 유키아리瀬川行有(필명 후쿠다 사다요시福田定良)선생님의 댁에 건방지게도 상당히 빈번히 찾아가 일본 전통복에 좌정하고 계시는 선생님과 마주 대하여 이야기를 하던 중 언젠가 "자네가 그러한 문제에 관심이 있다면 문화인류학이라는 학문이 있지"라는 말씀을 들었다. 후쿠다 선생님에게서 나는 처음으로 문화인류학이라는 들은 적도 없는 그러나 뭔가 신선한 울림을 가진 이름의 학문이 있다는 것을 들었다.

후쿠다 선생님의 저서에서는 내가 대학에 들어간 후에 나와 높은 평가를 받은 《민중과 연예》(이와나미岩波 문고) 이전에 후쿠다 선생님을 알고 나서 헌책방에서 발견한 《메모라빌리아》(야구모八雲 서점), 새 책방에서 산 《새로운 성서를 읽는 법》(이소베쇼보礒部書房) 등의 독특한 명저를 읽고 있었는데 선생님에게서는 '자기 스스로 조사하거나 탐구하는 학문의 중요함'을 배웠다. 이것은 몇 년 후에 역시 교실에서의 사제 관계가 아니라 자택에 찾아가 개인교수를 받은 내 은사인 인문지리학의 고故 이이즈카 코지飯塚浩二 선생님에게서 배운 것과 내 안에서 호응한다. 당시의 호세이 대학은 개성적이며 관학 아카데미즘에서는 우뚝 선 기예의 학자를 거느리고 있었다. 후쿠다 사다요시 외에 내가 저서를 읽고 존경했던 사이고 노부쓰나西鄕信綱, 이노 켄지猪野謙二, 이시모다 쇼石母田正, 그리고 모르고 있다가 나중에 나의 스승이 되신 이시다 에이이치로石田英一郎 등, 쟁쟁한 학자가 가득했다. 문학부장이었던 고故 다니가와 테쓰조谷川徹三 선생님에게도 하세가와 선생님이 소개해 주셔서 아사가야의 댁이나 종종 함께 가 주신 초밥집에서 이야기도 듣고 많은 저서도 받았다. 후쿠다 선생님도 도쿄대학에 문화인류학 전공의 코스가 생기기 전에 이미 호세이 대학에 초빙되었던 이시다 선생님과의 접촉에서 문화인류학에 대한 이해를 하고 계셨던 거라고 생각한다. 나중에 문화인류학 과정에 진학하여 연구실의 있던 약간의 도서 속에 있었던 미국 문화인류학자의 논문집에서 이시다 선생님이 중심이 되어 번역하신 랄프 린튼 편 《세계 위기에 있어서 인간과학》(짓쓰교노 니혼샤實業之日本社) 중에 조지·P·매독의 〈문화의 공분모〉라는 논문을 후쿠다 선생님이 세가와 유키아리瀨川行有라는 본명으로 번역하신 것을 발견하였다. 후쿠다 선생님으로부터는 중학교를 졸업하고 나서 대학에 들어가기까지의 2년간에 가즈사上総의 지인 앞으로 온 것도 포함하여 수십 통의 편지를 받았으니까 나로부터도 그 이상의 편지를 드렸음에 틀림없다. 이처럼 나는 후쿠다 선생님, 하세가와 선생님, 다니가와 선생님에게는 댁에서의 개인교수, 편지에 의한 통신지도를 받은 셈으로 교실에 참석만 않았지 당시의 독특한 호세이 대학 문학부에서 배웠다고 하는 자부심을 가지고 있다(그 후 역시 커다란 감화를 받게 되는 사이고 노부쓰나西鄕信綱 선생님에게, 중세 일본문학의 야마모토 기치조山本吉左右 씨의 소개로 접하게 된 것은 훨씬 뒤였다). 그런데 그러한 분에 넘치는 배움이 가능했던 것도 선생님들께 시간적 여유가 있고, 전체적으로 지금보다 '시대가 좋았기' 때문일까? 아무튼 나의 변변치 않은 경험을 뒤돌아보아도 책과 만나는 것과 사람과 만나는 것은 분리할 수 없게 연결되어 있다.

그런 한편 시바이를 좋아하는 나의 성향은 대학에 들어가 한층 정도가 더해졌고 특히 가부키는 가부키좌의 한 막 단위로 서서 보거나 삼등석, 신바시 연무장, 젊은이를 위한 도요코 홀과 하루 두 가지를 겹치기로 보거나 같은 시바이가 좋아서 한 막 짜리 보기로 며칠이나 다니거나 하는 바보 같은 일을 했다. 뭔가 써보고 싶어 젠신前進좌의 《서당》의 극평을 《비극 희극》에 투고하기도 하고 당시 《연극계》에 도시쿠라 코이치利倉幸一씨가 선자選者로 정해져 있던 독자의 에세이란에 세 번 투고하여 세 번 다 채택되어 장래에 극평가가 될까 하는 건방진 망상이 머리를 스쳐간 일도 있었다. 그러한 바탕이 있었기 때문에 오리구치 시노부의 《일본 예능사 6강》 등 일련의 예능사를 둘러싼 논교나 다케우치 카쓰타로竹内勝太郎 《예술 민속학 연구》(후쿠무라福村 서점)에 공감하여 그 무렵 막 나온 군지 마사카쓰郡司正勝 《가부키 — 양식과 전승》(네이라쿠寧楽 쇼보)에 감명을 받아 연극의 민속학적 기반 연구에서 차츰 문화인류학에 관심을 갖게 되었다. 조금 늦게 나온 아라이 쓰네야스荒井恒易 《일본의 축제와 예능》(요시카와 고분간吉川弘文館), 헌책으로 사서 흥분하며 읽은 제인 해리슨(사사키 타다시佐々木理역)의 《고대 예술과 제식》(소겐샤創元社), 이 책에 한층 촉발되어 읽은 해리슨의 《테미스》, 에밀 뒤르케임(후루노 키요토古野清人역)의 《종교생활의 원초형태》(이와나미岩波 문고), 조지 톰슨의

《아이스큘로스와 아테나이인》(이것은 도쿄대학의 미학연구실에 있었던 원저를 겨우 찾아내어 빌렸다), 윌리엄 릿지웨이의 비유럽 세계의 연극을 둘러싼 예능 민속지의 이것저것을 섭렵한 것이, 특히 가부키로부터의 나에게는 필연성 있게 옆길로 샜던 행위의 한 귀결이었다.

그러나 역시 이 무렵 《군조群像》에 게재되어 이윽고 고단샤 밀리언 북스의 한 권으로 정리된 야마모토 켄키치山本健吉 《고전과 현대문학》은 스스로 찾아 헤맸던 것을 선명하게 제시해주었다는 공감과 감격으로 읽었던 책이었다. 이어서 《신초新潮》에 연재되고 단행본이 된 같은 저자의 《현대문학 각서》(신초사新潮社)나 신초사 〈일본문화 연구〉 제9권의 한 분책으로 나온 《시의 자각에 대한 역사》도 같은 라이트모티브의 변주이지만 나는 역시 탐욕스럽게 읽었다. 개인과 그것을 받쳐주고 창출되는 전통 내지 문화라는 개체를 초월한 것이 가지는 힘, 개체를 초월한 것에의 개체의 회귀 — 이러한 개체와 전체를 둘러싼 민속학, 문화인류학의 기본이 되는 과제가 야마모토 켄키치山本健吉씨의 능란한 필력에 의해 일본문학사를 소재로 강한 설득력을 가지고 서술되어 있다. 이들 저작은 나의 관심을 끓어오르게 하여 오리구치 시노부에, 그리고 T.S.엘리어트의 〈전통과 개인적 재능〉에, 또 프레이저의 《사이키스 타스크》나 《황금가지》의 광대한 민속학의 세계로 향하게 했다. 뒤르케임의 집합 표상론이나 모스의 주술론, 그리고 레비스트로스의 구조분석의 방법 등은 개체를 초월하여 개체를 규정하는 문화의 심층연구로, 그 한 연구영역으로서의 축제와 예능, 예술의 연구로 관심을 이끌어 주었다.

자아를 의식하면서 자아를 초월한 시점, 그보다도 자아도 하나의 타자로서 보는 시점을 만드는 것, 그것은 내가 처음에 막연하게 뜻을 두었던 생물학을 기초로 한 인간학이든 그 후 내가 선택한 민속이나 문화를 통하여 인간을 묻는 민속학이나 문화인류학이든 앞에서 서술한 것 같은 시대의 상황 속에서의 나에게 어쨌든 그 방향으로 나아가보는 수밖에 없는 것으로 생각되는 것 같은 것이었다. 그와 같은 생각에 다다르기 전의 망설임 속에서 사토 토시오佐藤俊夫 선생의 칸트의 《도덕 형이상학의 기초형성》을 레크람 문고를 텍스트로 극명하게 읽는 학생은 두세 명밖에 없었던 세미나와 기무라 요지로木村陽二郎 선생의 베르그송 《창조적 진화》를 프랑스어로 읽는 역시 소인수의 세미나는 나의 방황에 진폭을 부여함과 동시에 방향 설정도 해준 추억이 짙게 서린 독서 경험의 기회였다. 아직 신진기예의 윤리학자로 세미나 뒤 개인적인 이야기에도 기꺼이 귀를 기울여 주셨던 사토 선생님은 칸트나 와쓰지 테쓰로和辻哲郎의 인간학의 사고법에 대하여 열을 내어 이야기해 주셨다. 칸트의 《도덕 형이상학……》을 독일어로 읽고 내가 충격을 받은 것은 일본어역으로는 '도덕'으로 되어 있는 말이 원저에서 'Sitte' 즉 '습속', '관례'와 동의어라는 것이었다. 사토 선생은 출신지이신 도호쿠東北의 습속 연구를 하셔서 말리노프스키의 트로브리안드 제도諸島 조사 이야기를 해주셨다.

인간학의 근본 면에서의 문제는 현재까지 나에게 숙제인 채로 있는데 사토 선생님은 당시의 나를 문화인류학의 공부로 향하게 했던 최후의 지원을 해주셨다고 생각한다. 베르그송의 저작은 그 이전 이미 번역으로 읽고 그 논술의 아름다움에 찬탄의 기분을 가지고 있었지만 너무나 관념적이어서 즐겨 대상의 동적인 측면을 문제로 삼으면서도 그가 철학하는 자세 자체는 극히 정적인 것에 불만을 품고 있었다. 그 불만은 기무라 선생의 세미나에서 《창조적 진화》를 정독한 후에도 사라지지 않았다. 더욱이 그 전 해 교양학부의 심리학 연구회에서 파블로프(하야시 타카시林髞 역)의 《조건반사학》(소겐創元 문고)을 읽었을 때의 내가 추구하고 있었던 것과의 괴리에 대한 기억과 겹쳐, 《창조적 진화》의 정독은 생물학과에 진학한 위에서의 인간학이라는 대학 입학 당시의 엉뚱하고 유치한 구상을 단념하는 계기가 되었다.

자아에서 출발하여 '타자' 나 '사물' 의 반응을 통하여 인간의 문제를 생각해가는 길을 선택한 30여 년의 모색의 끝에 자아라기보다 자아에의 일반화조차 거부하는 '나' 로 되돌아 와서 '나' 를 다시 대상화하려는 노력을 지금 스스로에게 부과해보고 싶다는 생각을 하고 있다. 그것은 '타자' 나 '사물' 의 세계를 문제로 삼고 있어도 '나' 가 부재하면 '타자' 나 '사물' 의 의미를 결국 포착하지 못한다는 당연한 자각의 귀결이며, '사물' 을 다루는 것의 안심이 '사상' 을 없애버리는 것에 대한 위기감으로 이어진다. 나는 58세가 되었는데 아직도 이대로 죽을 수는 없다고 생각하며 책과도 사람과도 만남을 계속하고 싶다.

어느 인류학도의 감상 – 글자 익히기 교육에 대한 의문

1

취학률, 식자율은 현대의 세계에서 어떤 사회의 문화 수준을 측정하는 지표로서 거의 의심의 여지가 없는 중요성을 부여하는 것처럼 보인다. 시설로서의 학교가 충분히 있고 충분한 수의 적격한 교원이 있으며 모든 성인이 사회의 공용어인 문자를 읽고 쓸 수 있는 것 — 그것은 달성되어야 할 이상으로서 누구나 반대할 수 없는 것처럼 생각된다. 학교에 가서 문자를 배운다는 이 두 지표는 일본처럼 문화라는 말에 '글을 통한 교화' 라는 의미가 포함되어 있고, 에도 시대부터 서당에의 '읽기, 쓰기, 주산' 의 교육이 서민 사이에도 보급되어 있었던 사회만이 아니라 가령 유엔 개발계획(UNDP)이 개발의 지표로 하고 있는 인간 개발 지수(HDI)에서도 유네스코의 여러 활동에서도 명확하게 중시되고 있다.

그런데 일찍이 1960~1970년대에 취학률이 공식 발표로도 9% 전후였던 유엔 통계에서 세계에서 가장 가난한 후발 후진국의 하나로 꼽고 있었던 서아프리카 내륙의 소국인 오토볼타(1948년 이래 브루키나파소)의 전기도 수도도 없는 마을에서 장기간 살며 조사하고 있었던 나는 이 두 지표의 수치를 올리는 것에만 관심이 있는 현대일본의 학교의 존재양식이 마음에 걸려 아무래도 의문을 담아 내 나름의 유보를 제기하고 싶다는 쪽으로 마음이 기운다. 극히 일반적으로 말하여 취학률이 높아졌다 해도 학교에 무엇을 어떻게 가르치는가가 우선 문제가 되지 않으면 안 될 것이다. 문자를 알고 문자를 써서 교육을 하는 것이 언어 활동이나 더 나아가 지식의 양태 일반에 미치는 영향에 대해서도 이 아프리카 사회에서의 체험은 근원적인 의문을 던진다.

논술의 편의상 두 번째 점부터 시작하자. 브루키나파소의 사람들은 19세기 말에 프랑스에 식민지화되기까지 극히 일부의 사람이 아라비아 문자를 알고 있었다는 것을 제외하면 문자를 쓰지 않았다. 이 사실은 식민지 종주국이 프랑스 이외의 유럽의 나라였거나 식민지화의 시기가 다소 다른 일은 있어도 사하라 이남 대부분의 아프리카 사회에도 적용된다. 여기에서는 이야기를 구체적으로 하기 위하여 사하라 이남의 아프리카 사회 중에서도 가장 오랜 기간 살고, 나의 주된 연구 대상이기도 한 브루키나파소의 모시 사회, 특히 남부 모시 사회에 대하여 서술한다.

2

연구의 시작 단계에서 나는 이 사회를 '무문자 사회'라는 말로 규정했었다. 이것은 '문자'를 갖는 것을 인류 문화의 하나의 어떤 달성 단계로 보고 문자를 갖지 않은 사회를 그것이 결락된 '무'라는 부정적인 수식어로 규정하는 것이었다고 할 수 있다. 그런데 그 후 그들의 소리나 신체에 의한 표현(그리고 모시에서는 발달하지 않았지만 다른 아프리카 사회에서의 도상圖像에 의한 표현)의 풍부함, 자유로움에 대한 인식이 깊어짐에 따라 나는 그들의 사회를 '무'라는 결락에 의해 규정하는 것이 아니라 '문자를 필요로 하지 않았던 사회'라는 그 자체로써 일종의 충족을 보이는 말로 특징을 부여해야 하지 않을까 하고 생각하게 되었다. 그 상세한 내용은 다른 기회에 논했으므로(졸저 《구두전승론》(가와데쇼보신샤河出書房新社, 1992) 생략하겠는데, 어린이도 포함하는 이 사회 사람들의 음성에 의한 언어 표현의 훌륭함에 접하면서 인간에 있어 원래 언어라는 것이 100% 음성이며 문자는 음성에 의한 표현의 일부분에 대응시키고 있는 것에 지나지 않는다는 자명한 사실에 새삼 눈 뜨게 된다.

언어 표현에 한정해보아도 문자를 쓴 교육에 의해 규격화되어 있지 않은 개성적인 자유로움이 넘쳐흐른다. 이 사회의 어린이들이 농한기의 밤에 오붓하게 모여 앉아 풍부한 표정으로 이야기하는 옛날이야기의 녹음을 일찍이 편집, 해설하여 레코드 앨범으로 냈을 때도(동同《사반나 소리의 세계》(LP 2매, 해설서 첨부 레코드 앨범) 도시바 EMI, 1984. 카셋트북 판, 하쿠스이샤白水社, 1988, 재개정판, 1998), 몇몇 지인이 '목소리가 아름답더군' 하며 감상을 전해주었다. 이야기하는 것과 노래의 프로도 아무것도 아닌 누더기를 걸치고 흙에 절어 밥벌이를 하는 마을의 그야말로 개구쟁이나 여자아이가 실로 멋진 매력적인 목소리의 표현력을 가지고 있는 것이다. 모두 학교에도 가지 않고 문자 교육도 받지 않은 어린이들이다. 나는 그때 학생시절, 의협심을 체현하기라도 하려는 듯 아사쿠사 하나카와도浅草花川戸의 도비가시라鳶頭, 고故 오케다 야사부로桶田弥三郎씨의 이야기를 몇 시간이나 녹음했을 때의 일을 떠올렸다.

사람을 매료시키는 또렷한 스피디하며 상쾌한 도쿄 서민층의 말을 들으면서 나는 이것은 문자와는 융합이 안 되는 음성언어라고 생각했다. 일본의 가나문자는 모음이 분명한 긴키近畿 지방 말의, 모라를 문자에 대응시켜 만들어진 것이 아닐까 생각했다(혹은 역으로 문자가 일찍부터 보급했기 때문에 긴키 지방의 말이 모라언어가 된 것일까). 사실 나중에 현대 일본어의 연구자와 함께 이 녹음을 문자화하려고 했을 때 나는 거의 절망적인 기분이었다. 만약 비슷하게나마 이 이야기에서 쓰이는 말을 그 의미 내용에서 표준어의 어휘로 이해하고 '시'를 '히'로 하는 정도의 방언적 수정을 가하여 문자화했다고 하더라도 원래의 발화를 모르는 사람이 그 문자 텍스트를 낭독했다고 한다면 그 문자에서 재음성화된 것은 원래의 오케다씨의 구어와는 비슷하게 보일지는 몰라도 실은 그렇지 않은 것이 될 것임에 틀림없다.

1908년 출생의 오케다씨는 표준어화된 현대 일본어의 읽고 쓰기를 초등학교에서 배우기는 했는데 문자를 많이 읽거나 문자로 자신의 생각을 기록하는 데 익숙한 것은 아니다. 사반나의 마을에서 밤에 아름답고 개성적인 목소리로 이야기를 해준 아주머니나 젊은이나 어린이라면 원래 문자를 통하여 음성으로서 표준화된 언어를 학교에서 배우지조차 않는다. 이 사람들의 언어는 문자와는 무관계한 곳에서 약동하고 있다.

　　나는 이 사람들이 이야기하는 말을 '문자를 쓴 학교 교육으로 순화되지 않은 아나키한 광채'에 싸여 있다고 생각하는데 이는 학교 교육이 갖는 두 측면을 언어의 문제를 통하여 나에게 제시해준다. 즉 학교에서의 문자교육을 받지 않은 사람들의 목소리가 아나키한 광채에 차서 개성적이면 개성적일수록 지방어, 마을어, 개인어의 성격을 띠고, 넓은 범위에는 통용되기 어려워진다. 문자는 음성언어의 특히 초분절적인 특징(소리의 고저, 강약, 장단)을 없애, 주로 분절적 특징(자음과 모음의 연속)을 가지고 혹은 한자의 경우는 표의성을 대응시킴으로써 즉 음성에 의한 발화의 한 측면을 뽑아내어 '기록하는' 방법이므로 문자를 쓴 언어를 부호화한 쪽이 음성언어의 개인차, 방언차를 넘어 통하기 쉬워진다. 미국이나 중국의 음성언어의 지방차가 문자를 매개로 하면 극복할 수 있다는 것은 잘 알려진 사실이다. 그와 같은 부호인 문자를 써서 언어 교육을 하면, 음성언어는 문자를 통하여 규격화되어 넓은 범위에 통용은 되는데 그러나 전에 서술한 것 같은 언어의 개성과 '아나키한 광채'는 없어지는 것이다.

3

학교 교육, 특히 근대 국가의 의무 교육으로 대표되는 국어 교육의 가치지향의 하나는 개인이나 지방마다의 특수성의 껍질 깨고 한 국가 내에서 획일적으로 통하는 언어 능력을 키우는 점에 있다고 할 수 있다. 그것은 국민국가를 유지하여 가는 데 불가결의 전제이기도 하다. 그런데 그 경우 '통한다는' 것은 어떠한 것일까?

모국어가 아닌 부자유한 말로 사람과 서로 통하지 않으면 안 되는 유럽이나 아프리카에서의 생활이 길었던 나는 '말이 통한다'는 것의 중층성을 뼈저리게 느껴왔다. 즉 비록 이른바 문법적으로 바른 언어로 이야기를 나누어도 자신이 전하고자 하는 것이 상대에게 통하고, 상대가 말하고자 하는 것이 이쪽에 전해지기에는 여러 층이 있다. 이 일은 내가 오랫동안 연구해온 모시사회의 '북소리 언어'에 의한 역사이야기 같은 인공적으로 은폐된, 즉 일부러 통하기 어렵게 한 언어의 메시지에서는 한층 분명해진다. 나에게 모국어인 일본어로 이야기하여도 강의나 강연 후의 질의응답에서 내가 전하고 싶었던 것이 얼마나 상대에게 전해지지 않았는가를 알고 깜짝 놀라는 일은 자주 있는데, 거기에는 당연히 내 멋대로의 착각도 있을 것이므로 이러한 이해에 대한 생각은 상호적인 것일 것이다.

그런데 문자로는 발신과 수신의 관계는 상호적이 아니라 일방적이어서 언어가 수신자에게 통하고 있는지 어떤지 체크를 할 수 없다. 발성된 언어의 초분절성이 제거되어 있으므로 전달의 세세한 점도 줄어든다. 일반적으로 음성언어 중, 음감어(언어음 자체의 직접 효과가 전달의 내용을 이루는 것)나 표음어, 표용어(종래의 용어로 의성어, 의태어)는 문자로 해서는 전달력이 두드러지게 떨어진다. 다른 한편 개념화를 통하여 의미의 전달이 행해지는 말은 적어도 문자화에 의한 의미의 감축이나 변화는 된다.

전달에 있어서 일방성과 전달 내용의 개념성이라는 문자의 두 특징으로부터도 문자는 국가 등의 대규모적인 집권적 조직에는 극히 유용한 것이며, 중앙에서의 지시통달을 철저히 하기 위해서도 되도록 많은 조직의 성원이 문자를 읽을 수 있는 상태가 요망된다. 한 국가 한 언어로 식자교육을 철저히 하는 것은 근대의 국민국가 형성의 요건이며 표준어의 확립과 초등교육의 의무화가 근대국가와 함께 생겨났다는 것은 우연은 아니다.

음성언어와 비교했을 때 문자의 다른 특성으로서 공간과 시간에서 원격 전달성과 메시지의 참조에서 개별성과 반복성, 발신과 수신에서의 탈시간성(필요한 만큼의 시간을 확보하여 생각하거나 메시지를 추고할 수 있다)을 들 수 있다. 이러한 문자의 특성에서도 추상적인 개념이 커다란 역할을 하는 사상이나 과학기술의 전달과 정련, 축적에서는 문자가 결정적이라고도 할 수 있는 중요성을 가지고 있다는 것은 새삼 지적할 필요도 없다.

4

그런데 한편으로 '문자가 필요 하지 않은 사회'는 문자 사회가 잃은 귀중한 것을 많이 가지고 있으며 특히 이론과 같은 문자 편중 사회의 언어나 지식의 양태에 대해서는 근원적인 비판의 시야를 제공하여 준다. 그러나 개념화된 지식의 정련, 전달, 축적의 면에서는 문자를 갖지 않는 것의 마이너스 면을 떠안고 있다는 것도 확실하다. 문자를 갖지 않는 사회에서 지식의 존재방식이 종래에는 종종 '미개'라는 형용을 얹어 그 실태에 대한 충분한 이해가 없는 채 전면적으로 부정적 평가밖에 내려지지 않았던 것도 이 점에서는 일리가 있다.

학교에서 문자를 써서 무엇을 어떻게 가르칠까 하는 것에 대하여 납득이 가는 원칙이 세워질 수 있으면 식자율을 높이고 취학률을 올리는 것 그 자체도 부정되어서는 안 된다. 단지 문자화된 언어에 의해 가르침을 받는 것은 위에서 보아온 것처럼 커다란 마이너스의 면과 맞물려 있게 된다. '문자가 필요 하지 않은', '학교가 없는' 사회가 우리들에게 초래하는 교훈을 통하여 왜곡을 시정하고 이른바 문자문화와 비문자 문화(그 둘은 일본과 같은 문자편중 사회에도 층을 이루며 공존하고 있다)의 특성을 상호보완적으로 살려가는 것이 중요할 것이다. 그와 같이 해야 만이 비로소 세계 이문화 간의 교류가 의미를 가졌다고 우리는 말할 수 있을 것이다.

목소리 중에서도 생물로서 발하는 소리부터 음감어, 표음어, 표용어를 거쳐 개념화된 의미를 매개로 하여 전달이 행해지는 언어의 영역으로 보아가면 생생한 인간이 바로 발하는 것의 전달에서 '~에 관하여'의 전달로 사람과 사람 사이의 전달 양식도 넓겨가는 것을 알 수 있다(졸저 《소리(聲)》, 치쿠마쇼보筑摩書房, 1988. 〈소리의 영역에서의 자연과 문화〉, 본서 6장).

이 중 소리를 문자로 옮겨도 전달되는 방식이 바뀌지 않는 것은 개념을 매개로 하는 '~에 대하여'의 전달이다. 그것도 종이에 인쇄된 문자나 컴퓨터 화면의 문자에서는 그 정도가 한층 강해진다. 그것은 전달에서 신체성이 보다 희박해지는 일이기도 하다.

대면적 관계나 스킨쉽의 상실 등이라는 표현에서 전부 말한 것이기는 하지만 전자적인 정보전달의 발달로 문제시된 '가상적인' 지식 양식의 발단은 문자에 의한 커뮤니케이션에, 더 나아가서는 어떤 음성과 개념화된 일정의 의미가 문화의 약속에 의해 이른바 '자의적으로' 결합된 개념어에 의한 전달에 까지 거슬러 올라간다고 할 수 있다. 이것은 '문자를 필요로 하지 않았던' 사회에서의 음감어, 표음어, 표용어 등, 개념화되는 정도가 보다 적은 따라서 살아 있는 한 사람 한 사람의 개성적인 음성에서의 전달이 중요한 (이 의미에서 이런 종류의 언어가 전달 상에서 해내는 역할은 음악에서 음의 역할에 가깝다) 상호전달의 세계에 접하고서 비로소 생각하게 되었던 것이다.

5

그런데 직접 체험이 아니라 '~에 대하여'의 지식이 차지하는 비율이 커지는 것은 커뮤니케이션의 영역만의 문제가 아니라, 현실 생활의 양태 문제이기도 하다는 것은 말할 것도 없다. 일상적 식사에서도 사반나 마을 생활에서 감명을 받은 것의 하나는 원료가 가장 원초적인 상태에서 조리하여 입에 들어가기까지의 전과정이 매일 수작업으로 반복되는 것이었다.

도축되어 절단된 소나 염소의 고기라든가 말린 생선이나 오크라, 콩과에 속하는 야생나무의 열매를 삶아 발효시킨 된장 비슷한 조미료 등의 극히 초보적인 가공을 한 식품을 몇 일만에 한 번 서는 시장에서 사오는 일이 있기는 하지만, 주식인 곡물만 하더라도 밭에서 바로 거두어들인 상태에서 맷돌과 도리깨로 탈곡을 하고 돌맷돌로 긴 시간에 걸쳐 가루로 만들고 곡물의 줄기를 태워 뜨거운 물로 반죽한 메밀반죽과 같은 것으로 만들어 겨우 사람의 입에 들어가는데, 이 전 과정이 집집마다 매일 반복되는 것이다.

이것을 유지하는 여성의 노동과 구속되는 시간은 엄청난 것이다. 여자아이도 아직 나이 어릴 때부터 어머니나 언니와 함께 야초를 캐 와서 다듬거나 도리깨를 쥐고 탈곡을 돕기도 한다. 이와 같은 작업의 반복을 통하여 긴 시간을 들여 신체감각으로 체득되는 것은 사물 그 자체에 대한 지식이다. 남자 아이도 마찬가지다. 닭을 죽여 털을 뜯거나 해체하여 불에 굽는, 일본의 열성 교육마마라면 결코 시키지 않을 거라 생각되는 일을 초등학교 저학년에 해당하는 정도의 어린이가 자신들의 당연한 임무로서 일상적으로 하고 있는 것이다. 그 결과 나는 옛날이야기를 채록하다가 놀랐는데 가령 일본 동연대의 어린이라면 모르든지 아니면 지식으로는 알고 있더라도 본 적은 없는 모래주머니 따위의 기관器官에 대한 이야기가 자주 나오며 어린이도 일상적으로 체험하여 잘 알고 있다.

지금 우리의 주변에는 그것과 반대의 상황이 있다. 일상의 음식은 원료를 그날그날의 일관 작업을 통해 가공하는 것과는 거리가 멀고, 먹기만 해도 되는 것을 사든지 충분히 가공되어 냉동 처리되어 있는 것을 사서 전자렌지로 데우기만 하든지 하면 된다. 여성도 그만큼 식사의 준비에 시간과 수고를 들이지 않고 다른 활동을 할 수 있다.

어린이가 닭을 죽여 해체시킨다는 것은 꿈도 못 꾸고, 에도 이래의 전통 가게인 투계 요리집에서마저도 도쿄 도내에서는 닭요리집에서 닭을 죽여서는 안 된다는 규정에 따라 닭 구입처인 지바千葉현의 시설에서 목을 조른 것을 가져와 쓸 정도라는 이야기를 언젠가 들은 적이 있다. 인간이 살아가는 데 있어 다른 생물과의 사이에 어떠한 관계를 맺어야 하며, 그것은 결코 아름답기만 해서 되는 것은 아니라는 최저의 현실도 되도록 멀리하고 그러한 '더러운 일'은 다른 곳에서 다른 사람에게 시키면 된다고 하는 차별구조 위에 현재의 우리는 자신들의 생활을 쾌적하게 만들려고 하고 있는 것일 것이다. 하물며 '어린이'라는 녹색의 성역에는 그러한 더러운 부분은 일체 닿지 않게 하는 것이 '교육적 배려'인 것이다.

분명히 식사 준비에 하루의 시간과 수고를 들이지 않아도 된 덕분에 여성도 자신이 좋아하는 활동을 할 수 있게 되었고, 어린이도 가사의 협조에서 해방되었다. 그 결과 학교에서의 교육을 포함하여 문자나 다른 미디어에 의한 정보에서 '~에 대하여'의 팽대한 지식을 얻을 수 있게 되었다. 현대의 일본 어린이는 닭의 모래주머니를 몰라도 사반나의 어린이가 가지고 있지 않은 많은 '~에 대하여'의 지식으로 머리를 채우고 있다. 실제로 수퍼에서 팩이 된 닭고기를 사면되는데 무엇 때문에 모래주머니가 무엇인지를 알아야 하겠는가? 보름을 넘기면 달이 빨리 뜨는지 늦게 뜨는지 하는 것을 사반나에서 사는 어린이라면 일상생활에 필요한 체험으로 알고 있다. 그런데 우주 '~에 대하여'의 지식이라면 풍부한 현대 일본의 어린이에게 그런 질문을 하여 대답하지 못하였다 해도 달이 뜨는 것 따위의 지식이 지금의 우주개발에 있어 무슨 도움이 될 것인가?

정든 사반나의 마을 아주머니들도 괴로운 도리깨질이나 맷돌의 가루빻기 작업에서의 해방을 바라고 있고 6킬로미터 떨어진 마을의 동력기계의 제분소에 한꺼번에 가지고 갈 수도 있게 되었다. 물론 지금은 장소와 경제력이 있는 여성이 가능한 일이어서 그것이 되도록 많은 지역의 많은 사람들에게 가능하게 하는 것이 이른바 개발의 목표이기도 할 것이다. 아무튼 인간의 욕망에 따라 세계는 그 방향으로 움직여 왔고 그 과정에서 문자를 써서 '~에 대하여' 의 지식을 축적해온 사람들이 압도적인 우위에 서서 세계의 주권을 쥐어온 것은 분명하다. 그리고 그와 같은 방향으로 무턱대고 돌진하여 현재 우리가 살고 있는 세계가 만들어졌는데, 그 안에서 이룩된 학교의 존재양식이 지금 문제가 되고 있는 것이다.

6

언젠가 라디오의 중계방송에서 오쿠다마奧多摩로 삼림 관찰을 나간 도쿄의 초등학생이 삼나무를 벌채하고 있는 장면에서 "와, 입욕제 냄새가 난다"고 말하는 것을 들은 적이 있다. 시즈오카靜岡에는 정차하지 않는 신칸센新幹線 열차의 열리지 않는 차창 너머로 멀리 차밭을 바라보면서 "시즈오카 명산의 차는 어떻습니까?" 하는 차내 판매원의 말을 아무렇지도 않게 듣는 시대이며, 그보다 더 심한 '가상현실' 의 예도 다른 곳에서 얼마든지 발견할 수 있을 것이다. 그런데 부위별로 나누어 팩으로 만든 닭고기는 먹으면서 닭을 죽이는 행위는 격리(차별)된 곳에 치워 넣고 자신들은 깨끗한 상태에서 결과만을 향유하려는 발상은 널리 남북 관계, 선진·저개발 관계 속에서도 발견된다.

'더러운' 것은 아무도 안 해도 되는 것이 아니라 누군가에게 시키기는 하는데 그것은 '깨끗' 한 사람들에게는 보이지 않도록 해둔다고 하는 '깨끗' 한 사람들 중심의 생각, 그것은 개발이 앞선 선진국의 인간이라는 것이 믿어 의심치 않아 보이는 우리 일본인의 것이기도 하다. 나는 닭의 몸 전체가 어떤 형태를 하고 있는지를 체험적으로 어린이가 알고 있다든지, 달의 차고 기우는 모양이 전등이 없는 사반나의 일상생활에 직결되어 있다는 사실은 개발이 지연된 사회의 일이며 우리 선진국의 인간도 협력하여 그러한 사회를 '개발' 해야 한다는 생각에는 찬성하지 않는다. 그러한 현대의 '~에 대하여' 가 팽대한 지식의 체계에서 보면 닭의 체내나 달의 운행에 대한 것은 습득할 가치가 없는 말초적인 지식처럼 생각될지도 모른다. 그것은 자신의 손으로 닭을 죽이지 않으면 자신도 가족도 닭고기를 먹지 못하는 상황이나 마을에서 밤에 생활을 하면서 체득한 것인데 그와 같이 하여 체득된 지식을 어린이에게서도 우리들 자신으로부터도 계속해서 빼앗은 결과가 현재 지구 환경과의 관계에서 우리가 맞서고 있는 상황을 낳아온 것이기도 하다.

지식이라든가 사상이라든가의 문제가 아니라 입장을 뛰어넘은 상태에서 체험적으로 모두가 공유하고 있는 이해라고도 할 수 있는 것, 그것을 우리들 사회의 전체에서도 다음 세대의 교육의 장에서도 다시 생각하여 복권시키는 것이 중요하지 않을까.

'살아있는 새들이/살아서 날아다니는 하늘을/당신에게 남겨줄 수 있을 것인가?/아버지는'. 몇 년 전 초등학생이었던 딸이 이러한 노래를 학교에서 배워 와서 부르는 것을 듣고 우리가 살고 있는 시대는 도대체 어떠한 시대인가 하는 생각이 들었다. 그런데 그 한편에서 딸이 중학생 때에는 선생님이 아프리카 사회의 식자 교육을 추진할 필요성에 관련하여 "아프리카의 어린이는 글자를 읽지 못하여 몸에 맞지 않는 약을 먹는다"고 학생에게 이야기했다는 말을 듣고 그것이 극히 일면적인 견해에 지나지 않는다는 것을 나는 조금

정색을 하고서 딸에게 말한 기억이 있다.

우리들 일본인은 지금 인간 이외의 생물을 포함한 자연에 대해서도 아프리카 등의 저개발 사회도 포함한 세계에 대해서도 표면적으로 종종 편향된, '～에 대하여'의 지식에 지배되어 엉뚱한 오만 속에서 살고 있다는 생각을 금할 수 없다. 그것이 학교에서도 지금 예로서 든 것처럼 기묘한 노래를 학생에게 노래하게 하는 상황을 만들어내고, 기묘한 무지에 근거한 이야기를 학생을 향하여 하는 교사를 만드는 것일 것이다. 학교의 문제는 사회 전체의 한 축소에 지나지 않는다.

7

아프리카의 학교가 없는 마을에서 어린이들의 생활을 보다가 지금의 일본 학교와 대비하여 생각하게 하는 것의 하나에 나이가 다른 어린이끼리의 관계가 있다. 지금 일본의 어린이는 학교나 학원에서도 같은 연령의 어린이만이 모여 그 중에서 '사회성'을 갖도록 교육을 받는다. 이것은 인간관계의 양식으로는 상당히 이상한 것이다. 다른 연령의 인간이 모여도 클럽활동 등처럼 특수한 기능이 중시되는 곳에서는 선배나 후배의 이것도 일본적으로 특수한 엄격한 관계가 강요된다.

동년배의 인간이 폐쇄된 동일한 장에서 경합적인 관계로 한 사람의 담임선생님이라는 신 아닌 절대자의 감시 하에 매일 마주하게 되는 학급이라는 것의 이상함, 거기에서 등교거부라든가 왕따의 문제도 일어날만하니까 일어나는 것은 아닐까. 어린이의 생활 속에서 학교가 차지하는 역할이 지금만큼 크지 않았던 이전의 일본에서는 지역사회에서의 교우관계가 나이가 다른 어린이끼리의 관계를 극히 자연스럽게 형성하고 있었다. 거기에는 물론 다른 형태의 괴롭힘이나 지역이라는 것이 가지는 비합리적이며 번거로운 면도 분명 있었을 것이다. 그런데 어른도 포함한 연장자를 '보고 배움'과 동시에 자신보다 연하의 인간을 돌보아 주는 것을 통하여 그리고 무엇보다도 먼저 생활을 위한 작업을 배워 익히는 것을 통하여 '한 사람의 인간이 된다'는 것의 중요한 의미가 삶의 방식 전반에 걸친 것으로서 공유되었을 것이다.

지역사회의 생업상의 공통성이 없어지고 가치관도 다양화된 지금의 사회에 얄궂게도 옛날의, 혹은 아프리카 등의 이문화 사회의 잣대를 들이대는 것은 말할 것도 없이 부당하다. 그런데 학교나 학원에서 어린이가 갇혀있다는 것의 중압도 또한 이전과는 비교가 안 될 만큼 크다고 생각하지 않으면 안 될 것이다.

가정이나 지역사회에서의 규율이나 견습이 사실상 붕괴한 지금이 되어서야 나름대로 구속도 많았을 이전의 다른 시대를 단지 그리워만 하는 것은 무의미하다. 단지 말할 수 있는 것은 지금 일본의 학교의 의무교육의 중압을 중학교에서의 복장, 두발에 이르는 이상하리만치 금욕적인 엄격함과 함께 뭔가 경감하는 것, 가치관이 다양화된 현 사회에서 학교 이외의 장에서의 학생의 자주적인 생활을 대폭 넓히는 공부가 필요한 것은 아닐까? 현재에도 이미 학교교과의 이수에서조차 소위 학교는 학원과의 이원 체제로 부분적인 역할밖에 하지 않고 있다.

학교의 의무교육을 축소함으로써 어린이가 비행으로 빠지는 것을 염려한다면 그러한 비행의 장을 곳곳에 만들고 있는 어른 사회의 양태가 우선 문제시되어야 할 것이다. 여기에서도 학교는 사회 전체의 축소에 지나지 않는다.

감사의 말

1982년 여름에 나는 '학교가 있는 사회와 학교가 없는 사회'라는 테마로 교육학자인 오오타 타카시大田堯와 대담할 기회를 얻었다. 오자와 유사쿠小沢有作의 사회로 나카우치 도시오中內敏夫와 구스하라 아키라楠原彰도 논의에 참가하였다. 교육학을 하시는 분들과 어느 정도 정리된 이야기를 한 것은 이때가 처음이자 마지막이었다. 나는 오오타씨와 세 분의 이야기에 강한 감명을 받았고 많은 것을 배웠다. 내가 이 소논문을 쓴 것은 이 때 내 나름대로 배운 것이 출발점이 되었다. 글로써 작은 감사의 마음을 보이고 싶다. 또 그때의 대담은 '산육產育과 교육의 사회사' 편집위원회(편)《학교가 없는 사회, 학교가 있는 사회》신평론(1983)에 수록되어 있다.

# 역자 후기

언어생활에 있어서 문자가 없다고 하면 우리는 보통 지극히 불편할 거라는 생각과 함께 '문맹', '원시', '미개' 등의 단어를 떠올리곤 한다. 그도 그럴 것이 '문화文化'라는 말 자체가 '글을 통한 교화'를 뜻하며, 교육도 문자를 알고, 문자를 쓸 수 있게 하는 것이라는 생각을 하기 때문이다. 그러니까 문자를 빼고서는 언어활동과 지식의 습득을 상상하기 어려운 우리들은 문자를 갖지 않은 이문화를 접하면, 그것을 '미개'라고 규정하고 문자를 가르쳐 교화해야 한다는 생각을 하기 쉽다. 그러나 꼭 그럴까?

자기가 태어난 일본을 떠나 오랜 기간 프랑스와 아프리카라는 이문화 속에 살았던 이 책의 저자 가와다 준조川田順造는 그렇지 않은 예들을 제시하며 문화 인류학자다운 터치로 음성언어의 자유로움과 풍부함에 대하여 많은 이야기를 들려준다. 그가 접했던 아프리카 모시왕국의 사람들은 문자를 갖지 않았다. 그렇다고 하여 그들의 언어생활이 빈곤한가 하면 전혀 그렇지 않다. 오히려 그들은 소리나 신체, 도상圖像에 의하여 규격화되지 않은 개성적인 자유로움이 넘쳐흐르는 언어생활을 하고 있었다. 그뿐 아니라 북소리로 왕족의 계보를 읊어내는 독특한 소리문화를 누리고 있기도 했다. 북소리 언어는 궁중의 악사가 북을 두드려 왕의 계보를 말하면 다른 악사가 이를 음성언어로 번역한다. 보통 음성언어가 문자언어로 번역되는 사회에서 사는 우리에게는 신선한 충격이다.

그러나 생각해보면 우리 언어의 본래 모습은 음성언어이지 문자언어가 아니다. 문자는 음성언어의 초분절적인 특징(소리의 고저, 강약, 장단)을 없애고 분절적인 특징(자음과 모음의 연속)을 통해 음성언어에 의한 발화의 한 측면을 부호화하였기 때문에 규격화가 쉽고 넓은 범위에서 통용되기 쉬워 메시지 전달력이 뛰어나다는 장점을 가지고 있어 사상이나 과학기술의 전달과 정련, 그리고 축적에는 중요한 역할을 하기도 하지만, 한편으로 언어의 개성과 '아나키한 광채'는 없어진다.

특히 일본어에서 표의성을 대응시킨 한자의 경우는(이는 우리말에서도 마찬가지이지만), 그것이 도입되기 이전의 야마토어에는 풍부했을 소리의 세계를 억압하는 결과를 낳고 말았다(동음이의어가 많다는 사실을 상기해보라). 따라서 개념화된 지식의 정련이나 전달, 축적이라는 면에서 이점을 누리고 있는 문자언어도 실은 잃은 것이 많다.

아프리카에서 농한기의 밤에 모여 앉은 사람들의 이야기소리와 일본에서도 학교에도 가지 않고 문자 교육을 받지 않은 사람들의 말소리를 녹음하면서 느꼈던 그 언어의 생동감에 깊은 감명을 느꼈던 저자가 문자언어로 인해 잃어버린 소리의 세계를 여러 각도에서 추적하려 하였다.

저자의 소리 세계의 탐험은 다양한 각도로 전개되는데, 첫째 음감어, 표음어, 표용어에 대한 탐구이다. 음감어는 언어음 자체가 갖는 소리에 의한 효과적인 전달이고, 표음어란 언어음을 비언어음으로 나타내는 것으로 협의의 오노마토페라 할 수 있다. 그리고 표용어는 소리가 아닌 것을 언어음의 음성 상징성으로 나타내는 것이어서 문화 내적인 약속의 역할 크다.

둘째, 자연음과 언어음을 연결하는, 동물의 울음소리 특히 새의 지저귀는 소리를 의미가 있는 사람의 말에 대응시킨 '기키나시'의 탐구이다. 이는 어디까지나 소리의 영역에서 자연과 문화의 관계를 유대로서 형성되는 것이며 특히 어떤 사회의 많은 사람들에게 공유되어 있는 민속지식이다.

셋째, 악기음 속의 자연과 문화에 대한 고찰이다. 그것에 따르면 일본에서는 악기음이 언어음에 종속하면서 이것을 보강하는 형태로 발전했고, 프랑스에서는 언어음이 신체표현과 원리적으로 분리되어 문화에 의해 세련되어 왔다. 그리고 모시에서는 신체성과 직결된 형태로 발달을 이룩해왔다.

넷째, 라쿠고落語나 고단講談, 분라쿠文楽, 모노가타리物語 등의 이야기 낭송의 재생과 세련의 과정 등에 관한 고찰이다. 여기에서는 '말한다(hanasu)' 는 발화행위를 '이야기하는(kataru)' 것과 대비되고, 목소리와 문자, 이야기에 있어서의 역사적 사실과 허구, 'hanasi' 와 'katari', 이야기의 전승 등이 논의된다.

다섯째, 운율적인 특징(경우에 따라 분절적인 특징)의 일정한 조합이나 규칙적인 반복에 의해 만들어지는 노래에 대한 탐구이다. '노래한다' 는 행위는 언어음의 분절적인 특징(segmental features)과 운율적 특징(prosodic features)(종종 부적절하게 초분절적 특징

suprasegmental features, suprasegmentals과 '분절 특징 중심적'이라 불려왔다)을 우열이 없는 관계로 묶어 음성언어의 메시지를 표출하는 행위이다.

여섯째, 본능적인 것 같으면서도 문화에 의해 틀이 정해진다고 생각되는 소리에 구호口號가 있다. 이것은 일본이나 아시아의 일부 사회에서 무도, 예능, 그리고 서양 도래의 스포츠에 이르기까지의 신체행동에 수반하여 나는데, 구미나 아프리카 등 다른 많은 인간사회에는 드물다.

매일 접하는 문자언어의 위력에 가려 언어의 본래 모습이 음성언어라는 것을 잊고 있는 우리들에게 음성언어의 생동감 넘치는 세계를 보여주며 일상에서 간단히 접하기는 어려운 저자의 오랜 시간과 광야에서의 체험이 녹아든 문화적 언어기행으로의 초대를 받고 나는 번역하는 동안 내내 행복했었다.

참고문헌

1부

〈소리와 문자와 역사 ─ 야마토어에 한자가 도입된 것에 대하여 생각한다〉《제38
　　회 역사박물 포럼 고대 일본 문자가 있는 풍경》, 2002년, 20-25, 39-40.

〈소리와 문자 ─ 야마토어에 한자가 도입되었을 때〉《유리이카》, 2003, 4월 임
　　시증간호 〈총특집 일본어〉, 56-68

〈도상圖像상징성 연구를 위한 예비적 메모〉《신화 · 상징 · 문학 II》시노다 치와
　　키篠田知和基편, 라쿠로 쇼인楽浪書院, 2002년, 124-142.

2부

〈언어의 다중화=활성화 ─ 아프리카의 체험에서〉 미우라 노부타카三浦信孝편
　　《다언어주의란 무엇인가》, 후지와라藤原서점), 1997년, 18-33.

〈음성언어 커뮤니케이션의 위상〉《문화인류학》제1권 제1호, 특집=커뮤니케이
　　션으로서의 문화, 1985년, 11-19.

〈소리의 영역에서 자연과 문화〉《강좌 지구에 살다》전5권, 雄山閣, 제1권, 고마
　　쓰 가즈히코小松和彦 편 《문화의 원풍경 ─ 코스모로지로서의 자연》을 위
　　해 1996년에 집필(미간행).

3부

〈'읊는' 것과 '이야기하는' 것〉《국문학》제35권 제1호, 특집=이야기 — 이야기론의 새로운 〈과제〉집, 1990년 1월, 28-31.

〈서사시와 연대기〉 — 《文藝》제27권 제2호, 1988년 4월 212-215.

〈시와 노래의 사이 — 문자와 음성과 몸짓〉 — 《현대시 수첩》제38권 제9호, 특집=문자와 사고, 1999년 9월호, 86-91.

〈구두전승문화의 시스템으로서의 전문〉《언어》제32권 제7호, 특집="전문" — '전하는' 행위와 그 이면, 2003년 7월, 48-54.

〈무문자 사회의 문학〉 — 《별책 국문학》41호, 옛날이야기·전설 필휴, 노무라 준이치野村純一편, 1991년 2월, 6-8.

〈'노래한다' 는 것〉 — 《모차르티아나 에비사와 빈海老澤敏 선생 고희기념 논문집》, 에비사와 빈海老澤敏 선생 고희기념 논문집 편찬위원회 편, 도쿄 서적, 2001년, 351-360.

〈'음악' 을 떠나가는 소리들을 쫓아〉 — 제13회 고이즈미 후미오小泉文夫음악상 수상기념 강연 요지, 2002년 4월 15일, 도쿄.

4부

〈언어에 있어 정보란 무엇인가〉 — 《FINIPED》73호, 특집=정보와 문화, 1992년 9월, 4-7.

〈'이야기' 가 문자가 될 때〉 — 《문학》증간 특집=엔쵸円朝의 세계, 2000년 9월, 1-4.

〈해설 — 무제〉이마무라 노부오今村信雄《라쿠고落語의 세계》, 헤이본샤平凡社 라이브러리, 2000년, 343-354.

〈목소리의 힘〉 — 《GRAPHICATION》, 특집=소리를 생각하다, 44호, 통권

233호, 1989년 4월, 4-5.

〈기합소리〉 — 《언어》제16권 제8호, 1987년 7월호, 6-7.

〈켄켄데이!〉 — 《아시아 아프리카 언어문화연구소 통신》59호, 칼럼 〈민족의 마음〉란, 1987년 3월, 10페이지. 나중에 《이문화와의 만남 — 아시아 아프리카의 필드 노트에서》도쿄 외국어 대학 아시아 아프리카 언어문화연구소, 1994년, 19-21.

〈녹색의 의미론〉 — 《트랑 베르》1989년 9월호, 28페이지.

〈 '이해한다' 는 것〉 — 《중등교육 자료》447호, 특집=국제화 시대와 학교교육, 1982년 8월호, 26-27.

〈책과의 만남 문자에의 굶주림 속에서〉 — 《군조群像》1992년 10월호, 420-423.

〈책과의 만남 이문화를 번역하는 문자〉《군조群像》1992년 11월호, 351-355.

〈책과의 만남 '자아' 와 '문화' 의 사이에서〉 — 《군조群像》1992년 12월호, 278-282.

〈어떤 인류학도의 감상〉 — 《현대 일본문화론 3 학교의 행방》, 가와이 하야토河合隼人・하이타니 켄지로灰谷健次郎편, 이와나미岩波 서점, 1996년, 7-22.